하나님과 인간

하느님과 인간

초판 발행 2014년 11월 11일

지은이 · 서공석
발행인 · 이종욱
편집인 · 우찬제
발행처 · 서강대학교 출판부

서울시 마포구 신수동 1번지
등록 · 1978. 9. 28. 제313-2002-170호
전화 · (02)705-8212 팩스 · (02)705-8612
홈페이지 · www.sogangup.com

인쇄 · 가톨릭출판사

정가 15,000원

ISBN 978-89-7273-254-9 93230

하느님과 인간

신학적 인간론

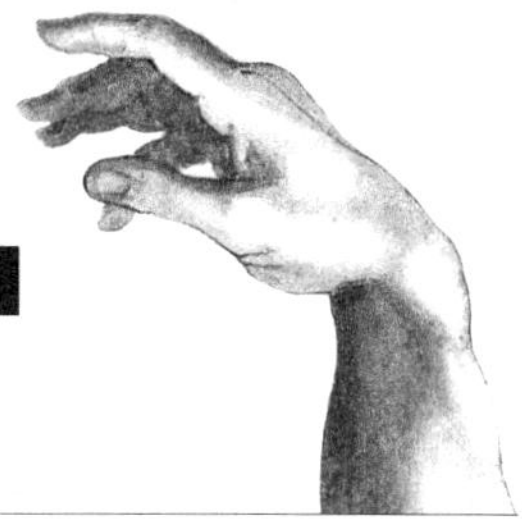

서공석 지음

서강대학교 출판부

책머리에

그리스도 신앙 언어에 담긴 하느님에 대한 체험과 인간에 대한 체험을 정리해서 담아 보았습니다. 체험은 언어로 정착되면서 전달 가능한 것이 됩니다. 문화가 달라지면, 언어도 달라집니다. 그리스도 신앙 언어는 2,000년 전에 발생했습니다. 예수라는 한 인물로 말미암아 사람들이 한 체험을 담은 언어입니다. 그런데 그 체험은 구약성경의 언어를 배경으로 기원후 1세기 팔레스티나 문화권 안에서 언어로 표현된 것입니다.

그리스도 신앙인으로 사는 것은 전달된 신앙 언어를 배경으로 자기에게 고유한 체험을 일으키는 것입니다. 그것은 전달된 신앙 언어로 말미암아 자기의 삶 안에 새로운 실천들이 발생하면서 가능한 일입니다. 시대가 다르면 같은 체험이라도 그것을 전달하는 언어와 놀이, 곧 실천이 다릅니다. 시대와 문화적 배경이 다른데도 같은 언어와 같은 놀이를 고집하면, 우리는 그런 사람을 근본주의자라 부릅니다.

사도(使徒) 시대를 지나면서 그리스도 신앙은 팔레스티나를 넘어서 로마 제국 안으로 흘러듭니다. 4세기 초 신앙의 자유를 얻으면서 제국의 문물(文物)을 받아들여 그리스도 신앙 공동체는 제도화되고 교회의 의례(儀禮)도 화려한 비잔틴 궁정의 영향을 받습니다. 신앙 공동체는 그 시대 지성인들의 언어였던 플라톤의 철학 언어도 수용하여 신학 언어를 발생시킵니다. 유럽의 중세 사회에서는 아리스토텔레스의 철학 언어를 수용하여 스콜라 신학을 발생시키고, 봉건 제도를 수용하여 지역 교회를 조직합니다.

하느님과 인간에 대한 방대한 그리스도 신앙 언어의 흐름 안에서 오늘 우리 신앙인들을 위해 중요하다고 생각되는 언어들을 담아 보았습니다. 신앙 언어의 발생 과정, 곧 체험과 언어의 관계를 비롯하여, 예수로 말미암은 언어의 특성 및 구약성경의 창세기가 말하는 인간에서 시작하여 그리스도 신앙 언어가 알리는 인간과 신앙인, 그리고 20세기 과학자로서 진화론적 신학을 펼친 테야르 드 샤르댕의 인간에 대한 언어까지를 담아 보았습니다.

이 책은 하느님과 인간에 대한 그리스도 신앙의 언어에 대한 제 생각을 적은 것입니다. 신학적 인간론이라는 큰 부제(副題)도 붙여 보았습니다. 부끄러운 글이지만 많은 분들의 지적과 가르침이 있을 것을 기대하며 펴냅니다. 이 책을 출판하기 위해 애써 주신 모든 분들에게 심심한 감사의 말씀을 드립니다.

2014년 9월 2일

서공석

차례

제1장

신에 대한 언어의 문제

들어가면서

신에 대한 언어가 안고 있는 문제들을 생각해 본다. 근대 과학 기술 및 산업 사회를 거친 오늘날, 우리가 과연 신에 대해 말할 수 있는지를 묻고 싶다. 과거에 신이라는 단어는 명백한 의미를 지녔지만 오늘날에는 그렇지 않기 때문이다. 그 단어는 사람들에게 요구하는 것이 많았다. 그러나 오늘날에는 그것이 지극히 제한된 종교 영역에서만 사용되는 단어가 되었다. 과거 그리스 문화권으로부터 시작한 형이상학(形而上學)의 시대에 신은 최고(最高) 유(有)이며, 우주의 최종 원리(原理) 혹은 목적(目的)으로 신의 존재가 자명(自明)하다고 인식되었다. 그러나 현대 과학(科學)은 신을 기초로 하고 있지 않다. 과학은 신에 대해 말하지 않지만, 그렇다고 침묵을 지키지도 않는다. 과학은 신이라는 단어를 우리의 생활권(生活圈)에서 제거했다. 과학 기술 문명의 시기를 거치면서 신은 우리의 사고와 언어 안에서 자리를 잃었다. "하나의 개념을 제거하고, 그 자리에 현실만을 설정해 보라. 그러면 그리스도교 신앙 전체가 무(無) 안으로 굴러떨어질 것이다."[1] 그러나 현대 정보 사회에서 신은 다시 돌아오고 있다. 그것은 형이상학적 인식의 대상으로 돌아온 것이 아니라, 전혀 새로운 언어 안에서 신은 다시 돌아오고 있는 것이다.

과학 산업 사회를 거치면서 인간은 오직 인간에 대해서만 고려하기 시작했다. 이제 인간은 자기 작품의 홍수 안에 살면서 인간 혹은 인간이 만든 것만을 보게 되었다. 과거 신으로 설명하던 대자연 현상의 원인이나 힘을 이제 신으로 설명하지 않는다. 자연 과학에 의해서 새로운 정신적 상황이 성립된 것이다. "세상은 갈기갈기 찢겨졌다."[2]

의미(意味)라는 것은 인간에게 중요하다. 불의(不義), 증오, 폭력 등의 무의미(無意味)를 체험한 인간은 그런 것이 마지막 말이 되어서는 안 된다고 생각한다. 그러나 의미의 문제를 세상 속에서는 궁극적으로 해결할 수 없다. 이러한 까닭에 인류 역사는 신의 문제를 의미의 문제와 함께 고려해 왔다. 의미를 찾는 사람은 신을 외면하지 못하는 사람이다. 성공, 행복, 사랑에 대해 진지하게 생각하는 사람은 그것

1 니체, 《즐거운 지식》, 동서문화사, 2009년.
2 칼 야스퍼스(K. Jaspers), 《철학적 사유의 작은 학교》, 서광사, 1987년, 21쪽.

을 자기 자신의 힘으로 이루었다고 여기기보다 무상(無償)으로 베풀어졌다고 느낀다. 그렇게 느끼는 것이 더 인간적이다. 인간은 무의미를 극복하려 노력한다. 무의미를 극복하려는 노력이 있었기에 인류 역사는 이제까지 존속해 왔을 뿐 아니라, 발전해 왔다. 인간은 거듭되는 부정(否定)적 체험에도 불구하고, 새로 출발하는 용기를 지니고 있다. 그리고 인간은 거듭되는 좌절에도 불구하고 희망을 지니고 산다. 그런 현상 안에 세계와 인류 전체를 포괄하는 하나의 근원(根源)을 보아야 할 것이다.

인간 존재는 무상(無償)으로 베풀어진 것이며 유한(有限)하지만, 자기가 아닌 타(他)를 향해 열려 있다. 인간은 자기 스스로를 베풀고 나누면서 스스로를 성취한다. 인간은 사랑할 수 있는 자유로운 존재라는 말이다. 그것을 우리는 인간의 위격성(位格性)이라 부른다. 인간이 이러한 구조를 지녔다는 사실은 인간 생성(生成)이 어떤 위격성으로 인해 이루어졌다는 사실을 암시한다. "하늘은 한 사람의 어진 이를 내어 뭇 사람의 어리석음을 알게 하는데, 세상은 도리어 잘난 것을 뽐냄으로써 남의 모자라는 곳만 들춰내고 있다. 세상은 한 사람에게 부(富)를 주어 여러 사람의 곤(困)함을 건지게 하거늘, 세상은 도리어 저 있는 바를 믿고 사람의 가난함을 깔보나니 진실로 하늘의 무찌름을 받을진저."[3]

---

3 조지훈 옮김, 《채근담(菜根譚)》, 현암사, 322.

인간은 어떤 수단이 될 수 없고, 이용물일 수도 없다는 생각은 인간 출현과 더불어 인간 안에 주어졌다. 인간은 스스로를 초월하면서 정초(定礎)하는, 사랑과 자유라는 신비(神秘)를 전제하고 있다. 그 신비는 모든 인간 안에 주어졌고, 그 신비 앞에서 살 가치가 없는 인생이란 없다.

현대적 패러다임과 신에 대한 언어

그리스도 신앙 언어가 처음 발생했을 당시 사회가 지닌 패러다임(paradigm)과 오늘날 사회가 지닌 패러다임은 많이 다르다. 패러다임의 변화가 우리의 신앙 언어 안에 일으키는 변화를 생각해 보아야 한다. 오늘날, 신앙 언어는 현대인에게 그 호소력을 잃어 가고 있다. 제2차 바티칸 공의회가 시대의 징표(徵標)를 말하면서, 우리에게 신앙 언어를 위한 큰 과제를 남겼다. 그러나 공의회가 끝나고 50년이 다 된 오늘, 교회는 여러 분야에서 과거 사회의 패러다임이 발생시켜 남긴 언어만 반복하고 있다.

우리는 여기서 시대적 패러다임의 변천을 생각하면서 신앙 언어의 핵심적인 주제(主題)들에 대한 새로운 언어를 고민해 볼 것이다. 그 주제들이란 하느님, 예수 그리스도, 신앙 공동체, 종교들, 인간 등이다.

1. 로마 제국

그리스도 신앙이 발생한 곳은 로마 제국의 식민지였던 팔레스티나였다. 이후 그리스도 신앙은 급속도로 전파되어 3세기 중반에는 지중해 연안을 석권하였다. 2세기부터는 그리스 철학에 정통한 지식인들이 그리스도 신앙에 입문하였고, 그들은 그리스도 신학을 발생시켰다.[4] 이런 인물들로 로마의 유스티누스, 알렉산드리아의 클레멘스 등을 거명할 수 있다. 그리고 3세기와 4세기 모든 교부(敎父)들은 그리스 철학자들이거나 적어도 그 시대 지식인으로 그리스 철학적 사고를 하던 분들이다. 따라서 그 시대 교부들의 신학 언어는 플라톤 사상을 중심으로 한 그리스 철학에 깊이 물든 것이었다.

플라톤 사상을 중심으로 한 그리스 철학은 이원론적(二元論的) 관념론(觀念論)이다. 이 철학은 보이는 현세적 세계에서 보이지 않는 영원한 세계를 생각하는 것으로, 우열(優劣)을 따질 수 있는 이원론이다. 이에 따르면, 현세적인 것은 물질적이며 변하고 썩어 없어질 것인 반면, 관념의 세계는 불변하고 영원하다. 그리고 이 세상 사물 안에 있는 모든 관념은 관념의 세계에 속한다. 따라서 인간 안에 있는 영혼도 관념이고 영원하며, 영원한 관념의 세계로 회귀(回歸)하기를 원하고 있다.

---

4 예를 들면 2세기 후반 어느 무명 교부의 저서 《디오그네투스에게》(분도출판사, 2010년)를 들 수 있다.

이 철학에서 바라보는 정치 사회 구조도 이 틀을 유지한다. 황제를 정점으로 사회가 조직되어 있으며, 황제의 권한은 위로부터 주어진 것이다. 황제는 쉽게 만날 수 없기 때문에 황제의 뜻은 쉽게 만날 수 있는 신하들에 의해서 전달된다. 실효성 있는 모든 일은 수직(垂直)적 관계 안에서 이루어진다. 하위자(下位者)가 상위자(上位者)에게 하는 순종은 아래 사람의 실효성을 보장해 주는 수단이다.

이런 사고방식에서 하느님에 대한 언어는 어렵지 않다. 하느님을 황제 위에 군림하는 분으로 생각하면 된다. 하느님은 대자연과 이 세상의 모든 권위를 창조하신 분으로 이해된다. 하느님의 섭리는 미치지 않는 곳이 없다. 인간의 운명이 하느님 안에 있다는 사실도 어렵지 않게 이해된다. 또한 예수 그리스도는 그리스 철학이 말하는 로고스(logos)[5]로 인식된다. 하느님의 초월성은 인간을 위해 그런 중재자를 필요로 한다. 하느님의 아들이신 예수 그리스도 중심의 그리스도론이다. 그런 그리스도론에서는 인간 예수에 대한 진지한 고찰은 필요 없었다. 관념적 이원론은 사람들의 시선을 높은 곳으로만 향하도록 하기 때문이다. 이 그리스도론에 따르면, 신앙은 하느님이 계심을 믿고, 예수 그리스도를 통해서 전달된 하느님의 뜻을 따르는 것이다. 그리고 신앙의 목적은 그분에게 정성을 바쳐 더 많은 혜택을 얻어 내고, 종

5 '로고스'는 그리스 철학에서 '말' 혹은 '이성(理性)'을 지칭하는 단어다. 유대인들과 그리스인이 모두 이해하는 단어다. 알렉산드리아 학파에서는 이 단어를 신과 이 세상 사이의 중재 역할을 하는 존재를 지칭하는 뜻으로 사용하였다. "말씀이 육신이 되시어 우리 가운데서 거처하셨다."(요한 1,14)

말에는 하느님의 세계로 가는 데에 있다.

교회는 예수 그리스도가 세운 구원의 공동체이다. 제국이 황제를 중심으로 조직되어 있듯이, 교회도 예수 그리스도를 지상에서 대리하는 로마의 주교인 교황을 중심으로 교계 제도(敎階制度)적으로 조직된 사회다. 교계 제도에 순종하는 것은 예수 그리스도에게 순종하는 것이며, 예수 그리스도에게 순종하는 것은 그분을 파견한 하느님에게 순종하는 것이다. 성사(聖事)는 예수가 세워서 교회 교계 제도에 맡긴 신비스런 구원의 수단이다. 보이는 의례(儀禮)를 통해서 보이지 않는 은총이 전달되는 것이다. 사람은 물로 씻고, 신앙을 고백하는 세례성사를 통해서 하느님 자녀의 지위를 얻으며, 빵과 포도주가 변하여 그리스도의 몸과 피가 되는 성체성사를 통해서 신앙인은 하느님의 아들이신 예수 그리스도와 신비스럽게 결합하여 구원을 보장받는다.

이 그리스도론에 따르면, 사물의 보이지 않는 진리인 관념은 하나다. 그리고 그 사회를 지배하는 권력도 하나다. 따라서 하느님에 대한 진리도 하나다. 이런 까닭에 그리스도 신앙 외의 모든 종교들은 미신(迷信)에 불과하다. 교부들은 타 종교 혹은 그리스 철학이 그리스도 신앙을 위한 준비였다고 가르쳤으며, 이제는 그리스도 신앙만이 구원의 길이라고 강조하였다. 중세 봉건 사회로 넘어가는 단계에서 "교회 밖에 구원 없다."라는 격언은 당연한 진리가 되었다.

2. 유럽 중세 봉건 사회

5세기 말부터 게르만족은 로마 제국 내에 이주(移住)와 정착(定着)을 하게 된다. 이 때문에 유럽은 봉건 사회 체제로 들어간다. 봉건 사회는 영주(領主)들을 중심으로 제국주의 체제를 지속하는 것이었다. 따라서 근본적 패러다임의 변화는 없는 것으로 보아야 한다.

큰 변화라고 해야 플라톤 철학에서 아리스토텔레스 철학으로 이동한 것을 말할 수 있을 정도다. 아리스토텔레스 철학은 플라톤 사상과 같이 광활한 관념의 세계만 논하지 않고, 각 사물 안에 내재(內在)하는 실체(實體) 혹은 형상(形相)을 논한다. 눈으로 볼 수 있고, 손으로 만질 수 있는 우연유(偶然有)가 그 사물을 의미하지 않고, 눈으로 볼 수 없고 손으로 만질 수 없는 실체(實體)가 그 사물의 정체성을 알려 준다는 논리다. 사물은 형상(形相)과 질료(質料)로 구성되어 있지만, 그 사물의 정체성은 보이지 않는 원리인 형상에 있다. 따라서 사물이 존재하는 것은 형상이 질료를 지배할 때다.[6]

봉건 사회의 출현은 광활한 제국주의 사회가 무너지고 영주가 지배하는 많은 군소(群小) 피라미드 조직이 발생한 것이라고 생각하면 된다. 한편 중세 봉건 사회는 그리스도 신앙 사회다. 따라서 이 두 개의

6 인간이 살아 있는 것은 인간의 형상인 영혼이 육신이라는 질료를 지배하는 동안이다.

피라미드 조직이 겹쳐진 사회라고 하겠다. 중세의 한 동네에는 성주(城主)를 중심으로 한 현세적 피라미드와 성당의 신부를 중심으로 한 내세를 향한 피라미드가 겹쳐져 있었다. 영주 중심의 현세적 조직과 주교 중심의 내세(來世) 지향적 조직이 있고, 더 크게 보면 왕이나 황제 중심의 현세적 조직과 교황 중심의 영적인 조직이 있었던 것이다.

이 시기에 하느님이나 예수 그리스도에 대한 언어는 교부 시대의 것을 계승했다. 그러나 성사론(聖事論)은 사람을 변화시키는 신비라는 교부 시대의 관점을 넘어서, 각 성사 안에서 형상(形相)과 질료(質料)를 찾아 성사의 유효성을 설명하려 했다. 이 유효성에 대한 관심은 정확한 의례 준수와 기적적(奇蹟的) 효과에 시선을 집중하고, 그 성사로 말미암아 요구되는 삶의 변화를 소홀히 생각하게 만들었다. 예를 들면, 성체성사에 있어서 실체적 변화(實體的 變化)는 강조되었지만 예수의 몸과 피라는 표현이 지닌 상징성(象徵性), 곧 성체를 받아 모심으로 발생해야 하는 삶의 변화는 외면하고 말았다. 고해성사도, 1215년 제4차 라테란 공의회가 결의한 바를 중심으로, 고백과 사죄(赦罪) 및 보속(補贖)이라는 요식(要式)을 충족시켜 죄의 용서라는 유효성을 얻는 데만 신경을 썼다. 성사의 사효성(事效性, ex opere operato)을 논하는 것도 그 유효성에 대한 관심 때문이었다. 예수 그리스도가 세운 징표(徵標)들만 충실히 수행하면, 성사는 유효하다는 생각이었던 것이다. 그리고 유럽 중세 사회는 그리스도 신앙 문화권이다. 따라서 타 종교들은 당연히 미신(迷信)이고 말살(抹殺)의 대상이었다.

3세기 후반 이집트의 사막 은수자들로부터 시작된 수도 생활은 중세 봉건 사회 안에서 꽃을 피운다. 게르만족의 이주로 이루어진 난폭한 중세 사회 안에서, 수도원들은 인간적이고 문화적인 것을 보존하는 장소가 되었다.[7] 인쇄술이 없던 시대라, 수도자들은 성경과 전례서들의 필사(筆寫)본을 만드는 데 기여하였고, 또한 교부들의 문헌을 발굴하는 데에도 지대한 공헌을 하였다. 그래서 수도원 중심으로 문화생활과 신심(信心)생활이 이루어졌고, 교육(敎育)과 의료(醫療)도 수도원을 중심으로 존속하고 발전하였다.

그러나 여기에도 양자택일의 논리가 작용한 것이다. 수도자들은 세속을 버리고 수도 생활을 택한 것으로 여겨졌다. 그래서 세속을 외면하면 할수록, 수도자로서의 성취가 더 큰 것으로 여겨졌다. 그런 논리에서 시작된 것이 바로 봉쇄(封鎖) 수도원이다. 그리고 하느님을 관상(觀想)하기 위해 세상을 등지고, 봉쇄 구역 안에서 일생을 보낸다는 봉쇄 규정은 여성 수도자들을 위해 더 엄격해졌다.

---

7 움베르토 에코, 이윤기 옮김, 《장미의 이름》, 열린책들, 2006년 참조.

3. 근대 사회

16세기 개신교의 분리와 더불어 중세 사회의 그리스도 신앙 문화권은 찢어지기 시작한다. 이제 신앙은 사람들을 일치시키는 요인이 아니라, 분열과 반목의 동기가 되었다. 계몽사상(啓蒙思想)과 더불어 인간 이성의 중요성을 인식하게 되면서 사회가 새롭게 발전하기 시작한 것이다. 갈릴레오 갈릴레이(Galileo Galilei, 1564~1642년)와 더불어 이 세상이 우주의 중심이 아니라는 사실을 알게 되었고, 찰스 다윈(Charles Darwin, 1809~1882년)과 더불어 인간은 만물의 영장(靈長)도 아니고 하느님의 특별한 배려로 창조되지 않았다는 사실도 알게 되었다. 하느님 중심의 수직적 패러다임이 깨지고 서서히 수평적 패러다임을 향한 행보가 시작된 것이다. 서구 무신론(無神論)의 시조(始祖)라 불리는 포이어바흐(L. Feuerbach, 1804~1872년)는 '하느님은 인간이 투사(投射)한 소외 개념(疎外槪念)에 지나지 않으며, 그 개념에서 발생한 소외가 없어지면, 인간이 서로를 위하면서, 잘 살 수 있는 평화스런 세상이 될 것'이라 생각하였다.

카를 마르크스(K. Marx, 1818~1883년)는 하느님이라는 소외 개념을 중심으로 발생한 사회 구조가 빈부(貧富) 격차의 원인이라고 말하면서, 이러한 빈부 격차가 없어지면, 인간이 인간답게 살 수 있는 세상이 올 것이라고 주장했다. 이러한 패러다임의 변화는 결국 니체(F. Nietzsche,

1844~1900년)와 더불어 하느님이라는 소외 개념의 장송곡(葬送曲)이 울려 퍼지게 만드는 계기가 되었다. 니체는 그때까지 그 사회 구성의 핵심이었던 태양이 사라지면서, 세상에는 어둠과 혼란이 자리 잡을 것이라고 예언했다.[8]

유럽의 현대 무신론은 유럽 사회가 농경(農耕) 시대에서 산업(産業) 시대로 이전하는 시기에 발생하였다. 대자연 위에 군림하는 하느님의 존재는 농업에 종사하는 사람들을 위해서는 아무 문제가 없었다. 그러나 산업 사회가 시작하면서 하느님에 대한 인식이 달라져야 했다. 이제는 인간이 소중하게 되었다. 인간의 합리성과 인간의 기술이 부(富)와 번영(繁榮)을 약속하기 때문이다. 인간은 하느님 없이도 살 수 있을 뿐만 아니라, 오히려 하느님이 없는 듯 사는 사람에게 과학과 기술의 실효성이 증대한다. 사람들은 하느님도 해결하지 못하던 이 세상의 기아(飢餓)와 경제적 궁핍(窮乏)을 기술 산업이 해결해 줄 것이라는 기대를 하게 되었다.

근세(近世) 산업 시대를 거치면서 신앙이 얻은 긍정적인 것은 역사 비평적(歷史批評的) 감수성이다. 기술 문명은 과정(過程)을 철저하게 존중해야 하는 문명이다. 기술 문명 하에서는 과정을 무시하면, 비과학적인 것으로 여겨졌다. 그런 감수성이 인문 과학에 전달되면서 역사

8 오이겐 비저, 정연도 옮김, 《니체는 누구인가?》, 분도출판사, 1993년, 113~115쪽.

에 대한 새로운 인식이 발생했다. 역사는 고증(考證)을 거친 정확한 것이 되어야 했고, 신앙도 역사를 무시하고 존재할 수 없는 것이 되었다. 여기서 신앙의 주제들에 대한 역사 비평적 신앙 언어가 등장했다. 이 언어는 신앙의 각 주제들의 발생 과정을 관찰하고 그 언어가 원초에 지녔던 의미를 알아보는 데 관심을 갖는 것이었다.

계몽사상과 유럽 무신론은 하느님을 중심으로 질서 정연했던 유럽 중세 사회를 갈기갈기 찢어 놓았다. 여기에 상징성을 지닌 사건은 프랑스 혁명(1789년)이다. 프랑스 혁명 이후 노동자와 서민들은 유럽의 중세 피라미드 사회에서 먼저 일탈(逸脫)했다. 일선에서 사목하던 하위 성직자들, 곧 신부들은 서민과 함께 그 일탈에 참여하여 새로운 언어를 찾으려 하였지만, 무너지는 귀족 사회와의 유대를 청산하지 못한 주교들은 신부들의 이러한 시도를 가로막고, 그들을 교회 밖으로 추방하였다. 그러나 교육과 의료를 전담하는 수도 단체들의 출현은 그 시기의 특기할 만한 일이다.

스스로를 교회 당국이라고 여기던 사람들은 그런 일련의 현상을 신앙과 교회에 대한 세속(世俗)의 도전이라 규정하고, 제1차 바티칸 공의회(1869~1870년)를 열어 〈가톨릭 신앙에 대한 교의 헌장〉과 〈그리스도의 교회에 관한 교의 헌장〉을 제정하였다. 공의회에서 제정한 〈가톨릭 신앙에 대한 교의 헌장〉에서는 이렇게 말한다. '계시(啓示)는 이성을 거스르는 것은 아니지만, 하느님의 선하심이 자유롭게 하시는 초자연적인 일'이라고 말이다. 또한 합리주의, 신앙주의, 전통주의 모두 계시를 이해하기에는 부족하다고 선언하였다. 그러나 제1차 바티칸 공의회는 교의 헌장에서 베드로의 수위권(首位權)과 교황의 무류권(無謬權)만 정의하였다. 찢어지는 유럽 중세 그리스도교 사회를 보면서 공의회는 교황의 무류권만 긍정하면, 그 분열을 치유할 수 있을 것으로 생각하였다.

20세기에 들어오면서 교회 저변에서 일어난 운동들이 있었다. '액션 가톨릭' · '지오세(JOC)' · '노동 사제' 운동 등을 들 수 있다. 이는 모두 산업 사회 안에서 복음을 전파하기 위한 노력들이다. 그러나 산업 사회는 결과적으로 사람들을 실망시켰다. 빈부(貧富)의 격차는 더 심해졌고, 강대국들의 이기심으로 기근의 문제를 해결하지 못했다. 게다가 자연은 심하게 훼손되어 인류의 미래를 심각하게 위협하고 있다. 산업 폐기물, 특히 핵폐기물의 피해는 심각하다. 신(神)을 외면하고 인간을 위주로 사고한 결과 결국 인간이 살 수 없는 세상이 되고 있다는 사실을 알게 해 주었다. 신을 제외하고 경제적 평등만으로 인간을 인간답게 하겠다던 공산주의가 불과 70년의 실험으로 종말을 고한 것과 같은 일이다.

4. 현대 정보 사회(情報社會)

현대 정보 사회는 20세기 후반부터 등장하는 새로운 사회다. 정보 사회는 우열(愚劣)이 있는 이원론(二元論)을 탈피한 사회다. 정보의 원활한 소통은 모두가 동등한 다원 사회(多元社會)를 전제로 한다. 이제는 정보가 위에서 아래로 일방 통행하지 않는다. 전화기(電話機)가 있다는 것은 그 전화에 응답하는 타자가 있다는 사실을 인정하는 것이다. TV 수상기가 있다는 것은 그것을 위해 전파를 띄워 주는 사람들이 있다는 것을 인정하는 것이다. 정보 사회에서는 타자(他者)를 인정하지 않으면, 정보가 흘러들지 않는다. 그리고 정보가 흐른다는 것은 주체 간의 차이를 존중한다는 것을 보여 주는 것이다. 과거의 사회가 피라미드같이 높고 낮음과 정상(頂上)이 있으며, 군림하는 자가 있고, 군림하는 자의 뜻에 따라 사는 저변의 사람들이 있는 사회였다면, 정보 사회는 인간이 그물망(網)과 같이 수평적으로 상호 연결된 사회이다. 여기서는 스스로 높아서 다른 사람 위에 군림한다고 생각하는 사람에게는 정보가 흘러들지 않는다. 그와 동시에 그의 실효성은 저하된다.

과거의 농경 사회가 하느님과 사람 중, 하느님을 더 소중히 생각한 사회였다면, 산업 사회는 사람을 택한 사회였다. 사람이 소중하고 사람이 하는 일이 소중했다. 사람 위에 군림하던 과거의 하느님은 니체의 말대로 죽어야 했다. 그러면서 산업 사회는 자연을 동시에 죽여 놓았다. 그러나 정보 사회는 하느님과 인간, 자연과 인간 둘 중에서 어느 하나만을 택하지 않는다. 정보 사회는 둘 다 존중한다. 그런 사회에서는 하느님이라는 초월적(超越的) 존재에서 시작하여 인간의 현실을 보지 않는다. 정보 사회는 인간 각자의 자유와 창의력을 최대한 존중한다. 게다가 현대인은 과정(過程)을 무시하면 비과학적이고, 역사를 무시하면 신화적(神話的)이라 생각한다. 모든 언표(言表)는 그것이 발생한 과정과 그것이 역사 안에 일으킨 과정을 제시할 때만, 가치 있는 것으로 여겨진다. 현대인은 확인과 검증이 되지 않는 일은 신빙성이 없다고 생각한다.

4.1. 신앙 언어

현대인은 형이상학적으로 사고하지 않는다. 그들은 사물의 존재에 대해 묻지 않는다. 인과율(因果律)로써 사물을 인식하지 않을 뿐만 아니라, 우연(偶然)과 구별되는 실체(實體)를 논하지도 않는다. 현대인은 보이는 것, 곧 물질, 육신, 세상, 자연 등을 초월하는 실체로서 보이지 않는 것, 곧 정신, 영혼, 하느님, 초자연 등이 있다는 이원론(二元論)적 사고를 하지 않는다. 조금만 상식이 있는 현대인이라면, 정신병 현상이 영혼이라는 실체 대신 마귀라는 실체가 들어와서 발생한다고 생각하지 않는다. 오히려 그 정신병 현상의 원인을 어릴 때 부모 형제와의 관계, 친구들과의 관계, 사회와의 관계, 곧 그 사람의 삶의 과정(過程)

에서 찾으려 할 것이다.

현대인에게 중요한 것은 사물들의 상호 관계로 인해 발생되는 과정이다. 원자 물리학은 양자(陽子), 전자(電子), 중간자(中間子), 광자(光子), 중성자(中性子) 등이 무엇인지를 논하기보다는 그것들이 상호 관계하여 발생하는 과정을 연구한다. 오늘 우리에게 중요한 것은 사물이 발생되는 과정이다. 관계의 과정이 중요하다. 사물 상호 간의 관계, 시간과의 관계 등을 중요하게 여기는 것이다.

하느님에 대해서도 최고와 최상이라는 존재론적 서열로 말하지 않는다. 최고와 최상으로 표현된 과거의 신(神)은 인간관계의 상하(上下)를 정당화하는 데에 이용되었을 뿐이다. 신의 존재는 증명할 대상이 아니다. 형이상학적 신은 과거 우주론의 산물로서 현대 무신론에 의해서 철저히 거부되었다. 형이상학이 말하는 초월(超越)이라는 개념은 우리 의식의 투사(投射)에 지나지 않는다. 초월이라는 개념과 더불어 상상되는 신은 모든 사람을 동일한 규격품으로 만든다. 하느님이라는 단어가 우리 언어 안에 의미를 지닐 수 있는 것은 우리의 실존(實存)과 관계 안에 있는 타자(他者), 부재자(不在者), 우리가 희망하는 분 등을 의미할 때다. 하느님의 자비와 사랑은 '불변(不變)'이라는 개념을 전제하면, 전혀 이해할 수 없다. 자비와 사랑의 주체는 스스로 변하는 것이기 때문이다.

신앙 언어들은 그 발생 과정을 검토해야 한다. 발생 과정을 무시한 언어는 전혀 다른 메시지를 전달한다. 예를 들면, 마태오 복음서가 전하는 헤로데가 아기들을 학살한 사건(마태 2,16-18)은 우리의 미사 전례가 말하듯이 순교가 아니다. 유대인 공동체인 마태오 복음서 공동체가 유대교 기득권자들이 메시아를 철저하게 거부하였다는 사실을 말하기 위해 구약성경의 언어를 빌려 각색한 것이다.

마리아가 처녀라는 말(루카 1,34)도 구세사(救世史)의 수태치 못하는 여인들이 하느님의 특별한 배려로써 수태한 이야기에서 그 의미를 찾아야 한다.[9] 구원자이신 예수는 인간의 생산력이 만든 결실이 아니라는 것이다. 성경은 신앙의 책이지 산부인과 의무(醫務) 기록지가 아니다. 마리아를 "하느님의 어머니"(축일 1월 1일)라 부르는 것도 431년 에페소 공의회가 채용한 표현이다. 따라서 그 공의회가 그 언어를 사용한 배경을 이해하고 해석해야 한다. 이 표현은 '마리아에게서 탄생한 것은 하느님의 아들이 아니라 인간 예수였고, 예수는 그 생애 중 어느 시기에 하느님의 아들로 책봉되었다'라는 네스토리우스의 주장을 반박하는 과정에서 사용된 것이다.

9 아브라함의 아내 사라(창세 11,30; 21장)
삼손의 어머니(판관 13,2)
사무엘의 어머니 안나(1사무 1장)
요한 세례자의 어머니 엘리사벳(루카 1,7-13)

니케아 공의회(325년)가 사용한 "실체적 동일함"이라는 표현이나, 트리엔트 공의회(1546~1563년)가 사용한 "실체적 변화"라는 표현도 실체(實體)라는 단어에 대한 그 시대의 의미를 이해하고 해석해야 한다. 실체 개념은 우연(偶然) 개념과 대립되는 것으로 사물의 인식 원리(認識原理)다. 그런 언어 발생의 과정을 무시하고 옛날에 사용된 표현이라고 그대로 사용하면, 전혀 다른 의미가 된다. 그것은 문화적 여건이 달라졌기 때문이다. 인간의 언어는 역사성을 지닌다. 초역사적인 인간의 언어는 존재하지 않는다.

오늘날 하느님의 말씀은 성경의 자구(字句)와도, 교의 명제(敎義命題)들과도 일치하지 않는다는 사실을 우리는 알고 있다. 성경과 교의는 복음 체험에 대한 그 시대의 증언이며 표현이다. 신앙 언어는 유비적(類比的) 성격을 지닐 수밖에 없다. 구약성경과 신약성경은 이스라엘과 초기 교회의 역사 안에서 사람들이 한 체험을 다양한 그 시대의 문학 유형(文學類型)으로 표현한 것이다. 역사 안에서 하느님이 일하신 것과 그 일에 대한 사람들의 해석을 문자화하여 정착시킨 것이다. 체험은 표현되면서 해석되고, 기록되면서 다시 해석되었다. 신앙으로 하는 사람들의 응답도 계시 내용에 속한다.[10] 그리스도 신앙의 역사는 과거의 텍스트를 읽고, 그것을 살아 있는 말씀, 곧 실천으로 전환시키는

---

10 마태오 복음서 22장 1-14절과 루카 복음서 14장 15-24절을 비교하면, 마태오 복음서 22장 11-14절이 첨부되었다는 사실을 알 수 있다.

체험의 역사다.

성경은 객관화된 언어가 담긴 하나의 텍스트다. 그것을 제작한 사람들의 손아귀를 벗어나 우리의 자유스런 해석에 맡겨진 텍스트다. 성경을 하느님의 말씀이라고 말하는 것은, 하느님은 현재 그것을 매개로 우리에게 말씀하시고 우리를 행동하게 하신다는 사실을 고백하는 것이다.

성경은 또한 인간의 말이다. 우리가 그 출처를 확인할 수 있는 인간 언어 체계 안에 있는 말이다. 그 언어의 출처를 확인하는 것이 현대 역사 비평학(歷史批評學)이다. 텍스트의 역사적 출처를 고증(考證)하여 그 텍스트가 발생 과정에 지녔던 의미를 확인하는 작업이다. 텍스트의 올바른 이해를 위해 역사 비평적 접근은 오늘날 반드시 거쳐야 하는 관문이다.

4.2. 신앙의 진리

성경과 전통은 신앙인이 해석해야 하는 텍스트다. 우리가 배워서 익혀야만 하는 고정된 진리 교과서가 아니다. 성경은 교회 안에 발생한 모든 신앙 언어의 해석을 위해 최종적 권위를 갖지만, 그 시대 특정 지역의 역사적 신앙 체험을 그 시대 그 지역의 언어로 증언한 문서다.

따라서 우리가 해석해야 하는 문서다.

그리스도 신앙 전통은 성경이 전하는 신앙 체험으로 발생한 각 시대의 실천 혹은 증언들이다. 따라서 성경이나 전통적인 문서 안에 진리가 있지 않다. 음악이라는 진리가 악보(樂譜)라는 죽은 언어에 담겨 있지 않으며, 그 음악의 연주사(演奏史)라는 연주 행위의 전승(傳承)에 있듯이, 신앙인의 삶이라는 진리는 성경이나 전통이라는 죽은 문자들 안에 들어 있지 않으며, 그것을 실천한 사람들의 삶의 전승에 있다. 구약의 모세 사건이나 신약의 예수 그리스도 사건은 사람들에게 삶의 변화, 곧 실천 혹은 놀이[11]를 발생시켰다. 신앙의 진리는 신앙인의 삶 안에 있다.

유대 그리스도 신앙 전통은 진리를 다양하게 표현한 족보(族譜)라고 말할 수 있다. 같은 진리를 시대에 따라 다른 모습으로 구현한 것이다. 같은 진리라는 말은 그리스도 신앙 메시지 전달에 있어 같은 언어를 반복해야 한다는 의미가 아니다. 정초(定礎)하는 기원(起源)의 사건과 본질적으로 관련되지만, 모든 시대를 위해 제공된 지식을 반복해서 옮기는 것이 아니다. 과거의 스콜라 신학이 말하듯이 진리는 개념(사물과 지성의 합일, adaequatio rei et intellectus) 안에 있지 않다. 예수 그리스도

11 여기서 놀이라는 단어는 여가선용을 위한 인간 행위를 의미하지 않고, 신앙의 실천에는 긴장하지 않고 인간이 자유롭게 하는 일련의 행동 방식이 있다는 사실을 의미한다.

안에 나타난 "은총과 진리"(요한 1,14)를 사람들의 삶 안에 실현시키는 데 메시지의 목적이 있다.

과거에는 예수에 대한 신약성경 진술들이 역사적 사실을 보도하는 것으로 생각하였다. 현대 역사 비평학은 성경 해석에 큰 변화를 주었다. 그 변화와 더불어 발생한 것이 경직된 보수적(保守的) 성경 해석이다. 성경에 대한 역사 비평적 접근은 비교적 새로운 것이다. 과거 교리서들이 제공한 나자렛 예수에 대한 표상(表象)은 현대 역사 비평학이 알려 주는 것과 부합하지 않는 것도 많이 있다. 그런 이유 때문에 많은 사람들이 역사 비평적 연구 결과를 그리스도 신앙의 이름으로 배척해야 한다고 생각하고 외면한다.

신앙은 지식이 아니라 실천 혹은 놀이다. 이 실천 혹은 놀이는 그리스도 신앙 메시지의 의미를 생성시키고, 그것을 확인하는 장(場)이다. 그리스도인은 실천을 도외시하고 성경의 이론적 해석에만 머물 수는 없다. 신앙은 실천보다 먼저 있는 이론이 아니기 때문이다. 성경과 실천 사이에는 어떤 순환이 있다. 성경을 이해하면 실천이 발생하고, 실천을 하는 사람이 성경을 더 올바르게 이해한다는 의미다. 실천이 신앙의 장(場)으로 부각되면서 신앙 이해는 큰 변화를 겪고 있다. 신앙생활은 교리를 믿고, 계명을 지키고, 은총을 얻는 방법을 강구하는 획일적인 것이 아니다. 그것은 유럽 중세적 사고의 결과일 뿐이다.

나오면서

신앙은 예수 그리스도로 인해 인간 삶이 시대적 · 지역적 · 개인적으로 변하도록 이끄는 힘이다. 따라서 신앙은 인간 삶에 드리워진 새로운 가능성의 원동력이다. 신앙은 역사 안에서 다양한 실천을 낳는다. "나에게 '주님, 주님!' 한다고 모두 하늘 나라에 들어가는 것이 아니다. 하늘에 계신 내 아버지의 뜻을 실행하는 이라야 들어간다."(마태 7,21)라는 말씀을 비롯해서 "나의 이 말을 듣고 실행하는 이는 모두 자기 집을 반석 위에 지은 슬기로운 사람과 같을 것이다."(마태 7,24)는 말씀은 실천이 믿음이며 진리임을 말한다. 또한 "누구든지 그리스도 안에 있으면 그는 새로운 피조물입니다. 옛것은 지나갔습니다. 보십시오, 새것이 되었습니다."(2코린 5,17)처럼 사람이 새것이 되었다는 말은 새로운 실천 혹은 새로운 놀이를 하는 사람이 되었다는 뜻이다.

제2장

신앙 체험의 문제

들어가면서

일상생활에서 경험이 많은 사람이라고 말하면, 책으로만 무엇을 아는 사람을 의미하지 않고, 사물과 직접적 관계가 많았으며, 아는 것과 실천이 조화를 이룬 사람을 의미한다. 예를 들어 체험을 의미하는 라틴어 단어는 'Experientia'다. 이 단어의 어원(語原)은 'peritus'인데, 'peritus'는 많은 시도(試圖), 시련(試鍊), 착오(錯誤) 등을 거쳐서 확신을 가진 사람을 뜻한다. 그리고 독일어의 '체험하다'라는 동사 'Erfahren'은 'fahren' 곧 '여행하다'라는 동사에서 왔다. 이는 체험이란 세상을 아는 것뿐 아니라, 그 안에서 살고 괴로워하고 행동해 본 것까지도 포함한다는 것을 의미한다. 또한 한자 체험(體驗)의 驗은 '證也', '效也'라고 사전에 나온다. 결국 한자에서도 체험이란 사람이 몸으로 실제 겪어서 그 효과를 맛본 것을 의미하는 말이다.

일상생활에서 체험은 실험 과학과 같이 순수 객관적 이해만을 뜻하지 않는다. 체험은 우리가 실험을 통해서 관찰하고 확인한 것으로 제한되지 않는다. 사실 우리의 체험 대상이 되는 것은 실재(實在) 그 자체가 아니라, 실재로 말미암아 일어나는 변화다. 우리는 무엇을 경험할 때, 우리와의 관계 안에서 그것이 어떤 의미를 지니는지를 경험한다. 우리가 하는 객관적 체험과 그 체험에 대해 우리가 하는 해석은 온전히 분리되지 않는다.

우리가 체험할 수 있는 것만을 절대적인 것으로 생각하면, 우리는 모순에 빠진다. 우리는 우리가 체험할 수 있는 대상만이 실재한다고 말할 수 없기 때문이다. 그것은 우리가 경험으로 확인해 볼 수 없는 일이다. 신(神)의 존재는 우리 체험의 대상이 아니기에, 신에 대한 신앙은 무의미하다고 우리가 말하지 못하는 까닭도 이와 같다. 우리 체험의 영역에서는 신이 있다는 사실을 증명할 수 없다. 물론 인간의 체험은 신이 없다는 사실도 증명하지 못한다.

이렇게 인간 체험에 객관적 한계가 있다는 사실을 우리가 말한다고 해서, 종교 체험을 주관적 느낌으로만 여겨서는 안 된다. 모든 체험은 인간의 주관을 매개로 이루어진다. 게다가 종교적 체험은 인간 존재의 가장 깊은 곳에서 발생하고, 인간 생활의 모든 면에 영향을 준다. 구경꾼과 같은 자세로 있다면, 절대로 신(神)에 대해 체험할 수 없다.

그래서 성경은 신앙 체험이 인간 위격의 중심인 마음에서 일어난다고 말한다.

> 좋은 땅에 떨어진 것은, 바르고 착한 마음으로 말씀을 듣고 간직하여 인내로써 열매를 맺는 사람들이다.(루카 8,15)

> 예수님께서 그에게 말씀하셨다. "네 마음을 다하고 네 목숨을 다하고 네 정신을 다하여 주 너의 하느님을 사랑해야 한다."(마태 22,37)

체험의 주관성(主觀性)에 대해 말할 때 첫째로 꼽을 수 있는 것은 사람이 어떤 실재(實在)에 의해서 사로잡혔다는 느낌이다. 신앙 체험도 그런 유(類)에 속한다고 말할 수 있다. 그러나 그런 체험에 대한 욕구는 종교적인 것이라기보다 이기적(利己的)인 것일 가능성이 더 크다. 신앙 체험을 그런 유(類)의 망아지경(忘我之境) 체험이라 단정하고 그것을 찾아 나서면, 그는 신이 아니라, 자기 자신을 만날 것이다.

체험은 객관적이기만 할 수도 없고, 주관적이기만 할 수도 없다. 객관적 접근과 주관적 감지(感知)가 함께 있어야 한다. 체험은 객관적 실재인 세상과 이웃을 주관적으로 만나면서 발생한다. 체험은 실재(實在)가 주체에게 접근하고, 주체가 언어, 표상, 상징, 개념 등으로 그것을 해석하면서 생긴다. 따라서 체험은 인간이 세상과 만나는 일, 곧 역사적인 일이다.

체험은 인간이 사물을 주관적으로 감지하는 순간에 발생하지 않는다. 경험적 지식은 인간이 실재와 반복해서 접촉하면서 생겨난다. 인간이 실재를 만나면서 그 실재에 대한 인상(印象)과 해석이 부합할 때, 경험적 지식이 발생한다. 그리고 이렇게 발생한 경험적 지식은 언어로 표현되면서 경험의 주체가 속하는 공동체 안에 기억으로 보존된다. 언어는 여러 세대의 경험을 집약(集約)하고 있다. 그렇다면 경험은 어떤 공동체, 어떤 백성, 어떤 종족, 어떤 계급의 집단적 성격을 지닌다. 그 공동체는 공통된 기억을 통해 근본적 체험을 만들고, 그것을 신화(神話), 서사시(敍事詩), 전설(傳說), 일화(逸話), 혹은 이야기들 안에 생생하게 보존한다. 따라서 체험은 이야기 양식으로 전달된다.

우리에게 맡겨진 언어와 그 언어 안에 들어 있는 체험은 현재 우리의 체험을 해석할 수 있게 도와주고, 그것을 다음 세대에 전달할 수 있게 해 준다. 체험은 과거 경험에 대한 기억과 현재의 경험과 또 그것의 전달 사이에 항상 펼쳐져 있다. 따라서 체험은 항상 새롭고, 결코 완성되지 않는 견습 과정(見習過程)이라 말할 수 있다. 경험이 풍부한 사람이라고 해도 모든 일에 해답을 가지고 있지 않다. 오히려 그는 경험의 임시적 성격을 잘 알고, 현재의 체험을 근거로 새로운 체험을 할 줄 안다.

과거, 현재, 미래의 체험 사이에는 어떤 긴장이 있을 수 있다.

첫째로, 과거 체험에 대한 기억은 현재의 체험을 위해 비판적 의미를 지닌다. 과거의 경험은 현재 명백한 것같이 보이는 것 안에 들어 있는 기만적인 것을 제거하고, 새로운 길을 열어 줄 수 있다. 따라서 현재의 제한된 체험을 절대화하는 것은 어리석은 일이다. 역사 안에 큰 종적(蹤迹)을 남긴 언어를 발생시킨, 과거의 위대한 경험들은 그것을 기반으로 더 많은 체험을 할 수 있는 원동력이고, 우리로 하여금 오늘, 새롭고 더 깊이 있는 체험을 할 수 있게 해 준다.

새로운 체험을 하게 해 준다는 것은 과거 체험의 틀 안에다 새로운 체험들을 동화(同化)시키는 것이 아니다. 현재까지 나에게 당연한 것 같이 생각되던 것에 대해 내가 저항하면서 나는 근본적이고 중요한 체험을 하게 된다. 그 새로운 체험은 우리를 놀라게 하고 과거에 우리가 당연시하던 관점을 수정해 준다. 이렇게 우리의 계획은 저항을 받으면서 새로운 전망과 새로운 방향을 얻는다.

둘째로, 체험한다는 말은 생각과 진로(進路)를 바꿀 수 있다는 말과 연결되어 있다. 근본적 체험이라는 것은 모든 사람의 경험을 의미하지 않고, 인간이 내리는 결정의 쟁점(爭點)이 되는 체험을 의미한다. 체험은 사람을 환상에 빠지지 않게 해 준다. 체험은 지금까지 사람들을 지배해 온 과거의 환상이나, 지금까지 맹목적(盲目的)으로 수용하고, 진리라고 믿었던 것을 사라지게도 해 준다.

과거, 현재, 미래의 역사적 변증법에서 이해되는 것은 인간에게는 현재의 직접적 체험만 있는 것이 아니라, 과거의 경험들을 가지고 하는 간접적 체험이 있다는 사실이다. 이 간접적 체험이 인간 사고(人間思考)의 시작이다. 인간은 직접적 체험을 매체로 해서 더 깊은 체험을 한다. 과거의 경험을 매개로 하는 이 체험은 먼저 우리 체험의 한계성과 경계선에 대한 것이다. 그것은 고통스런 일이다.

니체(F. Nietzsche)는 그의 저서 《차라투스트라는 이렇게 말했다》에서 이렇게 말했다. "인간이 자기 생존을 깊이 본 그만큼 고통을 깊이 보게 된다."라고 말이다. 그리고 다른 곳에서는 "인간의 서열을 정하는 것은 고통을 겪을 수 있는 능력이다."라고도 말했다. "열락(悅樂)은 그 기쁨을 타 버린 재로 남기고, 비극은 그 아픔을 정직한 진실로 이끌어 준다."[12] 젊음, 생명력, 건강, 성공에 눈이 어두워 고통을 외면하면, 우리의 체험은 메마르고 빈약해진다. 그리고 우리의 감수성도 퇴보한다. 인간 생존의 한계성과 고통을 산 사람만이 인간 생존을 깊이 있게 체험한다. 이렇게 보면 체험은 예견할 수 없고, 열려 있는 항상 더 큰 신비로 이끄는 길이다.

---

12 신영복, 《나무야 나무야》, 돌베개, 2010년, 35쪽.

1. 종교 체험

이것으로 우리는 종교 체험의 차원에 도달한다. 종교 체험은 직접적 체험이 아니라, 중매(仲媒)된 간접적 체험이다. 그것은 다른 체험들을 가지고 하는 체험이다. 그러나 그것은 여러 가지 체험들 중 하나가 아니라, 다른 모든 체험을 인도하고, 그 체험들 안으로 침투하는 근본적 체험이다. 그래서 칼 라너(Karl Rahner)는 그것을 초월적 체험이라 불렀다.[13] 초월적 '실존론적 범주(Existential)', 곧 자비, 사랑, 헌신, 용서 등은 우리 안에 체험을 발생시키며, 그 체험은 인간, 공동체, 세상 등 역사적이고 우발(偶發)적인 것을 대상으로 한다. 그러나 그러한 종교적 체험은 새로운 지평을 열어 준다. 호세아서에서 예를 찾아보자.

> 그들이 많아질수록 이렇듯 나에게 죄를 지었으니 나도 그들의 영광을 수치로 바꾸어 버리리라. 그들은 내 백성의 속죄 제물을 먹고 살며 내 백성이 죄짓기만 간절히 바란다. 백성도 사제도 똑같이 되리라. 나는 그들이 걸어온 길에 따라 벌하고 그들의 행실에 따라 갚으리라.(호세 4,7-9)

> 에프라임아, 내가 어찌 너를 내버리겠느냐? 이스라엘아, 내가 어

---

13 "Gotteserfahrung heute", in 《Schriften zur Theologie》 Bd. 9. Einsiedeln: Benziger, 1970, 127ff.; 《Grundkurs des Glaubens: Einführung in den Begriff des Christentums》, Freiburg : Herder, 1976, 75ff.

찌 너를 저버리겠느냐? 내가 어찌 너를 아드마처럼 내버리겠느냐? 내가 어찌 너를 츠보임처럼 만들겠느냐? 내 마음이 미어지고 연민이 북받쳐 오른다. 나는 타오르는 내 분노대로 행동하지 않고 에프라임을 다시는 멸망시키지 않으리라. 나는 사람이 아니라 하느님이다. 나는 네 가운데에 있는 '거룩한 이' 분노를 터뜨리며 너에게 다가가지 않으리라.(호세 11,8-9)

종교 체험은 인간이 일상(日常)에서 체험하는 것과 전혀 다른 질서에 대한 체험으로서 모든 인간 체험을 내포하고 보존하는 최종적 지평을 우리 앞에 열어 준다. 예를 들면, 인과응보(因果應報)와 같은 일상의 체험과는 전혀 다른 것들, 그러니까 사랑, 자비, 용서 등이 열어 주는 것과 같은 지평을 말한다. 이 지평은 모든 체험을 발생시키고 귀착시키는 초월성을 지녔다. 종교적 차원이 보여 주는 이 특수 체험이 없다면, 종교 체험이라는 것은 일반적이고 막연한 느낌이 되고 말 것이다.

개방 상황(開放狀況) 혹은 탈은폐 상황(脫隱蔽狀況)이라 부를 수 있는 상황(Disclosure situation)이 있다. 그것은 하나의 특수 체험인데 그 특수 경험보다 더 있는 것을 의미한다. 이 상황에서는 우리가 체험하는 것의 전체가 갑자기 분명해지고, 하나의 체험과 더불어 체험의 전체와 그 체험 안에 스며 있는 어떤 타동적(他動的) 힘을 느낄 수 있는 순간이거나 상황이다. 그런 상황은 여러 방식으로 실현된다. 우리가 기쁨에 넘쳤을 때, 이 세상과 우리 생존이 무한히 풍요롭고 아름답고 사랑스럽다. 우리가 사랑하는 사람의 죽음을 맞이했을 때 우리는 이 세상을 알아들을 수 없다. 우리가 고뇌 중에 있을 때, 우리는 설자리를 잃고 모든 것이 무너진 듯한 실존의 심연을 맛본다. 우리가 사랑하는 사람으로부터 사랑을 받을 때, 우리 자신이 받아들여지고, 긍정되었음을 느낀다. 상대방의 사랑스러움과 아름다움에 우리는 감동하고 온 세상이 우리를 기쁘게 해 주고 있음을 느낀다.

종교 체험들은 양가적(兩價的)이다. 한편으로는 두렵고, 또 다른 한편으로는 매력적이다. 그것은 멀리 밀어내면서 동시에 가까이 당기는 체험이다. 이는 한편으로는 불가근적(不可近的)이다. 전혀 다른 무엇, 무서운 심연(深淵), 무(無)의 사막과 같은 것이다. 그러면서 동시에 가근적(可近的)이다. 우리를 보호해 주는 기반, 은총, 성취와 같은 것이다. 그런 체험은 두려움과 동시에 행복을 준다. 그것은 우리를 멀리 밀어낼 수도 있고, 가까이 당길 수도 있다. 우리를 고뇌와 두려움에 사로잡히게 할 수도 있고, 감사와 기쁨과 위로를 느끼게 할 수도 있다. 그래서 아우구스티노 성인은 이렇게 말했다. "나는 한편 떨리고 한편 화끈해집니다. 떨리기는 그분을 닮지 못함이요, 화끈해지기는 그분을 닮은 까닭입니다."[14]

---

14 《고백록》 11, 9, 1.

바로 이 양가성과 모호함 때문에 종교 체험은 역사 안에 많은 해석의 대상이 되었다. 그것을 신앙 체험이라 하기에는 아직 너무 이르다. 이 체험은 유물론적으로도 해석될 수 있지만, 또한 범신론적으로 혹은 허무주의로 해석될 수도 있다. 또한 현대 세계에서 흔히 볼 수 있는 무명(無名)의 것으로 남아 있을 수도 있다. 그것은 정신병리 현상으로 해석될 수도 있다.

2. 이스라엘 신앙 체험의 양가성(兩價性)

선택, 권리 부여, 약속 안에 나타나는 하느님의 일방(一方)성은 그 백성의 체험에 모순된 두 면이 있다는 사실을 보여 준다. 그것은 바로 두려움의 대상인 하느님과 충실하고 사랑하는 하느님이다.

먼저 두려운 하느님에 관한 부분을 살펴보겠다. 하느님은 계약 조문을 주고 백성은 그것을 받아들이고 말씀하신 대로 따를 것을 약속한다(탈출 24,1-11 참조). 하느님에게는 용모가 없다. 계약으로 주어진 공생(共生)이라는 관계 안에서 백성들은 그분의 행동을 예상할 수 없다. 성경으로 삽입된 텍스트들 중에서도 두려운 하느님에 대한 체험이 표출(表出)된 부분들이 있다. 탈출기에서 하느님은 모세에게 백성을 구할 사명을 준 직후, 그를 공격하고 그를 죽이려 한다.[15] 그런 이상한 자세를 다른 데서도 볼 수 있다. 아브라함이 이사악을 제물로 바침(창세 22장 참조), 야곱이 하느님과 씨름함(창세 32,25-33 참조), 파라오의 마음이 완고해짐(탈출 10,20 참조), 엘리의 아들들을 죽게 함(1사무 2,25 참조) 등이다. 예언서들에서도 두려운 하느님에 대한 체험을 찾아볼 수 있다.

> 그러므로 나는 그들에게 사자처럼 되고 표범처럼 길에서 숨어 기다리리라. 나는 새끼 잃은 곰처럼 그들을 덮쳐 그들의 가슴을 찢어발기리라. 사자처럼 그 자리에서 그들을 뜯어 먹고 들짐승이 그들을 찢어 먹게 하리라.(호세 13,7-8)

> 사람의 아들아, 예언하여라. 이렇게 말하여라. "주님이 말한다." 하며 이렇게 말하여라. "칼이다! 잘 갈아 날이 선 칼이다. 마구 죽이라고 간 칼이요 번개 치듯 내리치라고 날을 세운 칼이다. 날을 세워 손에 쥐라고 그것을 내어 놓았다. 그것은 살해자의 손에 넘기려고 잘 간 칼이요 날을 세운 칼이다. 사람의 아들아, 울부짖어라, 슬피 울어라. 그 칼이 내 백성을 겨누고 있다. 이스라엘의 모든 제후를 겨누고 있다. 그들은 내 백성과 함께 칼에 넘겨지고 말았다. 그

15 "모세가 길을 가다 어떤 곳에서 밤을 지내는데, 주님께서 그에게 달려들어 그를 죽이려 하셨다. 그러자 치포라가 날카로운 차돌을 가져다 제 아들의 포피를 자르고서는, 모세의 발에 대고 '나에게 당신은 피의 신랑입니다.' 하고 말하였다. 그러자 그분께서 그를 놓아주셨다. 그때 치포라는 할례를 두고 '피의 신랑'이라고 말한 것이다."(탈출 4,24-26)

러니 가슴을 쳐라. 주 하느님의 말이다. 너 사람의 아들아, 예언하여라. 손바닥을 쳐라. 그 칼은 두 번 세 번 휘둘리리라. 그것은 살생의 칼 큰 살생의 칼 그들 둘레를 빙빙 도는 칼이다. 그리하여 사람의 마음이 떨리고 많은 이가 비틀거리리라. 나는 그들의 성문마다 살육의 칼을 세웠다. 아, 그것은 번개 치듯 내리치라고 만든 칼 마구 죽이라고 날을 세운 칼이다. 칼아, 뒤로 돌고 오른쪽으로도 왼쪽으로도 돌아라. 네 날이 향하는 곳 어디로든 돌아라. 나도 손바닥을 치며 내 화를 가라앉히리라. 나 주님이 말하였다."(에제 21,14-22)

그런 체험은 종교 체험의 원시 형태라고 말할 수도 있고, 반성이 부족하여 겪는 현상으로 볼 수도 있다. 그러나 하느님에 대한 이스라엘의 체험이 어떤 역설적(逆說的) 면을 가지고 있다는 사실은 잊어서는 안 된다. 역설적 체험이 언어의 수준에서 나타난 것이 위의 텍스트다.

이에 반해 충실하고 사랑하는 하느님에 관한 부분도 살펴볼 수 있다. 이스라엘이 역사적으로 체험한 하느님의 다른 측면이다. 이것은 하느님이 당신 백성에게 충실함, 자비, 사랑 등을 나타내신 부분이다. 예언서들은 그 면을 강하게 표현한다(호세 11,8; 에제 16장 참조).

두려워하지 마라. 네가 부끄러운 일을 당하지 않으리라. 수치스러워하지 마라. 네가 창피를 당하지 않으리라. 네 젊은 시절의 부끄러움을 잊고 네 과부 시절의 치욕을 네가 다시는 회상하지 않으리라. 너를 만드신 분이 너의 남편 그 이름 만군의 주님이시다. 이스라엘의 거룩하신 분이 너의 구원자 그분께서는 온 땅의 하느님이라 불리신다. 정녕 주님께서는 너를 소박맞아 마음 아파하는 아내인 양 퇴박맞은 젊은 시절의 아내인 양 다시 부르신다. 너의 하느님께서 말씀하신다. '내가 잠시 너를 버렸지만 크나큰 자비로 너를 다시 거두어들인다. 분노가 북받쳐 내 얼굴을 잠시 너에게서 감추었지만 영원한 자애로 너를 가엾이 여긴다.' 네 구원자이신 주님께서 말씀하신다.(이사 54,4-8)

하느님은 계약에 충실하려 하지만, 백성은 이웃을 착취하여 계약에 들어 있는 공생의 규정을 계속 어긴다.

빈곤한 이를 짓밟고 이 땅의 가난한 이를 망하게 하는 자들아 이 말을 들어라! 너희는 말한다. "언제면 초하룻날이 지나서 곡식을 내다 팔지? 언제면 안식일이 지나서 밀을 내놓지? 에파는 작게, 세켈은 크게 하고 가짜 저울로 속이자. 힘없는 자를 돈으로 사들이고 빈곤한 자를 신 한 켤레 값으로 사들이자. 지스러기 밀도 내다 팔자." 주님께서 야곱의 자만을 두고 맹세하셨다. "나는 그들의 모든 행동을 결코 잊지 않으리라. 그 때문에 땅이 뒤흔들리고 온 주민이 통곡하지 않겠느냐? 온 땅이 나일 강처럼 불어 오르고 이집트의 나일 강처럼 부풀었다가 잦아들지 않겠느냐?" 주 하느님의 말씀이 다. 그날에 나는 한낮에 해가 지게 하고 대낮에 땅이 캄캄하게 하리라.(아모 8,4-9)

하느님은 이스라엘을 대함에 있어 '거룩하시다.'(에제 28장 참조) 그러나 백성은 죄인으로 행동한다. 이러한 계약 체결자들 사이의 행실의 차이를 예언서들은 계속 상기시킨다.

이스라엘이 자기의 하느님을 이름 지어 부르는 것은 세상의 근본에 대해 반성하고, 철학적으로 추리한 결과가 아니다. 이스라엘은 얼굴 없는 계약 상대와 공생하는 체험을 하며 그분의 태도에 대해 역설적이면서 이중적인 해석을 할 수 있었다. 그러나 그들은 추리나 종합을 할 줄 몰랐다. 하느님의 어떤 모상도 만들지 말라는 금명과 함께 하느님은 얼굴 없는 상대며 인간이 그분의 말씀을 대변할 뿐, 그분의 목소리는 들리지 않았다. 따라서 그분에 대한 이스라엘의 체험에는 망설임이 있다. 그래서 예언자들이 사라지고, 율법이 가장 중요한 말씀이 되었을 때, 하느님에 대한 두려움은 가중된다. '태초에 두려움이 있었다. 그 두려움이 하느님이었다.' 과거의 경험에서 그들이 알고 있는 그분의 행동들은 예기치 못한 것이었고, 그분의 침묵은 이해할 수도 없고, 두렵기까지 한 것이었다. 구약성경은 이스라엘의 하느님이 자기 백성에게 보이는 사랑이 조건 없는 것이라고 말은 하면서도, 하느님과의 거리를 좁히지는 못하였다.

하느님의 신비(神秘)가 인간 체험의 바탕이기에 그런 양가(兩價)적 해석들은 막을 수 없다. 하느님은 사람이 점차적으로 해결할 수 있는 문제와는 전혀 다른 문제이다. 하느님을 대상화(對象化)하여 관찰할 수 있는 장(場)이 인간에게는 없기 때문이다. 그러나 하느님으로 말미암아 발생한 인간 실천들은 볼 수 있다.

우리는 우리를 유한한 존재, 알아들을 수 없는 신비로 둘러싸인 존재로 늘 감지한다. 우리의 생활과 실재들에 스며드는 어떤 신비를 체험함에 있어서, 모든 실재에 대해 보편적 의미를 묻는 질문도 남아 있는 것이다. 우리에게 접근하시는 하느님에 대한 체험이 여러 가지로 해석될 수 있는 것이면, 체험의 수준에서 의미에 대한 결정적 해답을 찾을 수 없다. 다른 모든 체험에서와 마찬가지로 종교 체험에서도 그것의 참다운 의미는 종교적 언어와 그 전통 안에서만 발견된다. "하느님에게로 가는 것은 하느님에서 출발하여 가는 것이다. …… 그분은 현존하였지만 인식되지 않았던 것뿐이다. 그분이 하신 일이 있기에 내가 영(靈)이다. 하느님을 떠나서는 아무것도 있을 수 없기에 하느님이다."[16]

16 François Varillon, 《L'humilité de Dieu》, Paris, 1974, 29p.
장자(莊子)의 '물과 물고기'를 연상하게 하는 표현이다.

3. 체험의 대상으로 신(神)이라는 단어[17]

신(神)은 우리의 직접적 체험의 대상이 아니다. 신은 간접적으로만 체험될 수 있는 최종적 신비다. 따라서 이 체험에 대한 우리의 표현은 은유적(隱喩的)일 수밖에 없다. 은유는 사용된 단어가 지닌 의미의 한 면을 이용하여 실재(實在)에 대한 창조적 묘사를 하는 언어 방식이다. 그래서 은유로 표현된 언어를 보면 우리는 그 언어가 지닌 의미를 보고, 우리가 이미 가진 우리의 경험 자료에서 알아들어야 한다.

과학 기술의 언어는 우리의 삶 안에 있는 문제들을 해결하기 위한 정보 제공의 언어다. 따라서 그것은 유용하고 편리함을 주는 언어다. 그러나 그것은 인간 놀이를 발생시키지는 않는다. 이에 반해 신화(神話)나 시(詩)의 언어는 우리에게 유용하고 편리한 정보 제공이 아니라, 하나의 놀이를 보여 준다.

> 홀로서 가야만 한다.
> 저 2천년 전 로마의 지배 아래
> 사두가이와 바리사이들의 수모를 받으며
> 그분이 홀로서 가듯

---

17 K. Rahner, 《Grundkurs des Glaubens: Einführung in den Begriff des Christentums》, Freiburg : Herder, 1976, 54~61p 참조.
이봉우 역, 《그리스도교 신앙 입문》, 분도출판사, 1994년, 70~79쪽.

나 또한 홀로서 가야만 한다.

악의 무성한 꽃밭 속에서
진리가 귀찮고 슬프더라도
나 혼자의 무력(無力)에 지치고
번번이 패배의 쓴잔을 마시더라도
백성들의 비웃음과 돌팔매를 맞으며
그분이 십자가의 길을 홀로서 가듯
나 또한 홀로서 가야만 한다.

정의(正義)는 마침내 이기고 영원한 것이요,
달게 받는 고통은 값진 것이요,
우리의 바람과 사랑이 헛되지 않음을 믿고서

아무런 영웅적 기색도 없이
아니, 볼꼴 없고 병신스런 모습을 하고
그분이 부활(復活)의 길을 홀로서 가듯
나 또한 홀로서 가야만 한다.

— 구상, 〈그분이 홀로서 가듯〉

우리 체험의 대상인 이 세상 사물은 어느 시공(時空)에서 체험의 대상으로 존재하기에 그 단어가 생겨나게 된 것이다. 이런 까닭에 신(神)이라는 단어에 대해 우리가 말할 수 있는 가장 단순한 사실은 인간 실존의 영적 차원에서 이 단어가 생겨났다는 것이다. 따라서 이 단어를 삭제해 버렸을 때, 인류의 현실이 어떻게 변하는지를 살펴보는 것이 중요하다. 신과 관련된 모든 단어가 사라진 세상을 말한다. 그 세상은 다신론(多神論)과 유일신론(唯一神論)의 문제조차 제기되지 않는다. 그리고 무신론자(無神論者)들은 이 단어를 사용하지 않는 상태를 말한다.

> "모든 인식, 신앙 및 가치(價値) 뒤에는 아무것도 없다는 허무주의적 전제는 절대적이고 단언(斷言)적 언표(言表)의 최후 형태다. 그러나 그것은 또 하나의 절대주의다. 그것은 아무것도 믿지 않는 것이 아니라, 무(無)에의 신앙을 주장하는 또 다른 의미의 절대주의다……. 무신론적 허무주의자들도 초월(超越)주의자들과 마찬가지로 두 세계, 즉 우리가 살고 있는 이쪽과 저쪽 신(神)의 세계를 무의식중에 받아들이고 있는 것이다."[18]

18 최준성, "니이체에 있어서의 허무주의 문제", in 《니이체 철학의 현대적 조명》, 정동호 편, 청람문화사, 1985년, 122쪽.

3.1. 신이라는 단어가 없어진 세계

이 단어가 흔적도 없이 사라진 세상을 상상해 보자.[19] 이 단어가 없다면 인간은 이 세상 실재(實在)의 유일성(唯一性)에 대해 감각할 수 없다. 절대자(絶對者)가 있기에 동시에 절대라는 개념이 있을 수 있다. 이러한 개념이 없다면 인간은 자기 실존의 유일성을 잃어버린다. 또한 이 세상의 특이성(特異性)과 자기 실존의 특이성도 잃어버린다. 그리고 세상의 전체성도 자기 실존의 전체성과 더불어 사라진다. 그러한 개념이 없다면 인간은 존재가 아니라 특이한 현존재(現存在, Dasein)라는 사실을 모를 것이다. 따라서 현존재로서의 투신(投身)과 이웃에 대한 관심과 심려 등이 모두 다 사라진다. 현존재의 존재 양식은 염려며, 그것은 유한성과 시간성을 지녔기 때문이다.[20]

이렇게 된 경우, 인간은 자기 실존(實存)의 각 순간만을 계속해서 살아갈 줄 알지, 자기 실존 전체에 대한 문제 제기는 하지 못할 것이다. 인간은 이 세상과 자기 자신에게 집착되어, 신비스러운 자기를 초월하려는 노력, 현재로서는 비록 무의미하게 보일지라도, 자기 자신을 넘어서 스스로를 실현하는 노력을 하지 않을 것이다. 인간은 일관성(一貫

19 하느님, 하늘, 도(道), 옥황상제 등 초월적 존재를 지칭하는 단어가 모두 사라진 세상을 의미한다.

20 하이데거가 말하는 현존재(Dasein)란 '거기(Da) 있음(sein)'이라는 일차적인 의미를 지닌다. 현존재는 거기에 존재하고 있으며, 실존성은 '세계-내-존재(Das in-der-Welt-sein)', '더불어 있음(공동 현존재, Mitdasein)', 그리고 '처해 있음(상태성, Befindlichkeit)'과 '이해'의 실존 범주를 갖는다.

性) 있게 행동하지 못할 것이고, 결국 자아(自我)를 잃고, 자기의 기초를 잃어버릴 것이다. 또한 인간은 그것을 잃었다는 사실도 모를 것이다. 이렇게 된다면 인간은 인간이 아닐 것이다. 인간은 다만 발명할 줄 알고, 불과 연장을 사용할 줄 아는 직립(直立)한 동물이 되고 말 것이다.

> "무신론적 허무주의는 절망적 허무주의로서 여러 유형의 생활 태도를 초래하게 할 수 있다. 어떤 사람은 일체의 주의(主義)나 주장(主張)을 부정하면서 삶의 어떤 의미도 인정하지 않으려 할 것이다. …… 무신론적 허무주의의 사회 심리적 현상으로 생각되는 것을 말하여 보면, 사람이 도덕적 냉담자가 된다는 것이다. 그 사람은 어떤 규범(規範)에도 매여 있다고 느끼지 않을 것이기 때문이다. 그는 규범의식뿐만 아니라 일체의 공공(公共)의 사업, 조직, 제도 등에도 무관심한 이기주의자가 될 것이고, 사회는 혼란을 겪을 것이다. 인간은 현실로부터 도피하여, 체념과 무기력에 빠질 것이다.
> 만일 신이 존재하지 않는다면, 이 세상에서 가장 의미 있는 것은 개인적 자유며, 자유의 표현으로 인간은 자살할 수도 있을 것이다. 신이 존재하지 않는다면, 인간은 어떤 짓을 해도 좋을 것이다. 어떤 패륜(悖倫)도 허락될 것이다. 인생에는 아무런 의미도 없다고 말하며 찰나(刹那)적 향락만을 즐길 수도 있을 것이다."[21]

---

21 최준성, 위의 책, 122쪽.

우리가 사람이라고 말할 때, 그 의미는 세상과 자기 실존에 대해 자유롭게 생각하고 말하며, 세상과 인간에 대해 생각하면서 당혹함으로 침묵을 지킬 줄도 아는 존재를 말하는 것이다. 따라서 신(神)이라는 단어가 사라진 세계에 사는 인간은 인간으로서 죽은 것과 마찬가지다. 생물학적 생존과 동물적 지능은 있지만, 전체를 바라보고, 질문을 제기하는 경우는 없을 것이다. 또한 신이라는 단어로 말미암아 체험할 수 있는 삶의 전환도 없을 것이다. 그것을 부정(否定)하기 위해서라도 신이라는 단어가 통용될 때, 인간도 있을 수 있다. 신이라는 단어가 온전히 죽으면, 인간도 동시에 집단적으로 죽고 만다.

3.2. 이 단어가 살아 있는 세계

인간은 각자 실존하지만, 다른 모든 사람의 언어를 산다고 말할 수 있다. 각자가 하는 실존적 체험이 아무리 개인적이고 유일한 것이더라도, 자기가 사는 세상의 언어 안에서 그 언어와 함께 이루어지는 일이다. 그런데 우리가 살아가는 실재인 그 언어 안에 신이라는 단어가 있다. 그 단어는 어느 날 생겨났다가 어느 날 흔적도 없이 사라져 버린 그런 단어가 아니다.

신이라는 단어는 우리를 위해 실재를 반영해 주는 언어 세계 전체를 문제 삼을 수 있을 정도로 실존한다. 그 단어는 실재 전체를 그 기원적 근본에서부터 문제로 삼는 말이다. 언어 현상이 세상의 일부이면서 세상 전체를 문제 삼는 것과 같이, 그 단어도 언어의 일부이면서 언어 세계 전체를 문제 삼는다. 우리가 무엇에 대해서 말할 때 언어 체계 안에서 말하듯이, 우리가 신에 대해 말할 때, 그 단어를 가능케 하는 근본을 함께 말한다. 이런 까닭에 신과 더불어 사용되는 언어는 우리의 언어 체계를 흔들어 놓는다. 이렇게 보면, 신이라는 단어는 보통 단어가 아니다. 우리가 쉽게 갇혀서 사는 언어의 폐쇄 회로(閉鎖回路), 곧 인과응보(因果應報), 다다익선(多多益善), 입신양명(立身揚名) 등의 폐쇄 회로를 벗어나게 하는 단어이다. 따라서 그 단어는 세상과 현존재에 대해서 말하는 즉자적 존재(卽自的 存在, Bei-sich-Sein, Présence à soi)다.

그 단어는 인류 역사 속에 엄연히 존재하고, 유일한 특수 양식으로 우리의 언어 세계에 속한다. 그 단어는 그 자체로 실재(實在)며 우리는 그 실재와의 관계를 피할 수 없다. 물론 그 실재는 분명할 수도 있고, 불분명할 수도 있다. 이처럼 그 분명함의 강도(强度)는 다를 수 있지만, 있는 것은 사실이다. 최소한 하나의 문제로 존재하는 것이다.

나오면서

신(神)에 대해 생각할 때, 우리가 사람에 대해 생각하듯이 할 수는 없다. 신이라는 단어를 사용하면서 우리가 우리의 생존 공간 안에 그 단어를 처음으로 들여온다고 생각할 수는 없는 것이다. 신이라는 단어는 우리에게 주어진 단어다. 우리가 갇혀서 사는 언어의 역사 안에 그 단어는 엄연히 존재하고 있다. 그 단어는 현실을 넘어 초월(超越)적 공간을 우리에게 마련해 준다. 따라서 그 단어는 우리가 마음대로 조작할 수 있는 대상이 아니다. 우리가 원하든 원치 않든 그 단어는 우리 앞에 있으면서 우리 각자에게 문제를 제기하는 양식으로 존재한다. 신이라는 단어를 발음하는 주체가 우리라고 해서, 그 단어를 우리가 만들었다고 말할 수는 없다. 오히려 그 단어가 우리를 만들고 있다고 말해야 한다. 그 단어가 있기에 우리는 사람이 되기 때문이다.

신이라는 단어는 사전(辭典)에 있는 수천 개의 단어들 중 하나로 볼 수 없다. 사전 안의 그 단어는 실제 신이라는 단어의 대용물이다. 신이라는 그 단어는 우리와 실재의 전체 앞에 문제를 제기하는 단어다. 그 단어는 존재하고, 우리의 역사 안에 현존하며, 역사를 만드는 것이다. 그 단어는 귀로 들을 수 있고, 듣고도 알아듣지 않을 수 있다. 그러나 그 단어는 계속 역사의 현장에 있다. 그 단어는 인간이 있으면서부터 인간과 더불어 살아왔다.

그 단어는 우리가 알아들을 수 없는 신비에로의 개방(開放)이다. 그것은 우리의 욕구나 계획을 넘어서는 전혀 예상하지 못한 역사의 변화에도 우리가 열린 마음으로 대처할 수 있게 해 주는 단어다. 그러나 그 단어는 때때로 장애물(障碍物)이 되기도 하고, 우리 실존의 편안함을 빼앗아 가기도 한다.

영국의 철학자 비트겐슈타인(L. Wittgenstein, 1889~1951년)이 남긴 금언(金言)이 하나 있다. "말할 수 없는 것에 대해서는 침묵을 지켜라." 그 금언이 요구하는 침묵이 시작하는 경계선에 있는 것이 신이라는 단어다. 말할 수 없는 하느님의 신비 앞에서, 침묵이 시작하기 직전에 그 단어가 사용된다. 따라서 그 단어는 인간이 스스로를 잃어버리지 않기 위해, 혹은 영원히 스스로를 잃어버리는 죄인이 되지 않기 위해, 인간이 하는 언설(言說)의 지평(地平) 끝에서 나타나는 단어다.

제3장

구약성경의 하느님과 예수 그리스도의 하느님

들어가면서

신(神)에 대한 과거 신학의 언어는 그 시대의 우주관과 관련되어 있다. 형이상학(形而上學)적 사고를 하던 과거에, 사람들은 세상이 질서적이고 고정되어 있으며, 제1원인(原因)이며 절대적 근본인 초월자(超越者)에게 종속되어 있다고 생각하였다. 그리고 인간은 그런 질서 안에서 자기의 위치대로 살아간다. 과거 형이상학적 신학은 신을 모든 존재의 절대적 근본이라고 생각하였다. 필연(必然)의 '최고유(最高有)'가 '우연유(偶然有)'인 이 세상 모든 존재의 근본이라고 본 것이다.

초기 교회가 수용한 형이상학의 최고유는 기발한 표현임에는 틀림없지만, 그것을 그리스도 신앙의 하느님이라 말할 수는 없다. 계시된 하느님은 창조하신 하느님이기에 만물의 근본이라고 말할 수는 있다.

그러나 예수 그리스도 안에 계시된 하느님을 외면하고, 세상 만물의 근본으로서의 하느님만 말할 수는 없다. 창조의 하느님만 생각한다면, 세상 위에 황제와 같이 군림하시는 하느님이라고 할 수 있기 때문이다. 그 전능하신 하느님은 당신의 뜻을 섭리(攝理)로 강요하고, 한정된 능력의 소유자인 인간은 그것을 실행해야 한다. 따라서 최고유이자 전능하신 하느님은 그리스도 신앙 체험의 언어로서는 부족하다.

형이상학적 신학을 우리가 거부하는 또 하나의 이유는 그 신의 사회적 역할에 있다. 형이상학적 질서를 증언하는 전능, 영원, 불변 등의 전통적 신의 속성(屬性)들은 과거 군주(君主) 제도를 합리화하는 데 이용되었다. 황제나 왕의 대관식은 최고유인 신으로부터 수여받은 정통성을 보장하는 수단이었다. 형이상학적 신은 현재도 교계 제도화(敎階制度化)화된 교회를 정당화하고 그것을 성역화(聖域化)하는 데 도움을 주고 있다. 그러나 그리스도 신앙은 어떤 형태의 패권주의(覇權主義)도 정당화하지 않는다. 오히려 그리스도 신앙은 '섬김'[22], '위해줌'[23], '비움'[24], '발씻김'(요한 13,1-17 참조)의 실천을 요구하는 신앙이다.

신학의 언어는 시대와 문화에 종속적이다. 과거 제국주의(帝國主義) 혹은 군주주의(君主主義) 사회에서는 기득권(旣得權)층을 긍정하는 것이

22 "너희 가운데에서 높은 사람이 되려는 이는 너희를 섬기는 사람이 되어야 한다."(마르 10,43)
23 "예수님께서 그들에게 이르셨다. '이는 많은 사람을 위하여 흘리는 내 계약의 피다.'"(마르 14,24)
24 "오히려 당신 자신을 비우시어 종의 모습을 취하시고 사람들과 같이 되셨습니다."(필리 2,7)

그 백성을 긍정하는 일로 생각되었다. 그러나 예수는 그 시대의 유대교 기득권층을 정당화하는 데 기여하지 않았다. 신에 대한 과거 언어들은 오랜 세월 동안 사회적 불평등을 정당화하고 억울한 일을 당하는 사람들에게 내세적 보상이라는 환상을 주는 데 이용되었다.

현대인은 각자 자기의 미래를 위해 자기가 자유롭게 결정한다. 현대인은 높은 사람에게 순종하여 자기의 실효성을 높이고, 미래에 대한 막연한 희망을 갖는 것으로 살지 않는다. 인간은 이제 스스로 고통과 악(惡)을 극복해야 한다는 사실을 잘 알고 있다. 따라서 사회적 불평등을 정당화하는 과거 형이상학적 절대자는 하느님에 대한 오늘의 신앙 언어로서 부적합하다.

사도들과 초기 신앙 공동체는 부활 사건으로 하느님이 예수를 죽음에서 건지고, 당신이 예수 편에 서셨다는 사실을 보여 주었다고 믿었다. 따라서 초기 신앙 공동체는 유대교 율법이 하느님에게만 사용하던 '주님'과 '메시아'라는 호칭을 예수에 대해서도 사용한다. 이때부터 하느님에게 가는 길은 두 개가 있는 것으로 보인다. 구약성경의 길과 예수의 길이다.

초기 신앙 공동체는 유대교 신앙과 결별하지 않고, 구약성경을 자기들의 경전(經典)으로 수용하였다. 공동체는 그런 신앙에 입각하여 유일하신 하느님을 인정하고, 그 시대의 철학 혹은 종교들과 대화하고, 논쟁하였다. 동시에 초기 신앙 공동체는 유대교 신앙을 거슬러 싸운 예수의 길도 수용하였다. 구약성경과 예수의 길, 이 두 가지 길의 유산(遺産)이 만드는 긴장에다 그리스 철학 사상 유산까지 가세하여 긴장은 더 복잡한 것이 되었다.

1. 구약성경 유산에서 발생한 언어

신앙 공동체가 절대자(絶對者)에 대한 철학적 긍정들을 쉽게 수용한 것은 구약성경의 유산이 있었기 때문이었다. 한편으로는 구약성경이 말하는 하느님을 바탕으로 예수가 한 일을 이해하려 했으며, 또 한편으로는 구약의 하느님과 철학자들의 하느님에서 예수를 분리하지 않았다. 그 해석에 의하면, 예수는 사람들이 하느님의 영광과 명예를 더럽혔다는 사실과 창조주의 손에서 벗어난 인간의 행업(行業)이 악하다는 사실을 깨닫게 하였다. 그리고 예수는 얼굴을 돌려 버린 하느님과 인간이 화해하여 원초의 건전한 관계를 회복하도록 하였다. 예수가 자기 생명을 대속물(代贖物)로 삼아 그 화해를 이룩한 것이다.[25] 따라서 사람들은 예수로 말미암아 구약의 하느님에게 다시 접근할 수 있게 되었다.

---

25 "많은 이들의 몸값으로 자기 목숨을 바치러 왔다."(마르 10,45; 로마 5,8-12; 콜로 1,20)

이 해석은 구약성경 안에 하느님에 대한 완성된 가르침이 있다는 것을 전제로 예수 사건을 수용한 것이다. 예수와 하느님의 역할은 정해져 있다. 하느님은 복수하시는 의로우신 분, 예수는 그분의 분노를 풀기 위하여 대가를 치르는 인물이다. 그것이 바로 과거의 구속(救贖) 교리다. 그 교리는 하느님에 대한 구약성경의 교리에다 예수의 행위를 조화시킨 것이다. 그러나 그 언어는 예수가 온 생애를 바쳐서 한 노력과 그의 죽음을 같은 선상에서 이해하여 언어화하지 못하였고, 예수의 지상 생애가 전혀 평가되지 않았다는 데에 약점이 있다.

과거의 신학이 하느님의 의로우심과 그분이 주시는 벌에 대해 지속적으로 가르친 이유가 여기에 있다. 그러나 구약성경 안에 하느님에 대한 완성된 가르침이 있다면, 예수는 하느님에 대해 새로운 것을 전혀 주지 못하였다는 말이다. 이는 그리스도를 하느님과 동일시하면서 구약의 하느님이 보여 주신 의로우심과 벌주는 행위를 그리스도에게 옮겨다 놓는 결과를 초래하였다. 이 해석의 여파로 마리아는 자비의 화신이 된다.[26]

그 해석에서 하느님의 모습은 구약성경이 정해 준 하느님이다. 하느님에 대해 예수가 보여 준 새로움은 없다. 예수가 이 세상에 온 것은

26 로마 시스틴 성당의 정면 벽화에 보이는 최후의 심판 장면에 예수는 심판자고 마리아는 자비의 화신으로 나타난다. 루르드(1858년)와 파티마(1917년)에 있었다는 마리아 발현의 메시지가 그런 노선의 사고에서 발생한 언어다.

이스라엘이 죄를 지어 무위(無爲)로 만들어 버린 계약을 다시 확립하기 위한 것이다. 예수가 한 일은 원초에 있었던, 하느님의 엄한 요구가 존중되도록 하는 것이었다. 그것은 율법을 무시한 잘못을 보상하고, 새로운 시대를 여는 것이었다. 하느님은 자존(自存)하는 실재(實在)며, 예언자들이 이미 알려 준 분이다. 그분의 요구는 우리가 이미 다 알고 있지만, 우리는 그분의 요구에 응할 능력이 없다. 그러나 하느님은 당신의 계획을 이루시는 분이다.

> 하느님께서 예전에는 예언자들을 통하여 여러 번에 걸쳐 여러 가지 방식으로 조상들에게 말씀하셨지만, 이 마지막 때에는 아드님을 통하여 우리에게 말씀하셨습니다. 하느님께서는 아드님을 만물의 상속자로 삼으셨을 뿐만 아니라, 그분을 통하여 온 세상을 만들기까지 하셨습니다. 아드님은 하느님 영광의 광채이시며 하느님 본질의 모상으로서, 만물을 당신의 강력한 말씀으로 지탱하십니다. 그분께서 죄를 깨끗이 없애신 다음, 하늘 높은 곳에 계신 존엄하신 분의 오른쪽에 앉으셨습니다. 그분께서는 천사들보다 뛰어난 이름을 상속받으시어, 그만큼 그들보다 위대하게 되셨습니다.(히브 1,1-4)

하느님은 당신의 의로움을 포기하지 않으셨다. 예수는 하느님이 하시는 정의(正義)의 요구를 채우면서 그 계획이 실천되도록 한 분이다. 이 해석에서 하느님에 대한 구약성경의 교리는 변하지 않는다. 그러나 예수는 그 교리에 적응하기 위해 신약성경이 보도하는 모습과 다른 의미를 강요당한다. 그런 해석은 예수의 새로움을 부각하지 못한다. 이는 예수에서 시작하여 구약성경을 다시 읽는 대신, 그 문화권 안에 통용되던 신에 대한 사상으로 구약성경을 읽고, 신약성경을 해석한 결과다.[27]

우리는 인류 역사에 내재(內在)하는 신 개념으로 그리스도 신앙 언어를 발생시키는 경우를 많이 볼 수 있다. 기복(祈福)적, 인과응보(因果應報)적, 상선벌악(賞善罰惡)적 신앙 언어가 예수 그리스도의 의미를 왜곡하는 것이다. 사적(私的) 계시를 말하는 사람들이나 기적을 보인다면서 신앙인들을 현혹시키는 사이비(似而非) 그리스도교 집단의 지도자들은 그런 왜곡의 극단적 예들이다. "그들은 자기네 배를 하느님으로, 자기네 수치를 영광으로 삼으며 이 세상 것만 생각합니다."(필리 3,19)

예수의 사건은 예언자적이고 메시아적이라는 면에서 구약성경 언어 안에서 이해될 수 있었다. 그러나 예수의 행동이 유대교 공권력으로부터 신성 모독적인 것으로 판단되고, 백성이 그를 버렸을 때, 예

27 "기독교는 대부분의 고대 종교로부터 보상과 처벌, 즉 천국과 지옥으로 양분된 저승 구도를 물려받았다. 아울러 기독교는 무한히 선하면서도 공정하고, 자비로우면서도 엄격한 판관이며, 인간에게 어느 정도의 자유 의지를 부여하되 인간이 그것을 그릇되게 사용했을 경우 벌을 내리고 악의 화신인 사탄에게 맡겨 버리는 신을 물려받았다. 천국 혹은 지옥으로의 방향 설정은 원죄로 더럽혀진 인간에게 있어서 속죄의 장소이자 시험의 장소인 이승에서 저지른 죄에 따라 결정된다." (자크 르 고프 지음, 김정희 옮김, 《돈과 구원》, 이학사, 1998년, 103쪽.)

수 사건은 장래가 보장되지 않은 것처럼 보였다. 예수가 시작한 신앙 운동을 하느님이 돕지 않는 것으로 보인 것이다. 부활 사건이 하느님이 예수와 함께 계신다는 사실을 제자들에게 확신하게 만들었지만, 그 시대 모든 사람이 공감하는 언어로써 예수의 삶과 수난을 해석하지 않으면, 부활 사건 자체를 알아들을 수도, 다른 사람에게 말할 수도 없었다.

그리스도 신앙 공동체가 유대교와 결별한 것은 하루아침에 이루어진 일이 아니다. 사도들은 유대인들의 성전에 다니고 있었다. "사도들은 날마다 성전에서 또 이 집 저 집에서 끊임없이 가르치면서 예수님은 메시아시라고 선포하였다."(사도 5,42) 그리고 사도들은 이교도들을 자기들과 같은 권리로 교회 공동체에 받아들이는 데 저항하였다(사도 15장; 갈라 2장 참조). 당시 그리스도 신앙 공동체는 유대교적 종교 유산에 기반한 원시 신앙 공동체였다.

구약성경 언어 안에서 이해하기에 가장 어려웠던 것은 예수의 죽음이었다. 이 문제에 대해 신약성경의 문서들은 하나의 통일된 이해를 갖고 있지 않다. 원시 교회는 이 죽음을 다양하게 해석한다. 그 과정에서 두 가지 특징을 살펴볼 수 있다. 그 하나는 예언자는 반대에 부딪혀 순교하게 된다는 당연한 사실에 대한 원시 교회의 망각이다. 둘째는 예수의 수난에 필연성을 부여하려 한 일이다. 그 필연성은 후에 제사적 언어를 빌리게 된다.

원시 교회는 예언자의 죽음만으로 예수의 죽음을 설명하기에 부족하다고 생각하였다. 예언자의 불행한 운명은 예수 부활 사건이라는 놀랍고 온전한 해방을 설명하기에 부족한 것처럼 보였다. 그들은 알아들을 수 없는 예수의 죽음과 부활이 주는 새로운 세상의 도래(到來)를 더 잘 설명할 수 있는 자료를 구약성경에서 찾아야만 했다. 원시 신앙 공동체는 그 죽음의 의미를 가장 잘 설명하는 것으로 이사야서에 나오는 '주님의 종'의 노래, 특히 넷째 노래를 찾아내었다. 그 노래는 예수의 운명을 미리 내다본 것 같았고, 그분의 비극적 최후를 설명하는 것처럼 보였다.

'주님의 종'의 넷째 노래

> 보라, 나의 종은 성공을 거두리라. 그는 높이 올라 숭고해지고 더없이 존귀해지리라. 그의 모습이 사람 같지 않게 망가지고 그의 자태가 인간 같지 않게 망가져 많은 이들이 그를 보고 질겁하였다. 그러나 이제 그는 수많은 민족들을 놀라게 하고 임금들도 그 앞에서 입을 다물리니 이제까지 알려지지 않은 것을 그들이 보고 들어 보지 못한 것을 깨닫기 때문이다.
> 우리가 들은 것을 누가 믿었던가? 주님의 권능이 누구에게 드러났

던가? 그는 주님 앞에서 가까스로 돋아난 새순처럼, 메마른 땅의 뿌리처럼 자라났다. 그에게는 우리가 우러러볼 만한 풍채도 위엄도 없었으며 우리가 바랄 만한 모습도 없었다. 사람들에게 멸시받고 배척당한 그는 고통의 사람, 병고에 익숙한 이였다. 남들이 그를 보고 얼굴을 가릴 만큼 그는 멸시만 받았으며 우리도 그를 대수롭지 않게 여겼다. 그렇지만 그는 우리의 병고를 메고 갔으며 우리의 고통을 짊어졌다. 그런데 우리는 그를 벌받은 자, 하느님께 매 맞은 자, 천대받은 자로 여겼다. 그러나 그가 찔린 것은 우리의 악행 때문이고 그가 으스러진 것은 우리의 죄악 때문이다. 우리의 평화를 위하여 그가 징벌을 받았고 그의 상처로 우리는 나았다. 우리는 모두 양 떼처럼 길을 잃고 저마다 제 길을 따라갔지만 주님께서는 우리 모두의 죄악이 그에게 떨어지게 하셨다. 학대받고 천대받았지만 그는 자기 입을 열지 않았다. 도살장에 끌려가는 어린양처럼 털 깎는 사람 앞에 잠자코 서 있는 어미 양처럼 그는 자기 입을 열지 않았다. 그가 구속되어 판결을 받고 제거되었지만 누가 그의 운명에 대하여 생각해 보았던가? 정녕 그는 산 이들의 땅에서 잘려 나가고 내 백성의 악행 때문에 고난을 당하였다. 폭행을 저지르지도 않고 거짓을 입에 담지도 않았건만 그는 악인들과 함께 묻히고 그는 죽어서 부자들과 함께 묻혔다. 그러나 그를 으스러뜨리고자 하신 것은 주님의 뜻이었고 그분께서 그를 병고에 시달리게 하셨다. 그가 자신을 속죄 제물로 내놓으면 그는 후손을 보며 오래 살고 그를 통하여 주님의 뜻이 이루어지리라. 그는 제 고난의 끝에 빛을 보고 자기의 예지로 흡족해하리라. 의로운 나의 종은 많은 이들을 의롭게 하고 그들의 죄악을 짊어지리라. 그러므로 나는 그가 귀인들과 함께 제 몫을 차지하고 강자들과 함께 전리품을 나누게 하리라. 이는 그가 죽음에 이르기까지 자신을 버리고 무법자들 가운데 하나로 헤아려졌기 때문이다. 또 그가 많은 이들의 죄를 메고 갔으며 무법자들을 위하여 빌었기 때문이다.(이사 52,13–53,12)

신약성경에서 이 노래를 인용한 구절들을 살펴보자.

그러나 예수님께서는 입을 다물고 계셨다. 대사제가 말하였다. "내가 명령하오. '살아 계신 하느님 앞에서 맹세를 하고 당신이 하느님의 아들 메시아인지 밝히시오.'"(마태 26,63 ⇨ 이사 53,7)

그때에 강도 두 사람도 예수님과 함께 십자가에 못 박혔는데, 하나는 오른쪽에 하나는 왼쪽에 못 박혔다.(마태 27,38 ⇨ 이사 53,12)

예수님께서는 더 이상 아무 대답도 하지 않으셨다. 그래서 빌라도는 이상하게 여겼다.(마르 15,5 ⇨ 이사 53,7)

예수의 수난에 필연성을 부여하기 위해 원시 그리스도 공동체는 예수의 죽음을 제사로 해석하였다. "사실 사람의 아들은 섬김을 받으러 온 것이 아니라 섬기러 왔고, 또 많은 이들의 몸값으로 자기 목숨을 바치러 왔다."(마르 10,45)를 비롯하여 신약의 서간들 안에도 같은 언급들이 있다.

이것으로 하느님이 하시는 일의 일관성은 유지되었지만, 예수의 가르침과 실천이 지닌 역사적 특수성은 약화되고 말았다. 원시 교회가 가진 언어, 곧 구약성경은 다른 선택의 여지를 주지 않았다. 예수의 행동들은 예언자들의 것과 같았기에 구약성경을 버릴 수 있는 동기를 예수의 행동 안에서 찾을 수가 없었다.

원시 교회가 제일 먼저 직면한 것은 자기의 모태(母胎)였던 구약성경의 언어였다. 그 전통 안에는 하느님에 대한 가르침이 있었다. 구약성경 언어와 결별해야 한다는 주장[28]이 없었던 것은 아니지만, 원시 신앙 공동체는 그렇게 하지 않았다. 그리스도인들은 그들 조상이 고백해 온 하느님을 잘못된 하느님으로 낙인찍어 버릴 수 없었다. 그들이 구약성경과 결별하지 않은 것은 구약성경의 논리를 받아들이는 것이었고, 그 논리를 받아들이는 것은 전지전능하시고 창조하시는 하느님으로 예수 사건을 설명하는 일이었다. 그런 여건에서 철학이 말하는 절대자와의 만남도 이루어졌다. 이렇게 다른 논리를 받아들이면서 예수

---

28 마르키온(Marcion, 160년)이 대표하는 의견들이다.

생애의 역사성은 초기 신앙 언어 안에 퇴색하였다.

2. 예수에 대한 체험에서 발생한 신앙 언어

이 신앙 언어는 구약성경에는 하느님에 대한 교리가 없다고 해석한다. 구약성경에는 하느님이 계약하신 대로 택하신 백성을 위해 그분이 하신 일을 전하는 언어가 있을 따름이다. 여기서 하느님은 당신 백성과 '함께 계시는' 분이다. 하느님은 그 백성이 부르고 대화하는 대상이며, 그분은 그 백성의 실천적 삶, 곧 그들의 놀이 안에 살아 계신다(탈출 33,12–23 참조).

하느님의 이름인 야훼도 그분이 은혜롭게 사람들과 '함께 계신다'는 뜻 외에 하느님의 속성을 말해 주지 않는다.[29] 이스라엘은 이 '있다'라는 동사의 히브리어 3인칭 단어를 하느님의 이름으로 사용하면서 하느님을 의인화(擬人化)하여 표현한다. 예를 들면, 하느님은 전투하시는 분이다. "주님은 전쟁의 용사 그 이름 주님이시다. 파라오의 병거와 군대를 바다에 내던지시니 그 빼어난 군관들이 갈대 바다에 빠졌네." (탈출 15,3–4) 또한 하느님은 아버지와 같이(호세 11,1 참조) 혹은 어머니와 같이(이사 49,15 참조) 사랑하시는 분이다. 그리고 하느님은 무엇과도 비

29 히브리어 '내가 있다'라는 뜻의 일인칭 단수형 동사를 삼인칭으로 말하면 '야훼'라는 단어가 된다.

교될 수 없는 전혀 다른 분이라는 표현도 사용한다. "'너희는 나를 누구와 비교하겠느냐? 나를 누구와 같다고 하겠느냐?' 거룩하신 분께서 말씀하신다."(이사 40,25)

아무도 하느님을 볼 수 없다. 하느님은 자유로우신 분이다. 하느님은 모세에게 친구와 같이 말씀하신다. 예수는 하느님의 일하심을 표현한 가장 구체적이고 가장 인간적인 모상이다.

> 주님께서는 마치 사람이 자기 친구에게 말하듯, 모세와 얼굴을 마주하여 말씀하시곤 하였다. 모세가 진영으로 돌아온 뒤에도, 그의 젊은 시종, 눈의 아들 여호수아는 천막 안을 떠나지 않았다.(탈출 33,11)

> 나는 너희를 더 이상 종이라고 부르지 않는다. 종은 주인이 하는 일을 모르기 때문이다. 나는 너희를 친구라고 불렀다. 내가 내 아버지에게서 들은 것을 너희에게 모두 알려 주었기 때문이다.(요한 15,15)

구약성경에는 하느님과 이스라엘이 시대적 상황에 따라 어떻게 처신하였는지를 말해 주는 사화(史話)들이 있을 뿐이다. 모세와의 계약은 하느님이 당신 백성과 '함께 계신다'는 사실에 입각하여 사람이 살아야 한다는 것이었다. 하느님은 함께 계시는 공간을 열어 주고, 백성은 그 함께 계심으로 말미암은 놀이를 하면서 살아야 한다. 그 놀이를 요약하는 헌장(憲章)이 십계명이다.

후에 이스라엘의 율법 조항이 많아지는 것은 함께 계시는 하느님을 정치, 사회, 경제, 보건 등 인간 삶의 모든 차원에서 발생하는 놀이에 그분의 '함께 계심'을 반영하겠다는 의도가 작용한 것이다. 아브라함과 다윗은 그 '함께 계심'을 성공적으로 실천한 인물들이다. 그 '함께 계심'이 퇴색했을 때, 예언자들이 나타나 '함께 계시는' 하느님을 중심으로 살 것을 촉구한다.

이 신앙 언어에서는 하느님에 대한 교리가 중요하지 않다. 그 대신 하느님을 전능하신 분, 불멸하시는 분이라고 말할 수 있다. 그런 말은 하느님 백성을 위한 하느님의 실효성과 충실함을 말하는 것이다. 역사적 상황이 변해도, 하느님은 당신 백성의 미래를 위해 염려하고 행동하신다. 하느님은 당신이 선택하고 계약을 맺었다는 사실을 잊지 않고, 당신의 백성을 위한 이해와 사랑을 항구하게 지니신다.

그러나 인간관계 안에서 볼 수 있는 정열, 의지, 사랑 등이 작용하여 계약으로 '함께 계시는' 하느님과 이스라엘의 관계에 많은 변화를 준다. 백성은 불안정하고, 고집스럽고, 변덕이 심하며 쉽게 잊어버리기에 약속을 향한 노력에 항구하지 못하기 때문이다. 이스라엘은, 아브라함을 하느님의 약속에 전적으로 투신하도록 만든 힘, 동족을 착취하는데 분개한 모세가 일상생활을 버리고, 결정적 미래를 향해 해방의 일에 착수하도록 만든 힘, 공통된 적을 가진 사람들이 같은 하느님과 같은 예배로 뭉치게 하는 다윗의 노력, 이스라엘을 하느님에 대한 기원의 체험으로 돌아오게 하려는 예언자들의 부르짖음, 정치적 독립을 잃고, 암담하던 시절에 이스라엘의 시선을 미래로 향하게 하는 묵시 문학가들의 꿈 등이 하느님과 관련된 일임을 안다. 또한 하느님에 대해서 이스라엘이 아는 것은 하느님은 당신 백성을 모든 형태의 노예 생활에서 해방시키는 분이라는 것이다. 하느님은 자유로운 분, 인간의 자유를 존중하면서 인간과 '함께 계시는' 분이다. "아브라함의 하느님, 이사악의 하느님, 야곱의 하느님"(탈출 3,15)이시다.

예수는 유대교 기득권자들의 전통과 의견을 따르지 않았다. 율법 준수만을 하느님에게 충실한 길이라 생각하던 그 시대 기득권층의 시선에서 보면, 예수는 탈선한 인물이었다. 그러나 예수의 활동은 구약성경 안에 지속된 신앙 쇄신 운동과 맥을 같이 한다. 따라서 예수는 하느님을 모독한 자로서 살해된 예언자로 볼 수 있다. 그리고 부활은 예수의 길이 하느님의 길이었음을 입증한 사건이기에, 예수가 한 일에 입각하여 예수 이전의 모든 것을 재평가해야 한다.

이제부터 하느님이 하신 일에 대한 과거의 설화(說話)들은 예수가 제공한 축(軸)을 중심으로 이해되어야 한다. 그리스도 신앙인은 하느님이 예수 안에 하신 일을 중심으로 모든 가치와 의미를 되새겨 보는 사람이다. 따라서 우리는 예수에서 시작하여 구약성경을 다시 읽어야 한다. 구약성경은 완성된 책이 아니다. 예수의 부활은 하느님과 함께 있는 인간의 새로운 미래를 알려 준다. 하느님의 자유를 실천하지 못하게 하는, 현재의 모든 집착을 끊고, 함께 계시는 하느님에게 충실해야 한다. 예수의 말씀과 실천이 그 충실함이 어떤 것인지를 알려 준다. 예수 안에 일하셨던 하느님은 오늘도 우리 안에 일하신다. 세상이 참다운 자유의 나라에 합당하게 무르익을 때까지 하느님은 지속적으로 일하신다. 자유의 나라란 하느님의 뜻이 성령으로 이루어지는 나라이기 때문이다.

나오면서

구약성경과 신약성경은 서로 상반되지 않는다. 두 성경이 모두 그 기원도 끝도 알 수 없는 인간 실천, 곧 놀이를 증언한다. 우리가 접근할 수 있는 것은 예수의 놀이다. 구약성경에 대한 교회 전통의 두 가지 상반된 해석은 하느님과 예수의 관계를 설명하는 데 어떤 망설임이 있었다는 사실을 의미한다.[30] 인류는 그런 망설임을 안고 역사 안에서

30 구약성경 안에 나타나는 두려움도 망설임의 표현이다. 망설임이 없는 신앙 언어는 사적(私的) 계시를 주장하는 언어와 기복(祈福)적 언어라고 말하겠다.

하느님을 체험하고 그것을 언어화했다.

구약성경 안에 하느님의 존재에 대한 가르침이 있었다고 전제하면, 예수의 활동과 죽음은 구약성경의 논리 안에서 설명되어야 한다. 그래서 원시 그리스도 신앙 공동체는 예수의 죽음에 필연성을 부여하기 위해 제사 언어로 가야만 했다. 그러나 예수의 가르침과 행적은 그 이론을 정당화하지 않는다. 예수는 인간이 먼저 어떤 보상을 해야 한다고 가르치지 않았다. 예수의 죽음은 예수의 역사 안에서 그 필연성을 찾아야 한다. 그리고 그 필연성에 입각하여 구약성경을 새롭게 해석해야 한다. 그것이 역사 안에서 일하시는 하느님에게 충실한 길이다.

초기 그리스도 신앙 공동체는 구약성경의 교리 언어를 중요시한 나머지 예수 사건을 절대자에 대한 철학을 위해 재포장하는 선례를 남겼다. 그것은 하느님에 대한 사람들의 공통된 관념을 예수의 삶과 죽음에 비추어 비판하기를 거부한 것이다. 그러나 신앙 전통은 후에 아리우스(Arius)로 말미암은 위기가 닥쳤을 때, '실체적 동일함'이라는 표현을 도입하여 하느님에 대한 우리의 인식에 예수의 존재가 절대적이라는 사실을 확정하였다.[31] 그것은 하느님에 대한 사람들의 공통된 관념이 중요한 것이 아니라, 예수의 역사적 모습과 죽음 안에 함께 계신 하느님에게로 시선을 돌려야 한다는 것이다. 하느님은 예수 그리스도

31 325년 니케아 공의회의 결정.

안에 보이는 것과 다를 수 없다는 것이다. 예수를 "본 사람은 곧 아버지를 뵌 것"(요한 14,9)이다.

오늘날 형이상학적 신학이 위기를 겪으면서 하느님에 대한 언어는 예수가 보여 준 하느님을 더 진지하게 고려한다. 형이상학적 신학이 아니라, 예수 그리스도적 신학을 해야 한다는 생각이 강해지고 있는 것이다. 또한 절대자인 신을 전제하지 않고, 계시된 진리를 계시의 장(場)에서 생각해야 한다는 주장이 나타나고 있다. 그것은 하느님을 영접하는 자세로 신학을 해야 한다는 것이다. 신앙의 진리는 실천에 있다. 예수 안에 보이는 실천은 하느님이 인간으로 있는 모습이고, 인간이 하느님과 함께 있는 모습이다.[32] 하느님은 예수 그리스도 안에 당신이 어떤 분인지를 계시하셨다. "예수 그리스도는 보이지 않는 하느님의 형상……, 곧 보편적(普遍的) 구상(具像)으로서…… 보편적 의미로서의 계시와 역사적 사건으로서의 계시 사이, 그리고 하느님과 인간 사이를 신비스럽게 연접(連接)하는 장소다."[33]

창조에서부터 하느님은 당신 자신을 비우시는 분이다. "하느님은 당신의 피조물에게 당신 스스로를 주시는데…… 당신 스스로를 비워

---

32 451년 칼케돈 공의회는 그 사실을 예수는 "온전한 하느님이고, 온전한 인간"이라는 언어로 표현하였다.

33 C. Geffré, 《Le Christianisme au risque de l'interprétation》, Broché; Cerf edition, Paris, 1983, 163p.

서 피조물이 되기까지 하셨다."[34] 따라서 창조와 강생을 분리해서는 안 된다. 하느님의 말씀이 하느님의 본질과 다른 하나의 실재 안에 강생, 곧 하나의 인간이 되어 이 세상에 나타났다는 것은 창조의 가장 숭고한 행위다. 하느님은 창조로써 당신 스스로를 내어 주시고, 포기하시며, 비우시는 분이다.

신학이 하는 질문은 '예수 그리스도 안에서 하느님을 인식할 수 있는가?'라는 것이 아니다. 이 질문은 우리가 이미 하느님을 알고 있음을 전제한다. 우리가 제기하는 물음은 '예수 그리스도 안에 어떤 하느님을 알 수 있는가?'라는 것이다. 하느님이라는 단어조차도 우리는 예수의 역사 안에서 알아들어야 한다. 예수의 하느님은 이스라엘의 하느님이다. 예수는 죽고 부활한 특수한 인간이기에 그가 아버지라 부른 이스라엘의 하느님과 특권적 관계를 가졌다. 예수가 이스라엘의 하느님과 갖는 인간적 관계를 봄으로써 우리는 하느님 자녀 됨의 신비를 발견할 수 있고, 하느님 앞에 참된 우리의 자리를 찾을 수 있다. 예수는 하느님의 아들이며, 하느님의 생명을 살고 실천한 인물이다.

신학은 과거에 사용해 온 표현만 반복하지 않는다. 어느 시대나 하느님은 사람들의 마음속에 기쁜 소식으로 와 닿아야 한다. 그런데 하

---

34 K. Rahner, "La rédemption au coeur du monde" in 《Mission et grâce – I. XXe siècle, siècle de grâce?》, Mame, Paris, 1962, 76p.

느님은 우리가 부르지 않으면, 우리 가운데 계시지 않는다. 그리고 모든 형태의 교조(敎條)주의는 하느님과의 문화적 거리를 존중하지 않기에 그분의 현존을 견디기 어려운 것으로 만든다. 우리는 하느님을 전혀 다른 분, 부재자(不在者), 흔적(痕迹)을 남기신 분 등으로도 인식해야 한다. 이 사실은 그리스도인을 겸손하게 만든다. 그리고 신앙인과 비신앙인 사이에 어떤 형제애를 느끼게 한다.

성경이 말하는 하느님은 인간을 그 거짓 운명에서 해방시키는 기쁜 소식이다. 하느님을 부르고, 기다리는 것은 하느님이 역사를 그 거짓 숙명에서 해방시키기 때문이다. 하느님은 인류 역사가 가상(假想)하는 숙명을 인간 자유의 힘으로 거부하도록 이끌어 주신다. 인류 역사 안에서 확인할 수 있는 인류의 가상적 숙명은 많이 가져야 한다는 의식이며, 높고 강해야 한다는 의식이고, 싸워서 이겨 다른 사람들을 지배해야 한다는 의식이다. 섭리는 이미 만들어진 각본을 강요하는 것이 아니다. 예수의 하느님은 인간과 경쟁 관계에서 섭리하거나 역사를 주재하지 않으셨다. 창조는 완성되지 않았고, 하느님은 완성된 제품으로 인간을 창조하지 않으셨다. 인류 역사는 하느님과 함께 자기 스스로를 창조해 가야 한다. 우리는 하느님 없는 세상을 말할 수 있고, 살 수 있지만, 그리스도인은 하느님 없는 세상을 생각할 수도, 말할 수도 없다. 하느님이 계시지 않는 듯이 살아야 하는 세상이지만, 그리스도 신앙인은 하느님을 부르면서 하느님과 함께 사는 사람이다.

제4장

그리스도 신앙 언어의 하느님 체험 — 공관 복음서를 중심으로

들어가면서

인류 역사가 생겨났을 때부터 신(神)을 의미하는 단어(하늘, 上帝, 道, 天地神明 등)는 인간과 더불어 살아 왔다. 신이 없다는 말을 하기 위해서라도 이 단어는 인간과 더불어 살아 있어야 했다. 이 단어가 우리 삶 속에서 흔적도 없이 사라지면, 인간은 도덕성이 사라지고 이기주의자(利己主義者)가 되고 만다. 신이라는 단어가 없어지면, 인간 각자의 자유에는 어떠한 기준도 제한도 없어진다. 그리고 어떠한 패륜(悖倫)도 비난할 근거가 없어질 것이다. 우리는 신이라는 단어를 우리가 만들어 냈다고 생각하지만, 실제로는 신이라는 단어가 인간을 만들어 왔다고 말할 수 있다. 이 단어가 인간의 삶 안에서 자취도 없이 사라지면, 절대자(絶對者)가 없어지면서 인간은 절대라는 단어를 모르고, 일관성 있는 사고를 할 수 없게 된다. 인간은 그저 직립(直立)하여 발명할 줄 아는 동물이 되고 말 것이다.

그리스도 신앙은 예수 그리스도로 말미암아 발생한 삶의 운동이다. 예수는 하느님 나라를 선포하였다. 그런데 예수는 하느님이 어떤 분인지를 말하기에 앞서 우리 삶의 변화를 먼저 요구했다. 예수는 우리의 삶이 변하지 않는 곳에서 하느님에 대한 말을 해봤자 그것은 하나의 공리공론(空理空論)에 불과하다고 생각한 것으로 보인다. 인간의 자유는 방종(放縱)을 위해 주어지지 않았고, 하느님의 창조력에 참여하기 위해 주어졌다. 하느님은 인간에게 새로운 가능성을 주시는 분이다.

1. 하느님은 계신다

"인간 언어 중에 이 단어만큼 남용되고 더럽혀지고 폭행을 당한 단어가 또 있는가? 이 단어는 인간의 언어 안에서 가장 무거운 짐을 지고 있는 단어다. 어떤 단어도 그만큼 더럽혀지고 찢어진 것은 없다. 바로 이것 때문에 나는 이 단어를 포기할 수 없다. 사람들은 세세 대대로 그들 생활의 고뇌에서 오는 모든 짐을 이 단어에다 다 지워 놓은 다음 이 단어를 땅바닥에 던지고 짓이겨 버렸다. 이제 이 단어는 진흙 속에 누어서 모든 사람의 짐을 지고 있다. 지극히 높으신 분을 가리키기 위해 어디서 이런 단어를 얻을 수 있겠나?"[35]

35 Martin Buber(1878~1965년, Wien의 유대인 종교 철학자).

관례와 합리성으로만 접근하면, 인간의 실재(實在)를 발견할 수 없다. 인간의 실재는 사랑과 헌신(獻身)으로만 발견된다. 예수에게 하느님의 실재는 인간의 실재와 같다. 하느님이라는 호칭이 의미를 지니게 하려면, 우리는 하느님의 일을 착각해서는 안 된다. 하느님은 우리가 가상적(假想的) 방식으로 접근할 수 없는 실재다. 즉 하느님을 우리 욕구를 채워 주는 분으로 생각한다거나 우리의 불가능한 꿈을 투사(投射)하여 가상하는 분으로 생각할 수 없다. 또한 "주인을 기다리는 종과 같이 깨어 있어라."(루카 12,35-38 참조)라는 복음의 주제는 우리가 무엇을 중심으로 자유를 행사해야 하는지를 말해 준다. 하느님이라는 이름에 상응하는 실재가 있다면, 그분은 우리의 필요, 우리의 기대, 우리의 부족에 응답하는 신적(神的) 실재가 아니다. 그것은 무신론자 포이어바흐(L. Feuerbach)가 오해한 그리스도교의 하느님이다. 그의 말에 의하면 가난에 굶주린 사람들이 풍요로운 하느님을, 힘에 굶주린 사람들이 전능하신 하느님을, 사랑에 굶주린 사람들이 사랑하시는 하느님을 투사(投射)한다는 것이다.

그리스도 신앙 언어가 하느님을 아버지라 부르는 것은 그분을 우리가 마음대로 조작하지 못한다는 의미를 지니고 있다. 예수는 하느님을 아버지라 부른다. 아버지는 자녀들에게 법이다. 아버지는 자녀들의 뜻과 다른 뜻을 가졌다. "아빠! 아버지! …… 제가 원하는 것을 하지 마시고 아버지께서 원하시는 것을 하십시오."(마르 14,36)라는 것이 예수가 자기의 생존이 위협받는 순간에 아버지에게 하는 기도였다. 하느님을 아버지라 부르는 것은 우리를 위해 그분을 변하게 하겠다는 뜻이 아니라, 그분에 준해서 우리가 변해야 한다고 선언하는 것이다.

2. 하느님은 하느님 나라로 계신다

예수에게 하느님은 우리의 근본이지 우리가 하느님의 근본이 아니다. 무신론(無神論)은 인간을 근거로 하느님을 말하려 한다. 성경의 세계는 하느님을 전제하고 있다. 그것은 현대와 같이 인간 본위의 세계가 아니었다. 그 시대 사람들이 문제 삼는 것은 하느님을 어떻게 이해하느냐는 문제다. 그러나 하느님의 존재 자체를 의심하지는 않았다. 예언자들과 마찬가지로 예수는 오늘 우리가 알고 있는 무신론을 모른다. 예수가 아는 무신론자는 어리석은 자들 정도다. 그들은 "하느님이 어디 있느냐?"고 말한다.[36] 그것은 현대가 직면하고 있는 무신론과는 전혀 다른 이론이다. 시편이 지적하는 것은 하느님이 역사 안에 지나치게 신중하시다는 것, 하느님이 개입하고 행동하시지 않는다는 것, 그리고 신앙인들이 하느님을 어느 장소에서 체험하기를 원하는 경솔함 등이다.

---

36 "어리석은 자 마음속으로 '하느님은 없다.' 말하네. 모두 타락하여 악행을 일삼고 착한 일 하는 이가 없구나."(시편 14,1)
"어리석은 자 마음속으로 '하느님은 없다.' 말하네. 모두 타락하여 불의를 일삼고 착한 일 하는 이가 없구나."(시편 53,1)

무신론은 우리가 답해야 하는 문제다. 신약성경은 무신론에 대해 말하지 않는다. 신약성경은 하느님에 대한 근거를 제공하지 않고, 우리 실존의 근본을 제공하려 한다. 구약성경의 창조 설화(說話)는 하느님 없이 우리의 존재가 설명되지 않는다고 말한다. 탈출기의 역사는 하느님이 이스라엘과 함께 계시기에 이스라엘에게 해방이 있었다고 말한다. 예수의 죽음과 부활은 하느님이 인간의 근본일 때, 인간은 어디까지 변하며, 또 하느님이 어디까지 베푸시는지를 말한다. 결국 성경의 그런 설화들, 역사들과 메시지는 우리 실존의 근본이 하느님이라고 알리는 것이다.

현대인에게 악(惡)의 문제는 신을 거부하는 모든 사고(思考)의 공통점이다.[37] 이에 반해 복음서는 악에 대해서 말할 때, 예수의 움직임이 어떤 것이었는지를 말하려 한다. 예수는 악을 거슬려서 일한 분이기 때문이다. 복음서는 악을 설명하려 들지 않는다. 악에 대해 설명하는 것은 우리 합리성의 노예가 되는 것이다. 이스라엘의 율법주의자들은 인과율(因果律)이라는 합리성으로 악을 설명하였다. 그러나 악은 인과율의 장에 있지 않다.

---

37 토마스 아퀴나스는 《신학대전》에서 신이 존재한다는 말에 대한 반론으로 이 세상에 악(惡)이 있다는 사실을 말한다. 도스토옙스키의 소설 《카라마조프가의 형제들》의 주인공의 한 사람인 무신론자 이반도 "죄 없는 어린 아이들이 죽어가는 세상에 신이 어떻게 있을 수 있느냐."라고 반문한다. 후에 알베르트 까뮈도 같은 이론으로 신을 부정했다.

바로 그때에 어떤 사람들이 와서, 빌라도가 갈릴래아 사람들을 죽여 그들이 바치려던 제물을 피로 물들게 한 일을 예수님께 알렸다. 그러자 예수님께서 그들에게 이르셨다. "너희는 그 갈릴래아 사람들이 그러한 변을 당하였다고 해서 다른 모든 갈릴래아 사람보다 더 큰 죄인이라고 생각하느냐? 아니다. 내가 너희에게 말한다. 너희도 회개하지 않으면 모두 그처럼 멸망할 것이다. 또 실로암에 있던 탑이 무너지면서 깔려 죽은 그 열여덟 사람, 너희는 그들이 예루살렘에 사는 다른 모든 사람보다 더 큰 잘못을 하였다고 생각하느냐? 아니다. 내가 너희에게 말한다. 너희도 회개하지 않으면 모두 그렇게 멸망할 것이다."(루카 13,1-5)

악은 그것의 원인을 찾을 것이 아니라, 그것을 퇴치하는 우리의 실천을 요구한다. 악은 우리가 거슬러 싸워야 하는 것이다. 악에 악으로 대처하는 것은 악의 폐쇄 회로에 들어가는 것이다. 병 고침과 죄의 용서 같은 예수의 예언자적 행위는 악에 저항하는 행위다. 악은 설명되지 않고, 말살할 수도 없다. 악은 인간이 저항해야 하는 대상이다.

예수의 예언자적 행위가 있는 반면, 악이 인류 역사 안에 발생시키는 행위들도 있다. 악에 저항하는 예수의 행위들 안에는 베푸심이 보이고, 악이 발생시키는 행위들 안에는 베푸심 혹은 은혜로움이 보이지 않는다. "사람에게서 나오는 것, 그것이 사람을 더럽힌다."(마르 7,20)

악은 자기의 생명이 하느님이 베푸셔서 있는 것이라는 사실과 그 은혜로움을 모르는 사람에게서 발생한다.

예수는 하느님과 악마가 같은 수준에 있다고 생각하지 않았다. 예수에게 이원론(二元論)은 없었다. 하느님으로 말미암은 행위와 악이 발생시키는 행위 사이에는 베푸심의 유무(有無)라는 차이가 있다. 따라서 우리는 하느님을 위해 선택해야 한다. 나라는 존재가 있는 것도 하느님의 무상(無償)의 베푸심이 있었기 때문이다.

악의 일부는 하느님의 베푸심에 대한 거부에서 온다. 죄 없는 아이들의 죽음과 천재지변은 설명되지 않는다. 그런 것은 설명되지 않을 뿐만 아니라 그 자체로는 무의미하다. 구약성경의 욥과 마찬가지로 예수는 악의 존재 이유를 설명하지 않는다. 심판의 날과 시를 알지 못한 예수는 악의 최종적 의미도 모른다. 예수가 가진 확신은 하느님으로 악을 해석할 수 없다는 것이다. 하느님 안에는 악이 발생하지 않는다. 하느님은 선하신 분(마르 10,18 참조), 베푸시는 아버지이시다. "너희 가운데 아들이 빵을 청하는데 돌을 줄 사람이 어디 있겠느냐? 생선을 청하는데 뱀을 줄 사람이 어디 있겠느냐?"(마태 7,9-10) 베푸심은 악의 근거가 될 수 없다.

우리는 악이 존재함에도 불구하고 하느님을 믿어야 한다. 하느님을 악의 분야에서 찾을 것이 아니라, 악을 거슬려서 인간이 하는 투쟁의 영역에서 찾아야 한다. 그것은 결국 예수의 예언자적 행위의 영역이다. 예수는 형이상학자도 아니고 하느님의 존재에 대해 증명하지도 않았다. 예수는 인간의 관례대로 살지 않았다. 사람들의 전통이나 관례가 그분의 삶을 결정하는 기준이 아니었다. 그분에게는 하느님이 아버지이시다. 예수가 하느님을 아버지라고 부를 때, 예수는 이 세상과 대조적인 하느님을 생각했다. 베푸심의 삶을 산 예수의 생애는 아버지에 대한 깊은 확신에서 나온 것이다.

예수에게 하느님은 하나의 실천을 발생시키는 분이다. 베푸시는 하느님 없이 예수의 삶이 보여 주는 실천은 설명되지 않는다. 하느님은 예수가 자기 안에 또 자기 주변에 일으키는 가능성의 원천이다. 하느님은 설명의 대상이 아니다. 하느님은 인간의 삶에 작용하여 새로운 실천을 발생시키는 분이다. 예수는 인간이 자기 삶의 여백(餘白)으로 밀어낸 베풂을 인간 삶의 본문(本文) 안으로 들어오게 하였다.

> 예수께서는 열두 제자를 한자리에 부르시고 그들에게 모든 귀신을 제어하고 질병을 고치는 능력과 권능을 주셨다. 그리고 하느님의 나라를 선포하며 병든 이들을 고쳐 주게 하려고 그들을 파견하시며 이렇게 말씀하셨다. "길을 떠날 때에 지팡이 외에는 아무것도, 빵도 여행 보따리도 전대에 돈도 가져가지 말라고 명령하시고, 신발

은 신되 옷도 두 벌은 껴입지 말라고 이르셨다. 그리고 그들에게 말씀하셨다. '어디에서나 어떤 집에 들어가거든 그 고장을 떠날 때까지 그 집에 머물러라. 또한 어느 곳이든 너희를 받아들이지 않고 너희 말도 듣지 않으면, 그곳을 떠날 때에 그들에게 보이는 증거로 너희 발밑의 먼지를 털어 버려라.'"(마르 6,8-11)

그리하여 제자들은 떠나가서 마을마다 돌아다니며 복음을 전하고 어디서나 질병을 고쳐 주었다.

헤로데 영주는 이 모든 일을 전해 듣고 몹시 당황하였다. 더러는 "요한이 죽은 이들 가운데에서 되살아났다." 하고, 더러는 "엘리야가 나타났다." 하는가 하면, 또 어떤 이들은 "옛 예언자 한 분이 다시 살아났다." 하였기 때문이다. 그래서 헤로데는 이렇게 말하였다. "요한은 내가 목을 베었는데, 소문에 들리는 이 사람은 누구인가?" 그러면서 그는 예수님을 만나 보려고 하였다.
사도들이 돌아와 자기들이 한 일을 예수님께 보고하였다. 그러자 예수님께서 그들을 따로 데리고 벳사이다라는 고을로 물러가셨다.(루카 9,7-10)

예수는 율법과 성전 안으로 주거(住居)가 제한된 하느님을 해방하여 인간 삶의 현장으로 옮겨왔다. 인간 삶의 여백으로 밀려나 있던 말씀이 강생하여 살아 있는 사람이 되었다. 우리 안에도 여백에 있던 말씀이 강생하여 우리의 실천, 곧 우리의 삶 안에 살아 있어야 한다.

3. 하느님은 일하신다

예수에게 하느님은 불필요한 분이 전혀 아니다. 오히려 하느님은 필요불가결(必要不可缺)한 존재며, 인간과 가까이 계시고, 행동하시는 분이다. 복음서에서 말하는 하느님은 실효성(實效性)을 지닌 분이다. 복음서에서 하느님의 실효성은 병 고침과 용서 등 생명을 위한 징표들 안에서 볼 수 있다. "그분은 죽은 이들의 하느님이 아니라 산 이들의 하느님이시다. 사실 하느님께는 모든 사람이 살아 있는 것이다."(루카 20,38)

예수가 행한 예언자적 행위, 곧 하느님을 알리는 행위는 해방, 베푸심, 용서 등 하느님이 하시는 일이다. 이 행위들은 때에 따라 상대하는 사람에 따라 달리 나타난다. 예수는 소외(疎外) 계층과 자기 스스로 어울렸다. 그는 병고에 시달리는 사람은 고쳤다. 또한 죄인으로 단죄된 사람에게는 죄의 용서를 선포했다. 이처럼 하느님의 실효성은 표준화되어 있지 않다. 하느님의 실효성은 우리 자유에 주어진 하나의 말씀이다. 그 말씀을 받아들이면, 우리 삶이 변하고, 베풂의 이야기가 나타난다. 상황과 경험에 따라 그 실천의 형태는 다르다. 이는 사람에 따라 관심을 갖는 사건과 문제가 다른 것과 마찬가지다.

하느님은 가능성의 하느님이다. 하느님은 신뢰하고, 용서하며 미래를 여신다. 우리 인간은 미래를 닫는다. 사람은 사람을 죄인으로 낙인찍고, 미래가 없다고 말하지만, 하느님은 용서하고 새로운 미래를 주신다(루카 7,36-50 참조). 예수가 베드로에게 약속한 '하늘 나라의 열쇠'(마태 16,19 참조)를 우리는 하늘 나라를 잠그는 자물쇠로 쉽게 착각하지만, 사실은 '율법 학자들과 바리사이들이 사람들 앞에서 잠가 버린 하늘 나라'(마태 23,13 참조)를 여는 열쇠다.

그리스도 신앙의 역사 안에서도, 하느님이 용서하신다는 사실을 사람들에게 선포하여, 사람이 자비하신 하느님에게 신뢰하고, 그 불쌍히 여기심의 흐름 안으로 들어가게 하기 위해 개인 고백 고해성사가 13세기에 만들어졌다. 그런데 그것이 이제는 하느님의 용서를 받기 위해 통과해야 하는 관문과 같이 되어 버렸다. 교회 역사는 그것을 통하지 않으면 하느님이 용서하시지 않는 것 같이 만들어 버렸다. 우리는 죄의 용서를 위해서 고해성사라는 자존심 상하는 절차를 밟고, 고해 신부가 정해 준 보속이라는 대가를 치러야 한다. 하느님의 자비와 용서는 새로운 미래를 약속하지만, 우리는 그 미래 앞에 적신호(赤信號)를 밝혀 놓는 일을 잘한다.

하느님은 우리가 원해거나 원하지 않거나에 상관없이, 우리가 묶여 있는 유혈(流血)이 낭자한 사슬, 곧 걸핏하면 남을 무시하고 미워하는 사슬에서, 금빛으로 물든 세상의 사슬, 곧 재물에 대한 욕심이라는 사슬에서 우리를 해방시키신다. 하느님은 우리의 습성과 고정 관념을 바꾸어 놓고, 우리가 만들어 놓은 우상(偶像)을 상대화시키면서 우리의 자폐적(自閉的) 안전, 곧 재물과 권력에 대한 욕심을 비판하신다. 하느님은 우리가 우리를 중심으로 생각하는 가상(假想)의 세계에서 우리를 나오게 하신다. 하느님은 베푸시는 분이다. 따라서 하느님은 우리가 결코 소유할 수 없는 분이다. 베푸심의 결과인 최소(最小)가 베푸심의 원천인 최대(最大)를 소유할 수는 없는 것이다.

하느님은 가난하고 겸손한 분이다. 우리는 자족하려 하지만, 하느님은 자족하지 않으신다. 우리는 자만하려 하지만, 그분은 자만하지 않으신다. 우리는 하느님 앞에 공로를 쌓고 그분이 어떤 분이라고 단정하지만,[38] 하느님은 우리가 예기치 못하는, 전혀 다른 분이시다. 하느님은 십자가의 절망을 넘어서도 베푸시는 부활의 하느님이시다. 살과 피의 경계를 넘어 살리는 분이시다. 인간적인 것은 아무것도 그분의 근거가 될 수 없다.

---

38 마태 25,14-30 참조.
"그런데 한 탈렌트를 받은 이는 나아가서 이렇게 말하였다. '주인님, 저는 주인님께서 모진 분이시어서, 심지 않은 데에서 거두시고 뿌리지 않은 데에서 모으신다는 것을 알고 있었습니다. 그래서 두려운 나머지 물러가서 주인님의 탈렌트를 땅에 숨겨 두었습니다. 보십시오, 주인님의 것을 도로 받으십시오.'"

4. 하느님은 인간과 다르시다

“아버지의 이름이 거룩히 빛나시며” 이 말은 예수가 하느님께 말씀드리라고 권한 것이다. 이 말 안에 예수가 하느님에 대해서 생각하는 것이 들어있다. 예수에게 하느님은 하나의 단어만이 아니다. 하느님은 하나의 실재를 지칭하는 이름이다. 이 실재는 일하신다. 예수는 하느님이 당신의 이름을 우리 가운데 거룩히 나타내실 것을 청하라고 가르쳤다. 그런데 그 이름은 거룩하다. 성경이 그분을 거룩하시다라고 말할 때, 그분은 우리와 전혀 다른 분이라는 뜻이다. 우리와 같이 우리 중심의 폐쇄 회로 안에 계시지 않고, 인과응보(因果應報) 혹은 상선벌악(賞善罰惡)의 질서 안에도 계시는 분이 아니라는 뜻이다.

이스라엘과 예수가 하느님을 안다고 말할 때, 하느님은 우리와 전혀 다른 분이라는 사실을 인정하는 것이다. 하느님과 우리의 차이는 베푸심에 있다. 우리가 그분과 가지는 관계는 그 베푸심을 기초로 한다. 베푸심의 장(場)을 떠나서 인간이 하느님을 생각하면, 여러 형태의 가상적 밀착(密着)에 이르게 된다. 우주론적 밀착은 하느님과 우리의 관계를 인과율(因果律)에 준한 것으로 만든다. 심리학적 밀착은 ‘지진아(遲進兒)들에게 필요한 아버지’로서의 하느님으로 생각하게 만든다. 사회학적 밀착은 인간 세계의 높고 낮음과 강자(强者)의 횡포를 정당화하는 하느님이 되도록 만든다. 베푸심만이 하느님과 인간의 참다운 관계를 가능하게 해 준다. 그런데 이 베푸심이 나타나기 위해서는 하느님과 인간이 다르다는 것을 알아야 한다. 하느님이 당신의 이름을 거룩히 빛나게 하셔서 당신과 우리 사이에 차이를 보이시면, '아버지의 나라가 임하시는' 결과를 가져온다. 이때 하느님의 베푸심은 우리의 베풂 안에 임하신다.

하느님이 다른 분이라는 말은 우리가 상상하고 추측하는 것과 다른 분이라는 의미다. 우리는 그분을 우리의 체험과 동일시하지 말아야 한다. 하느님은 우리 모든 사람의 하느님이시다. 우리는 그분을 우리가 속하는 집단, 곧 교회 안에만 계시는 분으로 생각하기 쉽다. 그러나 그것은 하느님을 하나의 종교 질서 안에 유폐(幽閉)시키는 우(愚)를 범하는 것이다. 그것은 오늘날 종교 신학이 안고 있는 과제다. 하느님을 한 시대, 한 문화의 표현 안에 유폐시키지 말아야 한다. 그것은 오늘날 토착 신학이 과제로 하고 있는 문제이기도 하다. 하느님은 우리와 혼동될 수 없는 분이시다. 하느님은 하느님이다. 그래서 유일하신 분이다.

하느님을 아버지라고 부르는 것은 내 생명을 그분에게서 받았다는 것을 인정하는 것이고, 그분의 말씀과 그분의 생명이 하시는 일을 기준으로 내가 살겠다는 것이다. 아버지를 가상적으로 상상하지 않기 위해서는 다른 형제들과 부모의 사랑을 공유할 줄 알아야 한다. 따라서 나는 다른 사람들과 함께 사는 인간임을 받아들일 때 하느님을 아버지라 부를 수 있다. 하느님을 아버지로 참답게 인정하는 것은 타인을 받아들이고, 타인의 연약함과 결핍을 자기 것으로 받아들이는 것이다. 그것이 하느님을 사랑하고 이웃을 사랑하는 그리스도인의 체험이다.

5. 하느님은 성령이시다

"성령께서 너희에게 내리시면 너희는 힘을 받아, 예루살렘과 온 유다와 사마리아, 그리고 땅끝에 이르기까지 나의 증인이 될 것이다."(사도 1,8) 성령은 하느님의 힘이다. 그리고 모든 시작은 성령이 하시는 일이다. 성령은 혼돈의 무력함을 깨고 모든 것을 존재하게 하였다. "땅은 아직 꼴을 갖추지 못하고 비어 있었는데, 어둠이 심연을 덮고 하느님의 영이 그 물 위를 감돌고 있었다."(창세 1,2)

성령은 또한 예수의 역사와 교회를 시작하신 분이다. 예수의 잉태(루카 1,35 참조), 예수의 설교(루카 4,14 참조), 예수의 부활(1티모 3,16 참조; 로마 1,4 참조), 교회의 시작(사도 2,33 참조) 등이 모두 성령이 하신 일이다. 성령은 모든 시작의 원천이다. 우리의 희망도 성령이 주시는 것이다. "우리는 성령을 통하여 믿음으로 의로워지기를 간절히 희망합니다."(갈라 5,5) 성령은 새로운 미래를 베푸시는 힘이다.

성령은 하느님 나라의 숨결이고 흐름이다. 신앙인이 하느님을 아버지라 부르고, 성령 안에서 산다는 것은 형제들을 인정하고, 베푸시는 하느님의 양식으로 행동하는 것이다. 자기를 중심으로 한 행복과는 전혀 다른 행복의 약속을 사는 것이다. 자기를 중심으로 한 행복의 추구는 하느님이 계시지 않는 듯이 사는 데에 있다. 그것은 인간이 끊임없이 빠지는 유혹이며 모든 독선(獨善)과 권위주의(權威主義)의 원인이다.

성령은 자유의 원천(源泉)으로서 타인을 인정하게 한다. 성령은 법을 대화(對話)적이고 사회적이게 만든다. 성령은 법이 절대화하는 것을 막는다. 하느님을 아버지로 인정하는 같은 행위로써, 성령은 다른 사람들을 형제로 볼 수 있게 해 준다. 예수의 역사는 이 형제 됨을 설정하는 말씀으로 우리 앞에 펼쳐져 있다. 이 장(場)에서는 자기 스스로를 주지 않으면, 자기를 얻을 수도, 하느님을 알 수도 없다. "정녕 자기 목숨을 구하려는 사람은 목숨을 잃을 것이고, 나와 복음 때문에 목숨을 잃는 사람은 목숨을 구할 것이다."(마르 8,35)

나오면서

하느님은 높으신 분도 아니고, 우리의 정성과 희생을 기다리고 계시는 분도 아니다. 하느님을 섬겨야 하는 높은 분으로 만든 것은, 섬겨야 하는 사람들이 많던 과거 군주(君主) 사회의 사고방식이었다. 옛날 사람들은 그들 위에 군림하는 많고 많은 높은 사람들보다 더 높은, 지극히 높은 분으로, 또한 모든 것의 근본으로 하느님을 생각하였다. 그렇게 설정된 지극히 높으신 하느님은 그 사회의 권력자들을 정당화해 주는 머릿돌이 되었다. 하느님의 지극히 높으신 권위를 배경으로 사람들은 사람들에게 늑대가 되었다. 복음은 지켜야 할 높으신 분의 계명으로 전락하고, 신앙은 권위를 가진 사람들에게 하는 순종과 동일시되었다.

하느님은 우리가 관찰할 수 있는 대상이 아니다. 일차로 하느님은 당신 피조물들 안에 스스로를 나타내셨고, 또한 당신 백성으로 삼으신 이스라엘 안에 당신을 나타내셨다. 이차로 하느님은 예수라는 한 인물 안에 당신을 드러내셨다. 그래서 우리는 그 예수를 하느님의 아들이라 부른다. 삼차로 하느님은 사람들의 신앙생활 안에 당신을 나타내신다. 그것이 성령이다. 따라서 구약성경 안에도, 예수 그리스도 안에도, 성령 안에도 모두 같은 하느님이시다. 그것이 바로 하느님이 인류 역사 안에 현존하시는 양식이다.

그리스도 신앙은 삼위일체(三位一體)에 대해 말한다. 하느님은 세 분의 위격(位格)이라는 것이다. 그러나 그 말은 자칫하면, 세 분의 신(神)들이 하나의 가정을 이루고 있는 것처럼 상상하도록 할 수 있다. 하느님의 위격성을 말한다고 해서 하느님을 사람과 비슷한 분으로 상상해서는 안 된다. 우리는 하느님이 어떤 위격인지 모른다. 하느님을 삼위일체라고 말하는 것은 하느님이 어떤 물체가 아니라, 베풀고 사랑하는 주체라는 뜻이다. 그 단어는 우리가 하느님에 대해 온전히 이해하였다는 뜻이 전혀 아니다.

성경에 의하면, 성령은 하느님이 주시는 것이다. 따라서 성령은 세 번째 위격이 아니다. 하느님이 당신 스스로를 주시는 양식으로 계실 따름이다. 하느님의 위격성을 말하는 것은 교회의 역사 안에 하느님이 베푸시는 분으로 계신다는 뜻이다. 하느님은 절대적 자유를 지니셨다. 그 자유는 베풂이다. 베풂은 증명되는 것이 아니라, 베풂으로 있을 뿐이다. 하느님은 베푸심이기에 항상 새로운 분이다.

이 세상에 악과 고통이 있는 사실을 생각하면, 하느님의 현존은 근본적이다. 하느님은 고통을 원하지 않으신다. 그러나 하느님은 침묵 가운데 계신다. 예수가 십자가에서 죽음을 맞이하는 순간에도 하느님은 계셨지만, 침묵 가운데 계셨다. 하느님이 침묵을 지키시면, 죽음은 지극한 고통이다. 하느님을 믿는 사람들은 그분의 침묵이 그분의 부재(不在)를 의미하지 않는다는 사실을 안다. 따라서 하느님이 극도의 침묵을 지키실 때도, 우리는 그분을 신뢰한다.

인간에 대한 말과 하느님의 베푸심이 만나는 장소는 바로 이 침묵이다. 하느님의 절대적 현존은 인간을 위한 베푸심과 구원이다. 하느님은 계시는 분이 아니라, 베푸시는 분으로 계신다. 따라서 우리는 하느님께 말씀드릴 수 있다. 우리는 고통 중에 그분께 부르짖을 수 있다. 이런 까닭에 하느님의 절대적 침묵은 그분의 절대적 현존을 나타내는 것이다.

제5장

그리스도 신앙 언어의 하느님 체험 — 요한 복음서를 중심으로

들어가면서

요한이 자기 복음서를 집필한 것은 기원후 100년경이다. 그의 복음서는 공관 복음서들과는 많이 다르다. 시대가 달라지면, 예수의 모습을 소개하는 방식도 달라진다. 이 복음서가 기록될 당시에도 시대가 제기하는 문제들이 있었다.

먼저 영지주의자(靈知主義者)들은 하느님의 영역과 인간의 영역, 또 영(靈)과 육(肉)을 대립시켜 이원론적(二元論的)으로 생각하고 있었다. 그들은 하느님의 아들이 인간이 되었다는 사실 자체를 받아들이지 않았다. 영과 육이라는 두 영역(領域)은 확연히 다른 것이다. 그들은 또한 구원을 순수한 인식과 현실도피적인 것으로만 생각하고, 믿음, 사랑, 참여 등을 이해하지 못했다.

둘째로, 요한 복음서 시대의 그리스도 신앙인들은 유대교 회당과 논쟁을 하고 있었다. 유대교는 모세의 법이 마지막이고 결정적인 하느님 뜻의 표현이라고 주장했다. 율법은 인간에게 주어진 하느님의 삶을 실천하는 길이며, 그것을 위한 빛과 지혜라는 것이다. 따라서 그들은 그리스도를 위한 자리는 없다고 주장한다. 마지막으로 요한 복음서를 집필한 공동체는 이스라엘이 유대 전쟁(66~70년)으로 폐허가 되고 국가가 없는 이산(離散) 민족으로 살아가고 있었다. 그들은 박해와 소외와 거부를 체험하고 있었다. 그들은 그들이 경멸하던 이방인들과 함께 살아야 했다.

이런 상황에서 요한 복음서 공동체는 받아들일 것은 받아들이고, 배척할 것은 배척한다는 자세를 취한다. 그 공동체는 그 시대가 요구하는 새로운 방식으로 예수의 생애를 읽는다. 그러나 말씀이 사람이 되었다는 사실을 거부하는 주변 세계를 이 복음서는 단호히 배척한다. 그리고 나자렛 사람 예수의 역사 안에 신앙의 핵심을 읽어야 한다고 주장한다. 이 복음서는 영지주의자들에게 강생(降生)이 역설적으로 보이겠지만, 그것이 현실이라고 주장한다. 구원은 역사 안에서 신앙인이 실천하는 믿음과 사랑으로 주어진다는 사실을 강조한다. 또한 이 복음서는 유대교에 속하는 사람들에게 나자렛 사람 예수가 참다운 또 결정적인 하느님의 시현(示現)이라는 사실을 강조한다. 이 세상 인간의 오만에 대해 이 복음서는 십자가가 구원의 유일한 길이라는 사실도 강조한다.

1. "나는 하늘에서 내려온 살아 있는 빵이다."(요한 6,51)

요한의 신앙 체험은 그리스도론을 중심으로 하고 있다. 그 서문(요한 1,1-18)은 예수라는 인물, 그분의 생애와 그분이 제시하는 구원을 종합하여 간결하게 제시하는 개관(槪觀)이라고 보아야 한다. 그것을 다섯 가지 관점으로 나누어 생각해 보자.

1.1. 말씀과 예수의 동일함

역사적 예수와 동일시된 말씀은 처음부터 있었다.[39] 그리고 저자는 즉시 그 말씀을 하느님과의 관계 안에서 정의한다. '말씀이 하느님과 함께 계셨다.'(요한 1,1 참조)라고 일반적으로 번역하지만, 그리스어 원문은 "말씀이 아버지를 향해 있었다."라는 뜻으로 해석된다. 말씀은 그 가장 깊은 곳에서부터 아버지를 온전히 향해 있어서 아버지의 말씀을 듣고 순종한다는 것이다. 또한 말씀은 사람이 되어서도 이 자세를 유지하고 있다는 것이다. 요한 복음서가 그리스도를 아버지의 뜻에 순종하는 분으로 항상 묘사하는 이유가 여기에 있다. "내 양식은 나를

---

39 저자는 요한 복음서 1장 17절에서 말씀과 예수 그리스도를 동일하다고 말한다. "율법은 모세를 통하여 주어졌지만 은총과 진리는 예수 그리스도를 통하여 왔다."

보내신 분의 뜻을 실천하고, 그분의 일을 완수하는 것이다."(요한 4,34) 요한 복음서에서 예수는 아버지의 뜻에 온전히 순종하기 위해 자기의 뜻을 근본적으로 버린 분으로 묘사되었다. 그러나 예수는 이 순종 안에서 참으로 자유로워지고 아들 됨을 의식한다.

1.2. "말씀이 육신이 되셨다."(요한 1,14)

이 말씀은 서론의 중심이다. 이것은 그 시대에 문제가 있는 표현이었다. 유대인들은 하느님의 최종적이고 결정적인 말씀이 예수와 같이 보잘것없는 삶에 주어졌다는 사실을 이해할 수 없었다. 그리고 정신세계와 물질세계를 대립시켜 생각하는 그리스 철학 사상에 물든 이들은 하느님의 아들이 인간의 모습으로 나타났다는 사실을 받아들이지 못하였다. 그러나 요한 복음사가는 말씀이 육신이 되었다고 긍정한다. 육신은 인간의 연약함, 가변성(可變性), 무능함, 다른 피조물과의 연대성 등을 의미하는 단어다. 그러나 요한 복음서는 인간의 이런 육신적 조건 안에 구원이 있다고 말한다. "예수 그리스도께서 사람의 몸으로 오셨다고 고백하는 영은 모두 하느님께 속한 영입니다. 그러나 예수님을 믿는다고 고백하지 않는 영은 모두 하느님께 속하지 않는 영입니다."(1요한 4,2-3) 하느님의 아들이 인간 육신을 온전히 취하였다는 사실을 인정하지 못하는 사람들은 겉으로 보기에는 하느님을 존중하는 것 같지만, 사실은 하느님이 사랑이라는 사실을 거부하고 계약의 의미도 부정하는 것이다.

1.3. "우리는 그분의 영광을 보았다."(요한 1,14)

하느님의 말씀이 육신이 되셨다 혹은 사람이 되셨다고 선포하는 것만 중요한 것은 아니다. 그분 안에, 그분의 삶 안에 하느님의 영광이 어떤 것인지를 말하는 것이 중요한 것이다. 예수는 하느님을 계시한 분이다. 그러나 그 계시는 육신이라는 형태 안에 감춰져 있었다. 인간은 항상 영광스런 하느님이 직접 시현(示現)하기를 기대한다. 그러나 그리스도 안에 하느님의 영광은 감춰진 형태로 나타났다. 하느님의 영광은 인간이 읽어서 알아들을 수 있는 징표(徵標)로 주어졌다. "나는 하늘에서 내려온 빵이다."(요한 6,41)라는 말씀을 듣고 유대인들은 수군거린다. "저 사람은 요셉의 아들 예수가 아닌가?"(요한 6,42) 유대인들은 예수의 기원이 하느님 안에 있다는 사실을 수용하지 못했다. 이러한 강생의 이야기는 그리스도에 대한 믿음과 역사적 예수의 실재(實在)를 대립시켜 생각하지 말라고 말한다. 신앙은 하느님이 어떤 분인지, 그분의 시현이 어떤 것인지, 그분이 인류 역사와 가지는 관계가 어떤 것인지를 강생의 이야기 안에서 알아들을 것을 요구한다.

1.4. 예수로 말미암아 나타난 영광

영광이라는 단어는 성경이 하느님의 시현, 눈부시고 구원적인 시현을 표현하기 위해 사용해 온 단어다. 그리고 예수의 삶은 모두 하느님의 시현이었다. 그러나 영광이 충만하게 나타난 가장 위대한 순간은 십자가 위에서였다. 요한 복음서는 십자가를 '높이 들어 올려 짐'(요한 8,28 참조; 12,32 참조), '영광스럽게 됨'(요한 17,1 참조)이라고 표현한다. 십자가를 영광이라 표현하는 것은 모순된 것처럼 보인다. 그러나 하느님이 사랑이라는 것을 생각하면 이는 이해되는 일이다. 사랑은 고통을 감수한다. 그리고 사랑이 보이는 곳에 하느님의 시현이 있다. 예수가 십자가 위에 있을 때, 그 사랑의 탁월함과 깊이와 항구함이 나타났다. 십자가 위에서 '은총과 진리'가 나타난 것이다.

1.5. "율법은 모세를 통하여 주어졌지만 은총과 진리는 예수 그리스도를 통하여 왔다. 아무도 하느님을 본 적이 없다. 아버지와 가장 가까우신 외아드님 하느님이신 그분께서 알려 주셨다."(요한 1,17-18)

이것은 서론의 결론이다. 하느님이 예수 안에서만 당신을 계시하신다는 것이다. "율법이 모세를 통하여 주어졌다."라는 말은 율법의 중요성을 과장하는 유대인들에게 하는 말이다. 율법이 아니라 예수가 마지막이고 결정적인 하느님의 말씀이라는 것이다. 복음서는 하느님이 눈에 보이는 분이 아니라고 말함으로써 인간의 노력, 철학적이고 종교적인 노력이 인간으로 하여금 하느님을 볼 수 있게 하는 것이 아니라고 말한다. 하느님에게서 오신, 하느님의 아들만이 보이지 않는 분을 볼 수 있게 해 주는 것이다.

인간이 하느님에 대해 생각하고 연구하는 것은, 비록 그것이 합리적인 것이라 하더라도, 하나의 준비 작업에 지나지 않는다. 인간은 그리스도에게 자기 자신을 열어야 한다. 요한 복음서 안에 우리가 계속해서 만나는 것은 이론이 아니라, 한 인물을 긍정하면서 그 인물이 우리에게 어떤 의미를 지니는지를 보여 주려는 노력이다. 복음서가 하는 노력 안에는 논쟁적인 면도 다분히 있다. 예수는 '내가 참다운 빛이며, 내가 참다운 빵이다.'라고 말한다. 예수는 부분적인 빛 혹은 거짓된 빛이 아니다. 예수는 인간이 찾고 있는 빛의 의미, 영양가 높은 참다운 빵과 참다운 삶의 맛, 한 마디로 구원을 보여 주는 분이다. 예수는 '내가 빛이다.' '내가 빵이다.'라고 말하면서 자기 자신이 바로 인간이 밤낮으로 찾고 있는 그것이라고 말한다. 사람들이 빛, 물, 빵을 찾을 때, 그들이 의식하든 하지 않든, 사실은 하느님과 그분의 말씀을 찾고 있는 것이다.

요한 복음서의 서론은 예수가 어떤 분이며 우리에게 그분이 어떤 의미를 지니는지도 말해 주지만, 동시에 요한 복음서가 전하는 그리스도 신앙 체험의 근본 구조를 보여 주기도 한다. 그리스도인은 아버지에게 순종하여 아버지의 말씀이 자기 안에 이루어지게 사는 존재다. 또한 그리스도인은 아버지께서 하시는 일이 자기 안에 드러나게 사는 존재다. 따라서 신앙인은 하느님의 말씀이 강생하여 사람이 되었다는 강생의 신비가 자기 안에 실현되도록 살아야 한다. 그리스도인은 하느님의 영역과 사람의 영역을 대립시켜 생각하는 모든 이원론적 사고를 거부한다. 그리고 동시에 종교들이 흔히 요구하는 현세 도피의 유혹도 물리친다. 그리스도인은 현세적 일상의 삶 안에 섬김과 사랑을 실천하며 십자가의 길이 영광의 길이라는 사실을 확신한다. 이것은 이 세상이 제안하는 해방과 구원을 거부하는 것이고, 그리스도가 계시한 구원만을 받아들이는 자세다.

우리가 지금까지 본 그리스도 중심적 삶이 요한 복음서가 제시하는 신앙 체험의 기본이다. 그러나 우리가 생각해 보아야 하는 다른 면들도 있다. 그것은 하느님의 계시 앞에 선 인간의 체험, 제자 된 사람의 체험, 신앙 공동체에 요구된 체험, 세상과 성령에 대한 체험 등이다.

2. 계시 앞에 선 인간

요한 복음서는 그리스도가 어떤 분인지를 점차적으로 보여 주면서 동시에 인간의 믿음과 믿지 못함도 점차적으로 나타나게 한다. 요한 복음서가 전하는 이야기들은 한편에서는 그리스도가 점차적으로 당신의 신비를 계시하고 있으며, 다른 한편에서는 사람들이 자기들의 불신을 점차적으로 극명하게 보여 주고 있다. 이런 비극 안에서 인간은 빛을 택하느냐 혹은 그것을 거부하느냐에 따라 두 가지로 분류된다. 복음서는 빛을 따르는 하느님의 자녀가 될 수도 있고, 아니면 악마의 자녀가 될 수도 있다고 말한다.

> 예수님께서 다시 그들에게 말씀하셨다. "나는 세상의 빛이다. 나를 따르는 이는 어둠 속을 걷지 않고 생명의 빛을 얻을 것이다."(요한 8,12)

> 예수님께서 당신을 믿는 유다인들에게 말씀하셨다. "너희가 내 말 안에 머무르면 참으로 나의 제자가 된다. 그러면 너희가 진리를 깨닫게 될 것이다. 그리고 진리가 너희를 자유롭게 할 것이다."(요한 8,31-32)

> 나는 내 아버지에게서 본 것을 이야기하고, 너희는 너희 아비에게서 들은 것을 실천한다.(요한 8,38)

> 너희는 너희 아비인 악마에게서 났고, 너희 아비의 욕망대로 하기를 원한다. 그는 처음부터 살인자로서, 진리 편에 서 본 적이 없다.

그 안에 진리가 없기 때문이다. 그가 거짓을 말할 때에는 본성에서 그렇게 말하는 것이다. 그가 거짓말쟁이며 거짓의 아비기 때문이다.(요한 8,44)

예수는 징표와 말씀(요한 6장; 9장; 11장; 13장 참조) 안에 자기 스스로를 나타낸다. 징표는 말씀을 보여 주고 말씀은 징표를 해설한다. 하느님이 그리스도 안에, 또 역사 안에 당신 스스로를 시현(示顯)하셨다는 것은 불가사의한 일이다. 그 시현이 육의 조건 안에 이루어졌다는 것은 하나의 비유와 같은 것이다. 그것은 인간이 해석해서 알아들어야 하는 대상이다. 해석해서 알아듣는 데에는 두 가지 길이 있다. 하나는 외관에만 머무는 육적인 것이고, 또 다른 하나는 깊이 있게 알아듣는 영적인 것이다. 인간은 그리스도의 계시 앞에 첫 번째의 해석에 머물고 두 번째 것으로 건너가지를 못한다. 예수의 말씀을 듣다가 이의를 제기하는 복음서의 사람들이 그런 이들이다. 또한 징표를 해석해서 알아듣지 못하고, 니코데모와 같이 그것을 바로 믿음의 언어로 이해하고자 하는 사람도 있다(요한 3,4 참조). 그러나 말씀을 이해하고 그 말씀으로 징표를 해석해야 한다. 그때 비로소 사람은 자기의 선입견에서 벗어나 예수가 제시하는 징표를 알아들을 수 있다.

인간은 하느님이 베푸신 것을 자기가 가진 선입견이나 자기의 기대에 맞춰서 이해한다. 사마리아 여인은 예수의 말을 조금 알아들었을 때, 그것을 자기의 관심사에 맞춰서 해석했다(요한 4,15 참조). 갈릴래아 사람들은 예수가 주시는 빵이 아니라 자기들이 먹고 배부를 그들의 빵을 찾았다(요한 6,26 참조). 그리스도가 하는 계시는 회개를 요구한다. 요한 복음서 3장과 4장은 그 시대 세상을 대표하는, 서로 다른 부류의 인물들, 유대인 니코데모, 사마리아 여인, 이교도 등을 예수 앞에 차례로 등장시킨다. 그들이 예수를 맞이하려면, 예수 앞에 스스로를 개방하고, 그들이 믿고 있던 종교적 안전과 그들이 찾고 있던 하느님을 버려야 했다. 결국 요한 복음서가 부각시키고자 하는 것은 인간은 스스로 아무 것도 하지 못할 뿐 아니라, 이해하지도 못한다는 사실이다. 물론 제자들도 이해하지 못하기는 마찬가지다.

> 그러는 동안 제자들은 예수님께 "스승님, 잡수십시오." 하고 권하였다. 그러나 예수님께서 "나에게는 너희가 모르는 먹을 양식이 있다." 하시자, 제자들은 서로 "누가 스승님께 잡수실 것을 갖다 드리기라도 하였다는 말인가?" 하고 말하였다. 예수님께서 다시 그들에게 말씀하셨다. "내 양식은 나를 보내신 분의 뜻을 실천하고, 그분의 일을 완수하는 것이다."(요한 4,31-34)

사람은 "누구든지 위로부터 태어나지 않으면 하느님의 나라를 볼 수 없다."(요한 3,3) 사람을 다시 태어나게 하는 일은 하느님만이 하실 수 있다. 인간은 이 세상에 처음 태어날 때 자기 힘으로 태어나지 않았듯이, 다시 태어나는 일도 자기 힘으로 하지 못한다. 그래서 요한 복음서는 회개도 은총이라고 말한다. "아버지께서 허락하지 않으시면 아무도 나에게 올 수 없다."(요한 6,65)

이 복음서는 인간이 영접해야 하는 것이 무엇인지를 다양하게 표현한다. 특히 "육신" 안에 감춰진 "영광"(요한 1,14)을 영접해야 한다고 말한다. 이는 하느님의 나타나심을 새롭게 볼 줄 알아야 한다는 말이다. "하느님께서는 세상을 너무나 사랑하신 나머지 외아들을 내주시어, 그를 믿는 사람은 누구나 멸망하지 않고 영원한 생명을 얻게 하셨다." (요한 3,16) 이렇게 십자가에 나타난 것은 하느님의 사랑이었다. 따라서 십자가는 '들어 높임'이고 또한 '영광'이다.

십자가는 생명이다. 하느님의 사랑은 때때로 하느님으로부터 버려졌다는 체험을 하게 한다. 라자로에 대한 이야기(요한 11장 참조)를 주목해 보자. 이 장면에서는 라자로의 병과 죽음에 대해 두 가지의 대화가 나온다. 예수와 제자들 사이의 대화가 있고, 예수와 라자로의 자매들 사이의 대화가 또 있다. 첫 번째 대화에서 예수는 라자로를 사랑하면서도 그를 죽게 버려둔다. 그 행동으로 예수는 죽음과 고통이 하느님이 버리신 결과가 아니라, 하느님이 하시는 구원과 하느님의 사랑 안에는 고통과 죽음이 있다는 사실을 보여 준다. 그리스도의 십자가가 말하는 바가 바로 이것이다. 또한 이것이 바로 인간이 자기의 삶에 받아들여야 하는 신비다.

3. 제자 됨

요한 복음서가 제자들과 예수의 첫 만남(요한 1,33-51 참조)에 대해 언급한 부분을 보면, 그것은 하나의 부르심이 아니라, 예수의 신비를 발견하는 것으로 묘사되어 있다. 제자는 예수에 대한 증언을 받아들이는 사람이다. 제자는 예수를 '따르고', 찾고, 와서 '보고', 함께 '머물고', 그리고 스스로 '증인'이 된다. 하느님이 베푸신 것을 받아들이는 인간을 묘사하기 위해 서론은 이미 세 개의 표현을 사용하였다. '알아보다'[40], '맞아들이다'[41], '보다'[42] 등이다. 이 표현들은 모두 그리스도를 따르는 제자에게 요구되는 자세다. 특히 요한 복음서가 '보다'라는 동사를 사용할 때는 '우리가 함께 보는 것'을 의미한다. 그것은 죄를 거슬러 싸우며 그리스도를 따르는 공동체 안에서 다른 사람들과 함께 보는 것이다. 여기서 본다는 것은 플라톤이 말하는 관상(觀想)이 아니다. 관상은 물질적 세계를 떠나 관념의 세계에서 이루어지는 순수한 지적(知的) 작업이다. 그렇다고 본다는 것은 영지주의자들이 주장하듯이 현세도피적인 지적(知的) 수행(修行)을 일컫는 말도 아니다. 그것은 인류 역사의

40 "그분께서 세상에 계셨고 세상이 그분을 통하여 생겨났지만 세상은 그분을 알아보지 못하였다." (요한 1,10)

41 "그분께서 당신 땅에 오셨지만 그분의 백성은 그분을 맞아들이지 않았다."(요한 1,11)

42 "말씀이 사람이 되시어 우리 가운데 사셨다. 우리는 그분의 영광을 보았다. 은총과 진리가 충만하신 아버지의 외아드님으로서 지니신 영광을 보았다."(요한 1,14)

현장에서 일어나는 일을 있는 그대로 보는 것이다. 그것은 또한 현상(現象)적인 것을 넘어서 육이 감추고 있는 깊은 실재(實在)를 꿰뚫어 보는 것이다. 그것은 예수라는 인물의 신비에 다가가는 일이기도 하다.

제자 됨은 또한 '머무는'[43] 일이다. 스승과 깊은 교감으로 그분과 생명의 공동체, 운명의 공동체를 이루어 함께 있는 것이다. 제자 됨은 마지막으로 '증언'하는 데에 있다. 제자는 그리스도와 세상 사이의 갈등 앞에 증언한다. 예수를 선포하는 일은 세상의 논리와 가치관을 거스르는 일이다. 따라서 세상은 그 선포를 거부할 수 있다. 이런 까닭에 증언하는 사람은 자기 스스로를 내어 줄 마음을 지녀야 한다.

카파르나움의 회당에서는 제자들도 유대인들과 마찬가지로 예수의 말씀을 믿지 못하는 일이 발생하였다.[44] 그들은 투덜거리고(요한 6,61 참조), 많은 제자가 예수를 떠난다(요한 6,66 참조). 그러나 베드로와 열두 사도는 예수에 대해 고백하고 그분과 함께 머문다(요한 6,67-69 참조). 이처럼 예수의 말씀은 위기를 조성하였고, 불신앙과 참다운 신앙이 드러나는 계기가 되었다. 제자들의 응답은 그리스도에 대한 집착과 조건

43 "예수님께서 돌아서시어 그들이 따라오는 것을 보시고, '무엇을 찾느냐?' 하고 물으시자, 그들이 '라삐, 어디에 묵고 계십니까?' 하고 말하였다. …… 예수님께서 그들에게 '와서 보아라.' 하시니, 그들이 함께 가 예수님께서 묵으시는 곳을 보고 그날 그분과 함께 묵었다."(요한 1,38-39)

44 "제자들 가운데 많은 사람이 예수님께서 말씀하시는 것을 듣고 말하였다. 이 말씀은 듣기가 너무 거북하다. 누가 듣고 있을 수 있겠는가?'"(요한 6,60)

없는 사랑을 담은 것이었다. 제자들은 이해하기보다는 "믿고 아는"[45] 신뢰를 가지고 있었다.

요한 복음서 20장에서 저자는 예수의 부활에 대해 말하면서 동시에 제자 됨이 무엇인지도 보여 주려 한다. 부활과 승천은 예수가 계시지 않는 시기의 시작을 알리는 사건이 아니라, 성령 안에 그분이 더 확실하고 깊이 있게 이 세상에 살아 계시는 시기의 시작을 알리는 사건이다. 그렇다면 예수가 그런 식으로 현존하신다는 사실을 알려 주는 징표는 무엇이며, 그 사실을 우리가 알아보는 조건은 어떤 것인가? 부활하신 분의 현존을 알려 주는 것은 바로 성경이다.[46] 다만 제자는 과거에 겪었던 일로 말미암은 슬픔과 과거에 대해 가지고 있던 애착에서 벗어나야 한다.

> 마리아는 무덤 밖에 서서 울고 있었다. 그렇게 울면서 무덤 쪽으로 몸을 굽혀 들여다보니 하얀 옷을 입은 두 천사가 앉아 있었다. 한 천사는 예수님의 시신이 놓였던 자리 머리맡에, 다른 천사는 발치에 있었다. 그들이 마리아에게 "여인아, 왜 우느냐?" 하고 묻자, 마리아가 그들에게 대답하였다. "누가 저의 주님을 꺼내 갔습니다. 어

45 "스승님께서 하느님의 거룩하신 분이라고 저희는 믿어 왔고 또 그렇게 알고 있습니다."(요한 6,69)

46 "사실 그들은 예수님께서 죽은 이들 가운데에서 다시 살아나셔야 한다는 성경 말씀을 아직 깨닫지 못하고 있었던 것이다."(요한 20,9)

디에 모셨는지 모르겠습니다." 이렇게 말하고 나서 뒤로 돌아선 마리아는 예수님께서 서 계신 것을 보았다. 그러나 예수님이신 줄은 몰랐다. 예수님께서 마리아에게 "여인아, 왜 우느냐? 누구를 찾느냐?" 하고 물으셨다. 마리아는 그분을 정원지기로 생각하고, "선생님, 선생님께서 그분을 옮겨 가셨으면 어디에 모셨는지 저에게 말씀해 주십시오. 제가 모셔 가겠습니다." 하고 말하였다. 예수님께서 "마리아야!" 하고 부르셨다. 마리아는 돌아서서 히브리 말로 "라뿌니!" 하고 불렀다. 이는 '스승님!'이라는 뜻이다. 예수님께서 마리아에게 말씀하셨다. "내가 아직 아버지께 올라가지 않았으니 나를 더 이상 붙들지 마라. 내 형제들에게 가서, '나는 내 아버지시며 너희의 아버지신 분, 내 하느님이시며 너희의 하느님이신 분께 올라간다.' 하고 전하여라." 마리아 막달레나는 제자들에게 가서 "제가 주님을 뵈었습니다." 하면서, 예수님께서 자기에게 하신 이 말씀을 전하였다.(요한 20,11-18)

이처럼 복음서는 인간이 쉽게 가지는 두려움에 대해 여러 번 언급한다. "유다인들이 두려워 그분에 관하여 드러내 놓고 말하는 사람은 없었다."(요한 7,13) 태생부터 소경이었던 이의 부모는 군중에 대해 두려움을 가지고 있었으며, 유대교 당국에 대해서도 무서워서 한마디도 하지 못하는 두려움을 가지고 있었다.[47] 또한 의원들은 회당에서 쫓겨날까 두려워 전혀 고백을 드러내지 못했다.[48] 이러한 것들은 인간이 자기 자신에게 집착하면서 가지게 되는 두려움들이다. 그런 두려움이 있었기에 인류 역사에서 인간의 횡포가 발생하며, 그 횡포가 조장되기도 한다.

제자는 이런 두려움에서 벗어나 주님이 주신 사명을 영접하여 주님으로부터 오는 평화와 성령과 죄의 용서가 주는 기쁨과 보람을 맞이할 수 있어야 한다.

> 그날 곧 주간 첫날 저녁이 되자, 제자들은 유다인들이 두려워 문을 모두 잠가 놓고 있었다. 그런데 예수님께서 오시어 가운데에 서시며, "평화가 너희와 함께!" 하고 그들에게 말씀하셨다. 이렇게 말씀하시고 나서 당신의 두 손과 옆구리를 그들에게 보여 주셨다. 제자들은 주님을 뵙고 기뻐하였다. 예수님께서 다시 그들에게 이르셨다. "평화가 너희와 함께! 아버지께서 나를 보내신 것처럼 나도 너희를 보낸다." 이렇게 이르시고 나서 그들에게 숨을 불어넣으며 말씀하셨다. "성령을 받아라. 너희가 누구의 죄든지 용서해 주면 그가 용서를 받을 것이고, 그대로 두면 그대로 남아 있을 것이다."(요한

---

47 "그의 부모는 유다인들이 두려워 이렇게 말하였다. 누구든지 예수님을 메시아라고 고백하면 회당에서 내쫓기로 유다인들이 이미 합의하였기 때문이다."(요한 9,22)

48 "사실 지도자들 가운데에서도 많은 사람이 예수님을 믿었지만, 바리사이들 때문에 회당에서 내쫓길까 두려워 그것을 고백하지 못하였다."(요한 12,42)

20,19–23)

제자가 되는 것은 이 사명을 영접하는 것이다. 그것은 한계가 없는 보편적 선교 사명이다. 이 사명은 아들이 아버지로부터 받은 사명을 연장하는 것이다. 그 사명은 그리스도가 보여 준 진리에 순종하는 것이며, 자기 스스로를 내어 주는 일이다. 그 사명이 지닌 본질적인 것은 죄에서 해방되는 것이고 성령 안에 새로워지는 것이다.

제자는 '주님을 본' 사람의 증언을 믿어야 한다. 그것이 토마스의 이야기가 주는 교훈이다. 이 이야기는 교회의 시기에 예수가 어떻게 살아 있는지를 알려 준다. 제자는 의심하며, 예수를 직접 보겠다고 주장하지 않고, 예수를 만났던 사람들이 하는 증언을 믿어야 한다. 예수 시대에는 사람들이 보고 믿었지만, 이제 교회의 시기에는 보고 믿는 것이 아니라, 사도들의 증언으로 믿는 것이다.

열두 제자 가운데 하나로서 '쌍둥이'라고 불리는 토마스는 예수님께서 오셨을 때에 그들과 함께 있지 않았다. 그래서 다른 제자들이 그에게 "우리는 주님을 뵈었소." 하고 말하였다. 그러나 토마스는 그들에게, "나는 그분의 손에 있는 못 자국을 직접 보고 그 못 자국에 내 손가락을 넣어 보고 또 그분 옆구리에 내 손을 넣어 보지 않고는 결코 믿지 못하겠소." 하고 말하였다. 여드레 뒤에 제자들이 다시

집 안에 모여 있었는데 토마스도 그들과 함께 있었다. 문이 다 잠겨 있었는데도 예수님께서 오시어 가운데에 서시며, "평화가 너희와 함께!" 하고 말씀하셨다. 그리고 나서 토마스에게 이르셨다. "네 손가락을 여기 대 보고 내 손을 보아라. 네 손을 뻗어 내 옆구리에 넣어 보아라. 그리고 의심을 버리고 믿어라." 토마스가 예수님께 대답하였다. "저의 주님, 저의 하느님!" 그러자 예수님께서 토마스에게 말씀하셨다. "너는 나를 보고서야 믿느냐? 보지 않고도 믿는 사람은 행복하다."(요한 20,24-29)

증언으로 믿는 것은 부활하신 분으로 말미암은 개인적 체험을 배제하지 않는다. 그와 반대로 신앙인은 기쁨과 평화를 체험하고, 죄를 용서받고 성령이 주어졌다는 사실도 체험한다. 우리가 기억하고 기념하는 일상의 모든 일들이 충실한 설명으로 전달되듯이, 예수의 역사도 증언으로 전달된다. 따라서 사람들이 예수와 하는 교감은 영원히 현재적인 것이다. 신앙에 마음을 여는 사람은 각자가 어떤 직접적 체험을 한다는 말이다.

4. 공동체, 세상 그리고 성령

요한 복음서가 전하는 예수의 '이별의 말씀'(요한 13장-17장 참조)은 두 가지를 염두에 두고 있다. 하나는 예수가 떠나신다는 사실이고, 또 하나는 세상이 그분에 대해 보이는 미움이다. 우리는 그 안에서 교회에 대해 또 공동체의 신앙 체험에 대해 이 복음서가 말하고자 하는 바를 알아들을 수 있다. 그것은 공동체에 성령이 오셔서 신앙인들을 가르치고, 또한 세상과의 갈등에 도움을 준다는 것이다.

요한은 성령이 가르친다고 말하지만, 그것은 부활 후 신앙 공동체가 하는 체험을 외면한 말이 아니다. 성령이 가르친다는 말은 공동체가 함께하는 체험과 분리된 것이라는 뜻도 아니다. 그것은 예수가 가르쳤던 것과 다르지 않다. 그런 뜻에서 성령은 전승을 보증하시는 분이다. "성령께서 너희에게 모든 것을 가르치시고 내가 너희에게 말한 모든 것을 기억하게 해 주실 것이다."(요한 14,26) 여기서 성령이 보장하시는 기억은 과거의 일을 반복만 하지 않는다. 그래서 "모든 진리 안으로 이끌어 주실 것"(요한 16,13)이라는 말이 있다. 또한 성령이 주시는 가르침은 예수에 대한 기억에 충실한 것이다. 그러나 그것은 동시에 더 깊이 있고 현실성 있는 가르침이다. 변화된 현실 앞에 개인적 체험을 일으키는 가르침이라는 말이다. 그래서 "앞으로 올 일들을 너희에게 알려 주실 것"(요한 16,13)이라는 말씀도 있다. 이 말씀은 성령이 미래에 일어날 일을 미리 알려 준다는 뜻이 아니다. 성령은 공동체가 예수의 역사에 비추어 현재의 역사를 새롭게 읽을 수 있게 해 준다는 뜻이다. 성령은 역사 안에 살아가는 공동체가 그리스도의 진리를 그때의 시대성에 맞추어 충만하게 이해하도록 인도한다는 뜻이다. 이런 까닭에 부활하신 그리스도는 역사 안에 살아 계신다.

요한 복음서는 교회의 시기가 대단히 풍요로운 시기라고 말한다. 그것은 말씀이 강생하여 사람이 되신 예수도 떠났고, 그리스도의 재림도 아직 일어나지 않은 빈약한 공백의 시기가 아니다. 미래에 장차 일어날 일은 성령의 현존으로 이미 교회 안에 시작하였고, 사람들은 성령으로 말미암아 그리스도를 점점 더 깊이 있게 알아듣는다.

성령이 하시는 일이 하나 더 있다. 그것은 증언이다. 세상이 지닌 적의(敵意)로 말미암아 제자들은 의심도 하고, 걸려 넘어지기도 하며 절망하기도 한다. 성령은 그들을 돕고, 그리스도와 함께 산다는 것이 어떤 풍요로움을 체험하는 것인지를 깨닫게 하신다. 그리고 성령은 세상이 잘못되었다는 사실과 세상이 하는 일이 헛되고 분별력이 없다는 것을 제자들에게 보여 주신다. 성령은 제자들이 세상과 갈등을 겪을 때 그들을 도와서 힘을 주신다.

주변의 적의(敵意)에 맞서고 주님의 재림을 기다리는 교회의 시기에 제자들이 제일 먼저 해야 하는 것은, 가지가 포도나무에 붙어 있듯이 (요한 15,1-17 참조), 예수 안에 '머무는' 것이다. 그것이 열매를 맺기 위해 가장 중요한 일이다. 그리스도 안에 머무는 것이 무엇인지는 위 비유 말씀에서 머문다는 동사가 사용된 문장을 보면 알 수 있다. 그리스도 안에 머무는 것은 한 마디로 "내가 너희를 사랑한 것처럼 너희도 서로 사랑하여라."(요한 15,12)라는 말씀이 요약하고 있다. 요한의 신비 사상은 이렇게 구체적이다. 서로 사랑할 때, 하느님을 체험한다. 그리고 또한 그것이 그리스도의 말씀에 충실한 길이다. "지금까지 하느님을 본 사람은 없습니다. 그러나 우리가 서로 사랑하면, 하느님께서 우리 안에 머무르시고 그분 사랑이 우리에게서 완성됩니다."(1요한 4,12)

나오면서

> 처음부터 있어 온 것 우리가 들은 것 우리 눈으로 본 것 우리가 살펴보고 우리 손으로 만져 본 것, 이 생명의 말씀에 관하여 말하고자 합니다. 그 생명이 나타나셨습니다. 우리가 그 생명을 보고 증언합니다. 그리고 여러분에게 그 영원한 생명을 선포합니다. 영원한 생명은 아버지와 함께 계시다가 우리에게 나타나셨습니다. 우리가 보고 들은 것을 여러분에게도 선포합니다. 여러분도 우리와 친교를 나누게 하려는 것입니다. 우리의 친교는 아버지와 또 그 아드님이신 예수 그리스도와 나누는 것입니다. 우리의 기쁨이 충만해지도록 이 글을 씁니다.(1요한 1,1-4)

이것은 요한의 첫째 서간의 서론이다. 이것은 요한이 제시하는 신앙 체험 전체를 요약하는 말씀이기도 하다. 요한은 자기가 보고 듣고 만져 본 것에 대해 말하고자 한다. 어떤 사실이 일어났고 그 사실은 보고 들을 수 있는 대상이었다. 그 사실은 신앙으로 받아들여졌다. 즉 그 사실에 생명의 말씀이 현존하신다는 것을 알아볼 정도로 사람들은 깊이 있게 이해하였다. 예수의 말씀과 실천이라는 역사적 사실 안에 또 우리의 체험 안에 감춰진, 그리스도의 신비를 만난 사람은 그것을 자기 자신만을 위해 보존하지 못하고, 다른 사람 앞에 그것을 증언하는 현상이 일어났다. 그들이 알아듣고 증언하는 신비는 친교다. 그것은 아버지와 아들의 친교고 또한 하느님과 우리의 친교다. 그 친교는 하느님의 신비면서 또한 인간의 신비기도 하다. 이 친교는 우리가 머리로만 알 수 있는 것이 아니라, 체험할 대상으로 우리에게 주어졌다. 그것은 미래를 위한 희망으로만 아니라, 이미 현존하고 우리가 소유할 수 있는 현실로 주어졌다. 이 모든 것은 다음의 한 문장 안에 들어 있다. "영원한 생명은 아버지와 함께 계시다가 우리에게 나타나셨습니다."

제6장

삼위일체이신 하느님

들어가면서

삼위일체라는 단어는 성경에 없다. 성경에는 하느님 아버지, 아들이신 예수 그리스도, 성령을 함께 언급하는 구절들이 있을 뿐이다.

> 너희는 가서 모든 민족들을 제자로 삼아, 아버지와 아들과 성령의 이름으로 세례를 주고,(마태 28,19)

> 주 예수 그리스도의 은총과 하느님의 사랑과 성령의 친교가 여러분 모두와 함께하기를 빕니다.(2코린 13,13)

> 보호자, 곧 아버지께서 내 이름으로 보내실 성령께서 너희에게 모든 것을 가르치시고 내가 너희에게 말한 모든 것을 기억하게 해 주

실 것이다.(요한 14,26)

내가 아버지에게서 너희에게로 보낼 보호자, 곧 아버지에게서 나오시는 진리의 영이 오시면, 그분께서 나를 증언하실 것이다.(요한 15,26)

성경에는 없는 삼위일체라는 단어이지만, 위와 같이 삼위(三位)를 언급하는 성경의 구절들이 모두 우리의 구원을 언급한다는 사실에 우리는 주목해야 한다. 삼위일체 교리는 우리가 하느님을 온전히 인식하고, 하느님에 대해 논하기 위한 언어가 아니다. 삼위일체라는 단어는 예수 그리스도와 성령을 통한 우리의 구원이 모두 하느님이 하시는 일이라는 사실을 방어하기 위한 것이다. 삼위일체라는 단어는 예수는 참으로 하느님의 생명을 사셨고, 우리는 그분 안에 하느님이 어떤 분인지를 알아듣는다는 것과, 예수의 죽음과 부활 후, 그분에 대한 믿음으로 말미암아 신앙인들 안에 일어나는 변화는 하느님의 숨결이신 성령이 하시는 일이라는 사실을 긍정하기 위한 것이다.

여기서 우리는 삼위일체라는 언어를 발생시킨 역사적 배경을 간단히 살펴보고, 삼위일체 교리가 지닌 상징적(象徵的) 의미, 곧 그 단어가 우리의 삶에 일으키는 변화와 놀이를 생각해 보겠다.

1. 삼위일체 교의(教義)의 발생

삼위일체 교의는 예수 안에 우리가 발견하는 생명이 참으로 하느님의 것이며, 우리에게 주어진 성령은 참으로 하느님 생명의 숨결이라는 사실을 긍정하기 위해 발생하였다. 이 교의가 처음 등장한 것은 니케아 공의회(325년)에서였다. 이 공의회는 하느님은 창조주고 예수 그리스도는 피조물이기에 예수 그리스도 안에서 참다운 하느님을 인식할 수 없다고 주장하는 아리우스(Arius)를 반박하기 위해 개최된 것이다. 그 공의회는 '하느님 아버지와 아들이신 예수 그리스도는 실체적(實體的)으로 동일하다.'라고 선포하였다.

여기서 실체라는 단어는 그리스 철학이 말하는 우연유(偶然有)에 대립되는 순수 인식의 원리를 말한다. 또한 우연유는 사물의 질(質), 형태, 양(量), 장소, 시간, 능동태(能動態), 수동태(受動態) 등을 의미한다. 따라서 공의회가 아버지와 아들이 실체적으로 동일하다고 표현한 것은 하나의 인간인 예수 안에서 하느님을 참으로 인식할 수 있다는 말이다. 그 시대의 그리스 철학 사상으로는 순수 영(靈)이신 하느님과 인간 예수는 존재론적 서열이 서로 다르다. 따라서 인간 예수는 존재 서열이 높은 하느님을 반영할 수 없다. 공의회는 하느님과 예수가 '실체적으로' 동일하다고 말함으로써 인간 예수 안에서 참다운 하느님을 우

리가 인식할 수 있다는 사실을 긍정한 것이다.[49]

콘스탄티노플 공의회(381년)에 모인 교부들은 성령도 "주님이시며…… 성부와 성자에게서 발하시고 성부와 성자와 더불어 영광과 흠숭을 받으신다."(DS 150)라고 결의하였다. 그것은 성령은 피조물이라고 주장하는 사람들을 거슬러 공의회가 채택한 신앙 고백문이다. 그 시대의 사상으로는 성령도 하느님이 아니면, 예수로 말미암아 우리 안에 발생하는 것으로 하느님과는 무관한 것일 수밖에 없었다. 당시는 신(神)들 중에도 여러 서열이 존재한다는 주장을 하던 시대였다.[50] 하위(下位) 서열의 존재는 상위(上位) 서열의 존재와는 질(質)적으로 다르다고 인식되던 시대였다. 따라서 예수와 성령을 한 분이신 하느님과 같은 서열에 올려놓지 않으면, 예수와 성령으로 말미암아 신앙인 안에 일어나는 변화는 하느님과 무관한 것이었다. 그러면 예수는 하느님의 말씀일 수 없고, 성령은 하느님의 숨결일 수 없었다.

오늘 우리에게는 그런 철학이 없다. 따라서 우리는 '위(位)로는 세 분이시고 본체(本體) 혹은 실체(實體)로서는 하나이시며, 먼저 계심도 후

---

49 그 시대 이집트의 알렉산드리아와 로마에서 플라톤의 철학을 가르치던 플로티노스(Plotinos, 203~270년)는 중기(中期) 플라톤 철학자로서 유출(流出, emanatio)에 의한 창조를 가르쳤다. 순수 정신인 제일자(第一者)에서 모든 사물이 유출되었다. 여기서 유출은 곧 격하(格下)를 의미한다. 따라서 유출된 것은 유출하는 주체를 반영하지 못한다는 이론이다. 하느님에서 유출된 아들인 예수는 하느님을 반영하지 못한다. 따라서 아버지와 아들이 서로 다르다는 아리우스(Arius)의 이설(異說)이 발생하였다.

50 Sabellianismus, Arianismus 등.

에 계심도 없고, 높고 낮음도 없으시며, 세 분이 온전히 같다.'라는 삼위일체 교리에 대한 과거의 설명을 반복할 필요가 없다. 4세기의 그리스 철학적 여건에서 필요하여 발생한 것이 삼위일체 교리다. 오늘날에는 그 교리 발생의 원인이 된 이설(異說)이 없기에, 우리가 오늘도 그 교리 언어를 반복 사용할 필요가 없다는 말이다.

그러나 시대가 흐르면서 계속되는 논쟁에 대처하고, 깊이 있게 신앙을 인식하기 위해 하느님의 삼위적 형상(形象)에 대한 표현들은 점점 더 추상화되었다. 결국 삼위일체 신학은 전문가만을 위한 언어가 되고 말았다. 세 분에 대한 언어가 추상화되면서 삼위일체에 대한 사고는 하느님 안에 내재(內在)하는 하나의 생명과 셋의 위격이라는 모순을 설명하는 추상적 추리 언어로 발전하였다.

하느님에 대한 신학은 아버지, 아들, 성령이라는 단순한 성경의 언어 대신에 산출(産出, productio), 출생(出生, generatio), 진출(進出, processio), 위격(位格, persona 혹은 hypostasis), 관계(關係, relatio), 실체(實體, substantia), 개념(槪念, conceptio), 순서(順序, ordo) 등 인간의 신앙 체험과 관련 없는 추상적 언어로 건너가 버렸다.[51] 그런 추상적 언어는 그 시대 잘못된 이론들 앞에는 필요한 것이었지만, 오늘을 사는 신앙인을 위해서는 전혀 다

51 《가톨릭 교회 교리서》, 한국천주교중앙협의회, 2003년, 253~260항 참조.
윤형중, 《상해 천주교 요리(상)》, 가톨릭출판사, 1990년, 80~94쪽 참조.

른 의미를 지니게 된다. 따라서 과거의 철학에 익숙하지 못한 현대인들에게, 삼위일체에 대한 과거의 전통적 교리 언어를 강요하지 말아야 한다. 전통적 교리 언어가 아닌 오늘날 현대인이 이해할 수 있는 언어를 사용해야 한다.

2. 아버지, 아들, 성령이라는 형상(形象)의 상징성(象徵性)

2.1. 상징성

그리스도인은 아버지, 아들 성령이라는 세 개의 형상을 사용하여 하느님을 고백한다. 그 형상들은 상징성을 지닌다. 상징은 그것이 통용되는 하나의 지평(地平)을 열어 준다.[52] 하느님을 아버지라 부를 때, 하나의 지평이 열린다. 인간 생명의 기원(起源)이신 하느님, 무상(無償)으로 베푸신 하느님, 돌봐 주고 가엾이 여기면서 자녀의 행복을 원하시는 하느님으로 말미암은 하나의 세계가 열린다. 그 상징성을 살리면, 우리는 성숙한 하느님의 자녀로 살 수 있다. 자녀는 아버지로부터

52 상징성을 살린다는 것은 상징이 열어 주는 지평에 들어가서 그 지평이 요구하는 질서를 존중하며 사는 것을 의미한다. 예를 들면, 결혼식에서 신랑과 신부가 서로 주고받은 반지는 상징성을 지닌다. 그 반지를 교환한 주인공들이 그 반지를 보면, 그들이 그것을 교환하면서 약속한 결혼생활의 질서가 열린다. 그러나 그 상징이 열어 주는 지평과 질서를 생각하지 않고, 이기적으로 그것에 접근하여 그 반지의 금전적 가치만 생각할 수도 있다. 그것을 우리는 가상적(假想的) 접근이라 부른다. 상징성을 살리면, 주인공은 그 상징이 열어 주는 풍요로움을 살기 위해 수고를 하면서 부부 두 사람이 모두 행복할 것이다. 그러나 가상성을 살려 그 반지에 접근하면, 그 반지가 열어 주는 지평, 곧 결혼생활의 질서인 투신(投身)을 살지 않음으로써 그것이 체험하게 하는 인간 삶의 고귀하고 풍요로운 체험을 하지 못하게 된다.

배워서 아버지의 삶을 따르는 성숙한 사람이 될 수 있다. 그러나 아버지 하느님에게 가상적(假想的)으로 접근한다면, 하느님의 도움으로 우리 자신의 소원을 성취해야 한다고 생각하게 된다. 그러면 이기적이고 미성숙한 인간이 된다. 그런 기복(祈福)적 신앙을 우리는 성공 신화(成功神話) 안에 사는 것이라고 말한다.

성령을 하느님의 숨결이라고 말할 때, 그 상징성을 살리면, 예수님을 따르는 우리의 실천 안에 하느님이 그 실천의 생명과 숨결로 살아 계시다는 말이라는 것을 알 수 있다. 예수 안에 하느님 자녀의 삶을 발견하고, 그 삶을 우리가 실천할 때, 하느님 생명의 숨결이 우리 안에 살아 계시다는 말인 것이다. "보호자, 곧 아버지께서 내 이름으로 보내실 성령께서 너희에게 모든 것을 가르치시고 내가 너희에게 말한 모든 것을 기억하게 해 주실 것이다."(요한 14,26) 그러나 성령이 주어졌다는 사실에 가상적으로 접근한다면, 성령으로 말미암아 자기의 위상(位相)이나 능력이 격상되었다고 생각하게 된다. 그런 신앙은 바오로 사도의 말씀을 빌리면, 자기 자신을 "성장하게"(1코린 14,4) 하는 것이다.

그리스도 신앙은 그 발생 초기부터 예수가 가르친 '아버지이신 하느님'을 받아들이고, 예수의 삶을 배워 실천할 때, 성령이 우리 안에 일하신다고 믿었다. 초기 신앙인들은 성령이 그들 안에 일하신다는 사실을 강하게 믿었다. 그들은 예수 안에 하느님의 생명이 살아 있다고 믿었기에 예수를 하느님의 아들이라 불렀다. "예수님께서 성령 안에서 즐거워하며 말씀하셨다. …… '나의 아버지께서는 모든 것을 나에게 넘겨주셨다. 그래서 아버지 외에는 아들이 누구인지 아무도 알지 못한다. 또 아들 외에는, 그리고 그가 아버지를 드러내 보여 주려는 사람 외에는 아버지께서 누구이신지 아무도 알지 못한다.'"(루카 10,21-22) 성령이 예수 안에 일하셨다는 사실을 믿는 초기 신앙인들이 기록한 말씀이다. 그들은 예수에게서 배워 하느님 아버지의 자녀가 되고, 예수로 말미암아 하느님 생명의 숨결이신 성령이 그들 안에 살아 계신다고 믿었다.

2.2. 상징성을 잃은 철학적 언어

아버지, 아들, 성령이라는 형상들은 우리와 하느님의 관계에 계속 작용한다. 플라톤에서 유래한 철학적 사고에 젖은 4세기 지식인들 앞에 신학자들은 같은 철학의 언어로 신앙을 설명해야 하였다. 그러나 그 시대 이후 철학적 언어가 삼위일체 신학의 유일한 언어로 통용되면서 하느님을 철학적 사고로 합리화하려는 결과를 낳았다. 그런 노력은 삼위적 형상들이 지닌 당시 언어의 모호함은 배제하였지만, 그 형상들의 성경적 기반과 그 형상들이 지닌 상징성이 사라지고 말았다.

그 시대에는 '로고스', 곧 말씀이라는 개념이 '아들'이라는 형상을 추방하였다. 신학자들은 그 개념으로 하느님에 대한 이론을 구축한다고 생각하였지만, 아들이라는 형상이 지닌 상징성을 외면하여, 아들의 의미를 약화시켜 버렸다. 그 철학적 이론화는 삼위일체 신학을 인간 삶을 움직이지 못하는, 창백하고 복잡한 이론과 추리로 만들었다. 우리가 삼위일체에 대한 과거 전통적 신학 언어를 사용하지 않으려는 것은 삼위일체의 가치를 부인하려는 것이 아니다. 오늘 우리의 문화 안에서 그 형상들이 지닌 상징성을 살리려는 것이다.

3. 아버지와 아들

3.1. '아버지' 형상이 지닌 문제점

삼위일체를 말할 때 제일 먼저 만나는 것은 '아버지와 아들'의 형상이다. 그 형상이 지닌 인간 정서적 기능을 평가하지 않으면, 가상(假想)으로 빠질 위험이 다분히 있다. 현대 정신분석학자 프로이트(S. Freud)는 하느님을 아버지로, 사람을 아들로 말하는 '아버지와 아들'의 형상을 심히 비판하였다. 인간 욕구 충족을 위한 투사(投射)로서의 '아버지와 아들' 형상이라는 것이다. 그는 하느님을 아버지로 부르는 것은 자녀가 어렸을 때 아버지로부터 받은 보호에 대한 욕구가 잠재의식 안에 작용한 결과라고 말한다. 그러나 삼위일체에서 언급되는 '아버지'는 인간 욕구를 투사한 것이 아니다. 그리스도 신앙이 하느님을 아버지라 부를 때는 미성숙한 아들의 부족, 연약함, 죽음 등 아들 앞에 닥친 장애와 한계를 극복하게 해 주는 가상적 존재로서의 아버지를 의미하지 않는다. 소위 성공 신화(成功神話)의 아버지가 아니다.

3.2. 아버지의 일을 실천하는 아들

인간은 자기 욕구를 충족시킴으로써 자기 스스로를 완성하지 않는다. 인간은 자기 앞에 주어진 어려움을 극복하는 각고(刻苦)의 과정을 거치면서 스스로를 성취한다. 그 각고는 때때로 죽음과 같이 느껴지기도 한다. 인간이 어느 수준의 자율성(自律性)에 도달하는 것은 결별(訣別)과 상실(喪失)을 겪고, 상처받는 과정을 거쳐서 이루어지는 일이다. 어머니의 품속과 결별하고, 부모의 사랑을 다른 형제자매들과 공유(共有)해야 하는 상처 속에서 포기를 체험하며, 아버지 혹은 어머니의 전능함에 대한 환상을 상실한다. 이러한 과정 속에서 인간은 어느 수준의 자율성에 도달한다. 타인(他人)은 지나친 나의 욕구를 버리도록 강요하는 존재다. 따라서 타인은 나에게 상처로 다가오기도 한다.

자기의 생명을 잃을 것에 동의하는 사람이 바로 사랑하는 사람이고, 그는 다른 사람과 함께 사는 생명을 얻을 수 있다. 따라서 우리는 십자가에 임하는 예수의 자세에서 우리를 위한 하느님 아버지의 의미를 알아들어야 한다. 하느님이 아버지이신 것은 그분이 우리의 욕구를 충족시키는 데 필요한 미봉책(彌縫策)이기 때문이 아니다. 자녀는 아버지가 준 생명을 산다. 아버지는 베풀고 돌봐 주는 존재다. 그렇다면 자녀도 형제들에게 베풀고 나눌 때, 아버지의 생명을 제대로 산다고 말하겠다. 아들이 아들일 수 있는 것은 아버지의 생명을 살기 때문이다. 복음서는 탈렌트의 비유(마태 25,14-30 참조)에서 말한다. 다섯 탈렌트와 두 탈렌트를 받은 사람은 각각 그것을 베풀어서 활용했다. 그들은 받은 것을 자신만을 위해 간직하지 않았다. 그러나 한 탈렌트를 받은 사람은 자기의 미래를 위해 안전하게 보존하려고, 땅을 파고 그것을 묻었다. 그것은 탈렌트를 베푸신 분의 생명을 사는 길이 아니었다.[53]

3.3. 아버지 행세를 하지 않는 아들

예수는 하느님 아버지를 보여 주는 분이다. 복음서는 예수의 입을 빌려 이렇게 말한다. "나를 본 사람은 곧 아버지를 뵌 것이다."(요한 14,9) 그러나 예수는 사람들 앞에 자기 스스로 아버지 행세를 하지 않았다. 그에게는 아버지의 뜻이 소중하였다. 그래서 그는 끝까지 아들이었다. 복음서는 성령을 "다른 보호자"(요한 14,16)라고 말한다. 예수도, 성령도, 아버지의 나라가 우리 안에 오게 하는 보호자라는 말이다. 예

53 마태오 복음서 25장이 '탈란트의 비유' 다음에 계속하여 '최후 심판의 비유'를 이야기하는 뜻을 알아들어야 한다.

수는 하느님의 아들이고 끝까지 아들로 있으면서 "섬기러 온 자"(마르 10,45 참조)였다.

하느님을 아버지로 부르는 사람은 아무도 사람들 앞에 스스로를 높이거나 하느님을 후광(後光)으로 삼아 사람들 위에 군림하려 하지 않을 것이다. 자기 스스로를 사람들 앞에 높이는 호칭(呼稱)이나 사람들이 자기를 우러러 보게 하는 복장(服裝)을 하지 않을 것이다. 하느님을 아버지라 부르는 자녀는 아버지 대신 존경받을 수 있는 자리를 탐하지 않는다. 섬기는 사람은 아버지 행세를 하면서 형제들 위에 군림하려 하지 않는다.

가톨릭교회 안에 흔히 애용되는 순종 혹은 순명이라는 단어는 사람으로 하여금 아버지 자리를 찬탈하게 하고, 스스로 아버지 행세를 하도록 만들고 있다. 아버지라는 호칭이 지닌 상징성을 잃고, 그 단어를 '절대자'라는 뜻으로 통용하면서, 그 절대자를 대리하는 영주(領主)들이 가톨릭교회 안에 많이 나타나고 말았다. 마태오 복음서는 '랍비', '아버지', '스승'이라는 호칭조차도 사용해서는 안 된다고 말한다. 랍비를 보고 랍비라고 부르지 말고 아버지에게 아버지라는 단어를 쓰지 말라는 말이 아니다. 사람들로부터 존경받는 호칭을 탐하지 말라는 뜻이다.

너희는 스승이라고 불리지 않도록 하여라. 너희의 스승님은 한 분

> 뿐이시고 너희는 모두 형제다. 또 이 세상 누구도 아버지라고 부르지 마라. 너희의 아버지는 오직 한 분, 하늘에 계신 그분뿐이시다. 그리고 너희는 선생이라고 불리지 않도록 하여라. 너희의 선생님은 그리스도 한 분뿐이시다.(마태 23,8-10)

그러나 아직도 가톨릭교회 안에는 '나의 주님(Monseigneur)', '각하(Excellency)', '전하(Eminence)'라는 호칭과 그것에 상응하는 복장들이 난무하고 있다.[54]

4. 성령

4.1. 아버지의 생명을 확산시키는 성령

성령은 아버지와 아들 사이에 있는 회로(回路)를 숨결 또는 영(靈)이라는 형상(形象)으로 깨고 넓혀서 아버지와 아들의 생명을 확산(擴散)시킨다. 성경이 사용하는 영(靈)이라는 단어는 본시 바람 혹은 숨결을 의미한다. 신약성경은 하느님의 뜻에 인간이 스스로를 개방하는 것을 성령이 하시는 일이라고 말한다. 인간이 자기중심의 가상적(假想的) 자세를 버리고, 하느님의 베푸심을 실천하는 상징적(象徵的) 질서로 이동

54 신분(身分)에 따라 호칭과 복장이 다르고, 신분이 그 사람의 실효성을 의미하던 유럽 중세의 유산이다. 이제는 박물관으로 보내야 할 것들이다.

할 때, 성령이 일하신다는 뜻이다. "너희가 악해도 자녀들에게는 좋은 것을 줄 줄 알거든, 하늘에 계신 아버지께서야 당신께 청하는 이들에게 성령을 얼마나 더 잘 주시겠느냐?"(루카 11,13) 신약성경은 성령을 힘, 자유, 사랑 혹은 친교라고 말한다(로마 12장 참조).

4.2. 차이를 만들어 친교를 이루는 성령

바오로 사도는 신령한 언어에 심취한 코린토 교회의 사람들에게, 만일 그 모임에 그 언어를 해석하거나 통역할 사람이 없으면, 이상한 언어로 말하지 말라고 충고한다(1코린 14,1-20 참조).[55]

> 예언하는 이는 사람들을 성장하게 하고 격려하고 위로하는 말을 합니다. 신령한 언어로 말하는 이는 자기를 성장하게 하지만, 예언하는 이는 교회를 성장하게 합니다.(1코린 14,3-4)

> 나는 교회에서 신령한 언어로 만 마디 말을 하기보다, 다른 이들을 가르칠 수 있게 내 이성으로 다섯 마디 말을 하고 싶습니다.(1코린 14,19)

---

55 심령 기도를 하는 성령 운동은 1920년대에 미국 개신교 일각에서 발생한 신심 행위다. 사도행전(사도 2,4-11)에 성령이 내려오시자 사도들은 자기들 언어로 말을 하고 듣는 사람들은 각자 자기 고장의 언어로 알아들었다는 것은 문화와 언어의 차이가 있음에도 불구하고, 복음이 전파되었다는 사실을 말하는 것이지 이상한 언어로 하는 심령 기도를 의미하지 않는다.

이렇게 신령한 언어는 믿는 이들이 아니라 믿지 않는 이들을 위한 표징입니다.(1코린 14,22)

성령을 기원으로 한 말은 친교를 이룬다. 성령은 인간이 자기 안에 폐쇄되거나 배타적이 되게 하지 않으며, 자기 스스로를 드러내게 하지도 않는다. 인간은 모두 서로 다르다. 서로 다르기에 인간 상호 간에는 의사소통의 풍요로움이 있다. 서로의 차이가 없으면, 의사소통이 필요하지 않을 것이다. 인간이 모두 같은 신장(身長)을 지녔다고 상상해 보자. '키가 크다' 혹은 '키가 작다'는 메시지는 발생하지 않을 것이다. 성령은 의사소통의 근거가 되는 차이(差異)들을 만들고, 그 차이를 풍요로움으로 보게 하면서 사랑으로 우리 안에 살아 계신다.

4.3. 실재(實在)를 보게 하시는 성령

성령은 또한 기쁨의 원천이시다. 아버지에 대해 가상적 인식에 머무는 사람은 자기 자신만이 소중하기에 세상과 이웃을 있는 그대로 받아들이지 못한다. 그런 사람에게 세상과 이웃은 두려움으로 나타난다. 그렇게 가상적 욕구를 벗어나지 못하고, 그 안에 머무는 사람은 계속 불평하고 낙담하며 산다. 성령은 타인과 세상을 있는 그대로 그 상징성 안에서 보게 해 주기에 기쁨의 원천이시다. 성령은 세상과 타인을 그 차이와 아름다움 안에, 그 한계와 불행을 지니고, 우리 앞에 자유롭게 있도록 하신다. 성령은 우리로 하여금 실재를 보게 하신다.

4.4. 자녀의 자세를 갖게 하는 성령

예수는 예언자적 사명을 받아들여 하느님에 대해 말하며 투쟁하였지만, 죽음에 이르기까지 반대를 당한 아들이었다. 예수는 그런 현실을 거부하지도 않았고, 자기가 한 선택의 결과를 회피하기 위해 기적(奇蹟)으로 구해달라고 아버지에게 요구하지도 않았다. 바오로 사도가 채집(採集)한 초기 교회의 노래는 예수가 하느님과의 관계를 하나의 노획물(鹵獲物)로 삼지 않았다고 말한다. 아버지 앞에 가상적 자세를 취하지 않았다는 말이다.

> 그분께서는 하느님의 모습을 지니셨지만 하느님과 같음을 당연한 것으로 여기지 않으시고 오히려 당신 자신을 비우시어 종의 모습을 취하시고 사람들과 같이 되셨습니다. 이렇게 여느 사람처럼 나타나 당신 자신을 낮추시어 죽음에 이르기까지, 십자가 죽음에 이르기까지 순종하셨습니다.(필리 2,6-8)

예수는 자기 자신과 뜻을 달리하는 아버지를 받아들였다. 예수는 자기의 욕구가 지닌 논리를 아버지에게 강요하지 않았고, 자기 존재가 내포한 연약함과 죽음까지도 수용하였다. "제가 원하는 것을 하지 마시고 아버지께서 원하시는 것을 하십시오."(마르 14,36) "내가 너희에게 말한 모든 것을 기억하게 해 주실 것이다."(요한 14,26) 보호자 성령은 사람으로 하여금 그런 자녀 된 자세를 갖게 하신다.

나오면서

삼위일체라는 단어는 원래부터 존재했던 것이 아니다. 아버지이신 하느님과 그분의 아들이신 예수, 그리고 하느님의 숨결이신 성령이라는 세 개의 형상(形象)이 그리스도 신앙 언어 안에 발생하면서, 그 형상들에 대한 합리적 언어의 추구가 삼위일체라는 단어를 발생시켰다.

하느님이 아버지로 불리는 것은 그분은 그냥 계시는 분이 아니라, 돌봐 주고 가엾이 여기며 베풀고 용서하는 분으로 계신다는 말이다. 하느님을 아버지라 부르는 것은 그분의 생명을 실천하며 살겠다는 고백이기도 하다. 하느님의 완전하심은 하느님이 자기도취적이거나 자족(自足)적 성격의 소유자라는 말이 아니다. 아버지라는 형상은 그런 완전함과 거리가 먼 하느님이라는 뜻이다.

성령이라는 형상은 하느님이 당신 자신과 다른 것과도 친교하신다는 것을 의미한다. 그래서 성령을 사랑이라고 부른다. 성령은 하느님이 당신 피조물인 타(他)를 향해 하시는 탈아(脫我)와 몰입(沒入)을 지칭하는 형상이다. 예수가 성령으로 잉태되고(루카 1,35 참조), 세례에서 성령을 받으시고(루카 3,22 참조), 성령으로 가득 차서 공생활을 시작하는 것(루카 4,1 참조)은 예수 안에 하느님이 충만히 현존하셨다는 사실을 말한다.

삼위적 형상이 지닌 상징 구조는 하느님이 개방(開放)이고, 자기 전달이며, 생명과 나눔의 원천이라는 것을 말한다. 하느님은 무엇이 부족해서가 아니라, 당신 스스로 친교이기에 당신과 상이(相異)한 것들을 발생시킨다. 따라서 창조, 강생, 성령 강림 등, 하느님이 우리 역사 안에 하신 일들은 하느님이 어떤 베푸심이고, 어떤 사랑이신지를 말하는 것이다. 하느님은 친교 안에서 다른 것이 되어 주는 생명이다. 하느님은 당신과 다른 피조물들을 창조하고 그것들 안에 계신다. 그 현상을 우리는 성령이라 부른다.

하위자(下位者)가 상위자(上位者)에 비해 문화적으로 열악하던 시기에 하위자의 실효성을 높여 주는 것은 상위자에 대한 순종이었다. 오늘과 같이 문화적으로 평등한 사회에서 순종을 강요하면, 공동체의 수준은 저하된다. 구성원 각자가 자기의 창의력을 동원하여 자유롭게 기여할 때, 그 공동체는 실효성 있는 일을 할 수 있다. 현재 교회 공동체를 살펴볼 때 구성원들 간의 횡적 유대에서 발생하는 실효성이 전무(全無)하다는 사실을 관찰할 수 있다. 성령을 믿고 보편성을 지닌 교회라면, 현대 사회의 문화적 여건에서도 성령이 일하신다는 사실을 믿고 실효성 있는 현대적 인간관계를 수용할 줄 알아야 한다. 그것은 곧 횡적으로 실효성 있는 인간관계와 사회 조직을 수용할 줄 알아야 한다는 뜻이다. 교회가 사회와 절연될수록, 하느님과 가까이 있다고 생각하던 시대는 이미 지나갔다.

삼위일체를 믿는 교회라면, 아버지이신 하느님 앞에 섬기는 자녀로 살아야 한다. 자녀는 아버지의 자리를 탐하지 않는다. 교회는 예수 그리스도로 말미암아 발생한 초기 신앙인들의 언어 안에서 아버지이신 하느님에 대해 알아듣고, 그분의 자녀 되는 길을 배우며, 그 자녀로서 하는 실천들 안에 하느님의 숨결이신 성령이 살아 계시다는 사실을 믿고 존중할 것이다. 그리고 "아버지께서 주신 모든 이에게"(요한 17,2) 아버지의 자녀로서 다양한 삶이 발생하도록 그들을 도우면서 그들이 그들의 창의력으로 공동체에 다양하게 기여하게 할 것이다. 과거의 제도와 과거의 사고방식만을 고집하는 것은 역사 안에 살아 계신 하느님의 숨결을 거부하는 것이다. 바오로 사도는 이렇게 말한다. "성령의 불을 끄지 마십시오. 예언을 업신여기지 마십시오. 모든 것을 분별하여, 좋은 것은 간직하고 악한 것은 무엇이든 멀리하십시오."(1테살 5,19-22)

제7장

예수의 하느님 체험과 종교들

들어가면서

일반적 의미의 종교라는 것은 존재하지 않는다. 어떤 종교의 조직, 그 종교의 기원(起源)과 역사가 있는 전통, 그리고 경전(經典)과 실천들이 있을 뿐이다. 한마디로 하나의 종교 언어가 있는 것이다. 그리스도 신앙과 타 종교들을 비교하여 논하려면, 어느 특정 종교와 비교해야 하는 것이지, 일반적 종교와 비교하여 논할 수는 없다. 일반화된 종교라는 것은 존재하지 않기 때문이다. 각 종교에 있는 성스러움 혹은 신적(神的)인 것으로 접근을 전달하기 위해 사용되는 다양한 종교 언어들을 모든 종교에 공통되게 적용할 수 있는, 하나의 언어로 환원시킬 수는 없다.

과거에 그리스도 신앙의 문화권에 속한 사람들이 그리스도 신앙만을 참다운 종교라고 말하면서, 다른 종교들의 언어를 그리스도 신앙을 기준으로 판단하려 한 적이 여러 번 있었다.[56] 그런 시도들은 먼저 종교의 일반적 개념을 만든 후, 그리스도 신앙만이 그 개념에 부응한다는 사실을 보이려 하였다. 계시, 하느님의 위격성(位格性), 하느님이 사랑이라는 것 등을 종교의 일반적 개념으로 삼은 것이다. 그러나 그들이 만든 종교의 일반 개념은 그리스도 신앙 언어에 준한 것이었을 뿐이다. 그런 접근법은 문제가 있다. 그런 접근법을 취하면 그들은 그리스도 신앙 언어를 기준으로 타 종교 언어들을 비판하게 된다. 따라서 그런 시도들은 타 종교 언어 안에 있는, 그리스도 신앙 언어와의 상이점(相異點)들을 모두 종교로서 결함이 되는 요인으로 판단하였다.

그런 시도를 한 사람들이 타 종교 언어 안에서 긍정적으로 본 것은 모두 그리스도 신앙 언어에서 긍정되는 것들이다. 그런 시도를 하는 사람들은 언어의 동일성(同一性)이라는 덫에 걸린 것이다. 타 종교 언어들 안에서 그리스도 신앙 언어와 동일한 것만 긍정적으로 평가하며 타 종교를 재단(裁斷)한 것이다.

여기서 우리가 생각해 보고자 하는 것은 그리스도 신앙 언어의 정체성(正體性)에 입각해서 타 종교 언어들을 해석하고 이해하는 길을 찾는 것이다.

56 Ch. Duquoc, 《Dieu different》, Paris, 1978, 138~145p.

상이(相異)함은 풍요로움

그리스도 신앙 언어를 기준으로 다른 종교 언어들을 이해하려는 것은 잘못된 접근법이다. 그런 시도는 그리스도 신앙 언어 안에 갇혀서 언어의 동일함에 시선을 빼앗긴 나머지 언어의 상이함을 모두 부당한 것으로 판단한 것이다. 그런 접근 방식은 타 종교가 지닌 그리스도 신앙 언어와의 상이함을 모두 종교로서 결함이 되는 것으로 판단한 것이다. 그 접근 방식은 언어의 상이함을 고려하지 않았기에, 다른 종교들을 있는 그대로 관찰하지도, 이해하지도 못하였다.

그런 방법과 다른 또 하나의 접근 방식이 있다. 상이함은 상호 관계를 가능하게 하는 바탕이라는 것을 시인하는 방식이다. 그 방식으로 접근하는 이들은 그리스도 신앙 언어를 기준으로 타 종교 언어를 고찰하고 재단(裁斷)하지 않는다. 사실 등가 가치(等價價値)는 상이함을 폐기한 후에 남는 것이다. 따라서 동일함을 보려할 것이 아니라, 상이함을 소중히 보아야 한다. 상이함 안에 각 종교의 고유함이 있다. 상이함을 외면하고, 등가 가치들만 찾아서 타 종교들에 대해 논하려는 것은 종교 언어의 역사성과 문화적 성격을 파괴하는 결과를 초래한다. 종교 언어들의 상이함이 지닌 논리는 그 논리의 끝까지 가도록 두어야 한다. 그렇게 할 때에만 각 종교 언어가 지향하는 구원이 무엇인지를 알 수 있을 것이다.

하느님의 구원은 인류 역사 안에 주어졌고, 그것을 알리는 언어들은 문화권에 따라 다양하다. 우리가 종교 언어들 안에서 만나는 것은 언어화된 구원의 단편(斷編)들이다. 인류 역사 안에 주어진 구원은 다양한 언어로 나타났고, 그 다양함은 구원의 풍요로움을 나타낸다.

그리스도 신앙 언어와 타 종교 언어를 성급하게 비교하면서 종교 일반론으로 환원시키려는 시도는 필요 없는 것이다. 그리스도 신앙 언어를 기준으로 타 종교 언어를 논하면, 종교 간의 참다운 대화는 불가능하다. 그리스도 신앙 언어를 기준으로 하면, 다른 종교 언어들은 배제될 수밖에 없다. 그리스도 신앙 언어와 마찬가지로 다른 종교 언어들도 있는 그대로 존중되어야 한다.

그리스도 신앙 언어의 정체성(正體性)

종교 언어들의 상이함을 인정한다면, 종교에 대한 일반론은 있을 수 없다. 그리스도 신앙 언어와 어떤 특정 종교 언어의 관계를 논할 수는 있다. 그리스도인이 하는 타 종교인들과의 토론은 그리스도 신앙 언어가 제시하는 정체성을 잃지 않아야 한다. 그 정체성은 종교 언어들의 상이함을 적극 수용한다.

그리스도 신앙인은 하느님이 하시는 일을 예수 안에서 이해한다.

예수는 이스라엘의 문화권에 살았었지만, 인류 역사 안에 주어진 하느님의 구원을 읽어 낸 분이다. 하느님이 버렸다고 그 시대 종교인들이 믿던 병든 이, 가난한 이, 그리고 죄인들에게 예수는 하느님이 자비하신 아버지라는 사실을 선포하였다. 예수는 원수까지 사랑하라고 가르쳤다. 자비, 사랑, 용서의 실천으로 인류 역사 안에 주어진 하느님의 구원을 영접하라고 예수는 가르쳤고, 그분은 그것을 위해 목숨까지 바쳤다. 이런 분으로 말미암아 발생한 그리스도 신앙 언어이기에, 그분의 그런 자세 안에 그리스도 신앙 언어의 정체성이 있다.

이 문제에 대한 그리스도 신앙인들의 이해는 최근에 와서 많이 달라졌다. 옛날에는 유일하고, 참된 종교인 그리스도 신앙이 있고, 그 언어에 입각하여 타 종교들의 가치를 어떻게 이해할 수 있는지를 생각하였다. 그런 사고에서는 타 종교들이 지닌 언어를 이해하려 하지 않았다. 언어가 다르면, 진리가 없다고 생각하였다. 타 종교인들의 성실함과 그들의 종교 언어 안에 있는 그리스도교적 요소를 보아서 그 종교의 가치를 인정해 주려는 시도들은 있었다. 그것은 타 종교인 안에 익명(匿名)의 그리스도인을 찾겠다는 논리다. 결국 타 종교들 안에 그리스도 신앙과 유사한 언어를 찾아, 그 정당성을 논하겠다는 것이다. 그런 입장은 비록 타 종교인들과의 형제적 공존(共存)을 말하기 위함이라 하더라도, 제국주의적인 입장 혹은 합병(合倂)적 형태를 지향하는 입장이라고밖에는 볼 수 없다.

제2차 바티칸 공의회(1962~1965년) 이후, 타 종교 언어를 보는 우리의 시선은 달라졌다. 타 종교 언어들의 상이(相異)함은 그리스도 신앙 언어를 위해서도 가치를 지닌다. 그리스도 신앙 언어도 역사 안에서 발생한 하나의 언어다. 따라서 그 언어도 역사적 · 문화적 제한 안에서 발생한 것이다. 하느님의 생명과 관계있는 언어, 혹은 부활에 대한 그리스도적 언어도 유대교적 그리고 지중해적 기원을 지닌 역사적 성격을 지니고 있다.

예수는 1세기 팔레스티나에서 구약성경의 전통 속에서 살았던 유대인이다. 그 시기(時期)는 이스라엘이 그리스-로마 문화를 수용하던 때였다. 따라서 그리스도 신앙 언어도 그것이 출현한 시대의 문화적 성격을 지녔다. 빵과 포도주로 행해지는 성찬(聖餐), 사제직에 여성을 허락하지 않는 것, 로마 교회의 수위권(首位權), 라틴 신학 등은 모두 그리스도 신앙 언어가 역사적으로 채색(彩色)되었다는 사실을 말한다.

그리스도 신앙의 역사를 보면, 신앙 공동체는 시대적 특수성으로 말미암아 신앙 언어 안에 흘러든 문화적인 것을 끊임없이 절대화하는 경향을 지녔다. 그 시대의 역사적 여건으로 신앙 공동체 안에 발생한 의례(儀禮)와 지도(制度)들을 마치 하느님에게 그 기원이 있는 듯이 절대화하는 현상을 볼 수 있다. 그런 것이 한 번 절대화되면, 그것은 교회 안에서 신화적(神話的) 힘을 발휘한다. 그것은 하느님의 계시가 역사적 언어 안에 담겨 있다고 주장하면서 그 언어를 다른 시대, 다른 문화권에도 그대로 반복할 것을 강요하는 행태(行態)들을 말한다.

오랜 세월 동안 그리스도 신앙 언어에 대립할 만한 다른 종교 · 문화적인 것이 그리스도 신앙의 문화권 앞에 나타나지 않았다. 현대에 이르러서야 그리스도 신앙 공동체는 다른 문화권을 보게 되었다. 사람들은 그리스 문화권 그리고 이어서 라틴 문화권에서 발생한 신앙 언어를 유일한 것으로 보는 확신에 문제가 있다는 사실을 알게 되었다. 그리스도 신앙 공동체가 세상에 다른 문화들이 있다는 사실을 알고, 세계를 무대로 한 그리스도 신앙 언어가 되어야 한다고 생각하기 시작한 것은 최근의 일이다.

그리스도 신앙 언어가 몸담아 온 문화와 다른 문화권들이 있다는 사실은 하느님이 예수에게 스스로를 계시하면서 하나의 언어로 절대화하지 않았다는 사실을 깨닫게 한다. 또한 우리는 역사적 특수성을 절대화하지 말아야 한다는 사실도 알게 된다. 인간 언어의 상대성(相對性)으로 인해 실제 우리가 사는 역사 속에서도 하느님을 만날 수 있다는 사실을 알게 되었다. 부활하신 분은 떠나셨다. 그리스도 신앙 언어의 창시자(創始者)가 없어졌다는 사실은 그분의 역사적 특수성을 우상화하지 말라는 말이다. 그분이 사라진 것은 인간의 역사를 역사로 남아 있게 한다. 그리스도 신앙 언어의 기원에 있었던 특수성은 종교 언어의 상이(相異)함들이 존속할 것을 요구한다. 그리스도 신앙 언어의 기원에 있었던 특수성은 종교사를 마무리하지 않는다. 그리스도 신앙 언어와 다른 종교 언어라고 해도 폐기해야 언어는 아니다.

언어의 역사적 특수성에 대한 자각은 신앙 언어들의 상이함을 소중히 보게 한다. 그것은 그리스도 신앙 언어가 말하는 삼위적(三位的) 상징성(象徵性)과도 관련있다. 예수의 하느님은 단일성(單一性)을 강요하지 않는다. 그리고 예수는 상이함을 포용한 분으로 보인다. 하느님이 한 분이라는 말은 상이함을 초월하거나 폐기한다는 뜻이 아니다. 숨결, 혹은 영(靈)이라는 말로 표현된 하느님의 창조적 활동은 오히려 상이함을 만든다. 하느님의 창조는 다양함을 살포(撒布)한 행업(行業)이라고 말할 수 있다.

예수의 역사적 특수성과 하느님의 삼위적 상징성(象徵性)이라는, 이 두 가지 여건은 그리스도 신앙 언어와 타 종교들의 관계를 달리 생각하게 한다. 예수는 특수한 하나의 실천을 절대화하지 않았다. 예수가 가르친 하느님은 사랑하고 용서하는 개방적인 분이다. 하느님이 상이함들 위에 당신이 하나임을 설정하는 분이시기에, 그리스도 신앙 언어는 하나의 특수성 안에 하느님과의 유대를 보존하고 있는 것이다.

나는 아무에게도 매이지 않은 자유인이지만, 되도록 많은 사람을 얻으려고 스스로 모든 사람의 종이 되었습니다. 유다인들을 얻으려고 유다인들에게는 유다인처럼 되었습니다. 율법 아래 있는 이들을 얻으려고, 율법 아래 있는 이들에게는 율법 아래 있지 않으면서도 율법 아래 있는 사람처럼 되었습니다. 나는 하느님의 율법 밖에 있지 않고 오히려 그리스도의 율법 안에 있으면서도, 율법 밖에 있는 이들을 얻으려고 율법 밖에 있는 이들에게는 율법 밖에 있는 사람처럼 되었습니다. 약한 이들을 얻으려고 약한 이들에게는 약한 사람처럼 되었습니다. 나는 어떻게 해서든지 몇 사람이라도 구원하려고, 모든 이에게 모든 것이 되었습니다.(1코린 9,19-22)

나오면서

그리스도 신앙인이 타 종교 언어를 대할 때, 그 종교 언어의 고유함을 인정하고, 그리스도 신앙 언어와 상이함을 당연한 것으로 수용해야 한다. 인간이 하느님과 가지는 관계는 그리스도 신앙 언어가 독점하고 있지 않다. 그리스도 신앙 언어도 그 특수성과 한계를 지니고 있으며, 그 언어가 생각하지도, 실천하지도 못할 상이함이 존재할 수 있다. 그리스도 신앙 언어는 자신의 역사적 특수성을 절대화하지 말아야 한다. 그리스도 신앙인은 하느님이 개방적인 분이시기에, 그 신앙 언어가 알지 못하는 상이함을 부정(否定)하기만 할 것이 아니라, 하나의 풍요로움으로 이해해야 한다.

우리가 여기서 본 것은 그리스도 신앙 언어가 타 종교 언어와 가지는 모든 관계를 선행(先行)하는 여건이다. 그것은 하느님을 자유롭게 해 드려야 한다는 것이다. 그리스도 신앙인인 우리는 하느님의 영, 하느님의 숨결이 당신이 원하시는 대로 일하신다는 사실을 긍정한다. 그러나 우리는 우리가 예상하지 못한 현실을 보면 놀라고, 우리가 긍정하던 것을 뒤집거나 약화시켜 버린다. 그리고 우리는 성령이 하시는 일을 법제화(法制化)하고, 규격화하면서 제한해 버린다. 인간은 이해하고 수용하고 사랑하기보다는 횡포하고, 비난하고, 말살(抹殺)하는 일에 더 익숙하다.

우리는 하느님을 창조주라고 고백하며, 하느님이 인류 역사 안에 주신 것을 구원이라 말한다. 그러나 이를 통해 하느님의 주거(住居)를 가톨릭교회 안으로 제한하려 한다. 우리는 그분을 자유로운 분이라고 말하면서 실제로는 그분이 하시는 일을 우리의 언어 안으로 제한한다. 이에 반해 삼위적(三位的) 상징성(象徵性)은 하느님을 개방적인 분이라고 말한다. 따라서 신앙 공동체는 자기의 법, 제도 및 역사를 보편적인 것으로 여기며, 하느님이 주신 것으로 사람들을 강요해서는 안 된다. 그리스도 신앙 공동체는 삼위일체이신 하느님을 역사 안에, 또 다양한 문화 안에, 새로운 실천으로 증언하기 위해 존재한다. 위에 인용한 바오로 사도의 말씀과 같이 "모든 이에게 모든 것이 되는" 노력이 우리에게도 요구된다.

제8장

예수 그리스도로 말미암은 구원의 체험

들어가면서

그리스도 신앙은 초기부터 예수의 죽음과 부활을 인류의 구원과 연결하여 생각하였다. 그것을 표현하는 단어가 속량(贖良, redemptio)이다. 이 단어의 본뜻은 노예를 해방시키기 위해 몸값을 지불하는 행위를 말한다. 노예 한 사람이 자유를 얻기 위해서는 그 노예의 소유주가 보상을 받아야 한다. 그 보상으로 지불되는 돈을 속전(贖錢)이라 부른다. 복음서들은 예수가 우리의 구원을 위해 그 속전을 지불하였다고 말한다. "사실 사람의 아들은…… 많은 이들의 몸값으로 자기 목숨을 바치러 왔다."(마르 10,45) '속량'이라는 표현은 하느님이 이스라엘을 당신 백성으로 삼으셨다는 사실을 말하기 위해 구약성경에 자주 사용된 표현이다.

너는 이스라엘 자손들에게 말하여라. '나는 주님이다. 나는 이집트의 강제 노동에서 너희를 빼내고, 그 종살이에서 너희를 구해 내겠다. 팔을 뻗어 큰 심판을 내려서 너희를 구원하겠다.(탈출 6,6)

정녕 주님께서 이렇게 말씀하신다. "너희가 대가 없이 팔려 갔으니 돈을 내지 않고 구원을 받으리라. — 정녕 주 하느님께서 이렇게 말씀하신다. — 내 백성이 처음에는 나그네살이하려고 이집트로 내려갔는데 나중에는 아시리아가 그들을 까닭 없이 억압하였다. 그런데 나는 지금 여기에서 무엇을 하고 있는가? 주님의 말씀이다. 내 백성이 대가 없이 붙잡혀 왔고 그 지배자들이 윽박지르며 내 이름은 날마다 끊임없이 멸시를 당하는데. 주님의 말씀이다. 그리하여 내 백성은 나의 이름을 알게 되리라. 그날에 그들은 '나 여기 있다.'고 말한 이가 바로 나임을 알게 되리라."(이사 52,3-6)

만군의 주님께서 이렇게 말씀하신다. "이스라엘 자손들과 유다 자손들이 다 같이 억압을 받았다. 그들을 사로잡아 간 자들은 모두 그들을 붙잡아 놓고 돌려보내기를 마다하였다." 그들의 구원자는 강하신 분, 그 이름 만군의 주님이시다. 주님께서 반드시 그들의 송사를 들어주시어 이 땅은 평안하게 하시고 바빌론 주민들은 불안하게 하시리라. 칼이 칼데아인들에게, 바빌론 주민들에게 떨어진다. 주님의 말씀이다. 그 대신들과 현자들에게 떨어진다.(예레 50,33-35)

위의 내용이 신약성경에 흘러들어 와 발생시킨 단어가 '속량'이다. "하느님께서 값을 치르고 여러분을 속량해 주셨습니다."(1코린 6,20; 7,23) '속량'은 하느님과 함께 있는 처지가 되었다는 것을 나타내는 성경의 언어다.

이 단어가 그리스도 신앙 언어에 사용되면서 그것이 지닌 논리가 확장하였다. 예수가 인류를 해방시켰다면, 인류는 어떤 주인의 노예로 이미 있었다는 뜻이고, 예수가 그 주인에게 몸값을 지불한 것이다. 초기 교회 신학자들은 마귀를 주인으로, 예수의 피를 몸값으로 하는 하나의 우화(寓話)를 만들었다. 우리의 해방이 어떤 상거래(商去來)의 결과와 같은 인상을 주게 된 것이다. 그러나 모든 신앙 언어와 마찬가지로 '속량'도 하나의 은유(隱喩)다. 은유는 우리가 잘 알고 있는 사실을 언급하면서 그 말을 듣는 사람이 지금까지 모르던 일에 대해 알아듣게 하는 화법(話法)이다. '속량'에는 속전을 지불하는 사람이 있고, 그 행위로 말미암아 자유를 얻는 사람이 있다. 예수의 어떤 행위로 인간은 하느님과 함께 있음을 얻었고, 그것으로 인간은 참다운 자유를 누리게 되었다. 예수의 죽음과 부활로 인간의 상황이 근본적으로 달라진 것이다. 하지만 여기서 '속량' 자체의 논리를 확장 해석해서는 안 된다.

중세 신학자들은 '속량'이라는 단어가 내포한 상거래적 요소를 더 철저하게 표현하였다. 안셀모 성인(Anselm of Canterbury, 1033~1109년)의 속죄론(贖罪論)을 그 예로 들 수 있다. 의로우신 하느님은 원조(元祖)의 범죄로 손상된 정의(正義)가 보상될 것을 바라신다. 그러나 유한한 인간이 무한한 하느님의 정의를 보상할 수 없었다. 자비하신 하느님은 인간이 할 수 없는 보상을 당신의 아들 예수가 할 수 있도록 배려해 주셨다.

그 이론은 하느님의 정의와 자비, 둘을 모두 충족시키는 것으로 보였다. 여기에 나타나는 하느님은 사람들의 잘못을 철저히 다스리는 정의로운 군주(君主)다. 그러나 그런 정의로운 군주는 무자비하게만 보이지 않으려는 그 시대 군주의 모습과 다르지 않다. 군주의 정의는 어떤 방식으로라도 충족되어야 한다. 그러나 백성은 그것을 하지 못할 정도로 무력하다. 이 이론은 인간이 각자 자기 행위에 대해 책임을 져야 하지만, 사실은 그것을 할 수 없다는 중세 유럽의 사회적 인간 현실을 반영한 시대적 이론이다.

그러나 오늘날에는 모든 결정권을 가지고 인간을 지배하던 군주가 없어졌다. 현대인은 자기가 필요로 하는 정보를 각자 자유롭게 얻고, 그 정보를 이용하여 스스로 변화하고 발전하여, 자기 삶의 보람을 찾는다. 오늘날에는 높은 사람이 나의 운명을 결정하는 것이 아니라, 나의 운명은 내가 결정한다. 그리스도 신앙은 예수 그리스도로부터 오는 정보를 받아 스스로 실천하는 데 있다. 따라서 예수 그리스도로 말미암아 발생한 언어 안에서 구원의 체험이 어떤 것인지를 생각해 보자는 것이 이 글의 목적이다.

1. 예수의 죽음 사건에서 나오는 정보

위와 같은 '속량'의 논리는 예수의 죽음을 요약하기에는 부족하다. 예수의 죽음은 그분의 부활과 연결하여 이해해야 한다. "예수님께서는 우리의 잘못 때문에 죽음에 넘겨지셨지만, 우리를 의롭게 하시려고 되살아나셨습니다."(로마 4,25) 이 신앙 고백이 말하는 것은 인간이 죄라는 죽음 안에 갇혀 있었지만, 예수의 죽음과 부활로 인간이 하느님 앞에 자유로워졌다는 것이다.

예수의 죽음은 역사적 논리의 당연한 귀결이었다. 예수는 그 시대 종교 정치권력에 맞서는 인물이었다. 그가 가르친 하느님은 그를 보증해 주지 않았다. 그러나 예수는 당신의 하느님을, 사람들이 잘 아는 인과응보(因果應報) 혹은 상선벌악(賞善罰惡)의 신(神)과 바꾸지 않았다. 예수가 세례 후, 마귀로부터 유혹을 받았다는 유혹 사화(史話)(마태 4,1-11; 마르 1,12-13; 루카 4,1-13 참조)들은 예수가 자기를 보증해 주는 하느님으로 바꾸라는 유혹을 받았다고 보도한다. 사람들에게 먹을 것을 해결해 주고, 기적을 하도록 해 주며, 부귀영화를 약속하는 하느님으로 바꾸라는 것이었다. 그러나 예수는 하느님을 그런 신으로 바꾸지 않았다.

예수에게는 반신불수, 죄인, 가난한 사람, 그를 존경하거나 공격하는 바리사이 등, 사람이 중요하였다. 반면에 예수를 반대한 사람들에게는 율법, 종교, 국가, 전통 등 사람이 만든 것들이 더 중요하였다. 예수는 인간 미래의 어떤 가능성도 파괴하지 않는다. 아버지를 버리고 떠났던 아들은 잔치에서 제자리를 얻는다(루카 15,11-32 참조). 악한 자들이나 선한 자들이나 잔칫상에 앉고(마태 22,10 참조), '죄인으로 소문난 여자가' 그의 발에 '입 맞춘다'(루카 7,36-50 참조).

그와 반대로 예수를 반대하는 이들은 죄인들과 가난한 이들을 위해 걱정하지 않는다. 그들이 중요하게 생각하는 것은 율법과 성전의 제사 의례다. 그들에게는 사람이 안식일을 위해 있는 것이다. 그러나 예수는 이렇게 말한다. "안식일이 사람을 위하여 생긴 것이지, 사람이 안식일을 위하여 생긴 것은 아니다."(마르 2,27) 율법을 강조하는 유대교는 구약 계시의 정수(精髓)를 거스르고 있다. '하느님을 사랑하고 네 이웃을 사랑하라.'라는 것이 구약의 기본 정신이다(루카 10,27 참조). '돌보아 주고 가엾이 여기는 사람의 실천'을 보면서 역사 안에 살아 계시는 하느님의 얼굴을 확인하라는 이스라엘의 원초적 계시다(탈출 33,18-23 참조). 율법을 내세워 하느님의 이름으로 인간을 파괴하는 행위는 죄의 객관적 모습이다. 함께 계시는 하느님을 말하는 율법과 성전 의례가 오히려 하느님을 외면하고, 인간을 경멸하고 배척하며 인간에게 횡포하는 구실이 되고 말았다. 하느님을 위한 봉사가 도리어 사람을 소외시키고 죽이는 행위가 되어 버렸다.

예수는 새로운 윤리를 가르치지 않았고, 율법을 거스르는 것을 죄라고도 말하지 않았다. 그는 악에 대해서 전혀 달리 생각한다. 그 시대 유대인들은 악을 하느님이 주시는 벌이라 생각하였다. 그러나 예수는 하느님이 악의 원인일 수 없다고 생각했다. 악을 퇴치하는 우리의 노력 안에 하느님이 일하신다고 예수는 믿고 있었다. 벳자타 못의 반신불수를 고친 다음 예수는 "내 아버지께서 여태 일하고 계시니 나도 일하는 것이다."(요한 5,17)라고 말했다.

예수는 성경이 말하는 두 개의 계명을 하나로 만든다. 하느님을 인정하는 것과 이웃을 사랑하는 것은 같은 것이다. 인간을 외면하고, 하느님을 만날 수는 없다. "너희가 내 형제들인 이 가장 작은 이들 가운데 한 사람에게 해 준 것이 바로 나에게 해 준 것이다."(마태 25,40) 따라서 하느님을 만나기 위해 인간을 외면하면, 그것이 죄다. "내가 와서 그들에게 말하지 않았으면 그들은 죄가 없었을 것이다."(요한 15,22) 그러므로 하느님이 창조하신 것을 하느님의 이름으로 미워하고 배척하지 말아야 한다. "누가 '나는 하느님을 사랑한다.' 하면서 자기 형제를 미워하면, 그는 거짓말쟁이입니다."(1요한 4,20)

하느님을 믿는 사람은 하느님의 일, 곧 '돌보아 주고 가엾이 여김을 실천'한다. 이스라엘의 예언자들은 그들의 사회적, 정치적 설교에서 이 점을 강조하였다.

> 정녕 나는 너희의 죄가 얼마나 많고 너희의 죄악이 얼마나 큰지 알고 있다. 너희는 의인을 괴롭히고 뇌물을 받으며 빈곤한 이들을 성문에서 밀쳐 내었다. 그러므로 신중한 이는 이러한 때에 입을 다문다. 때가 악하기 때문이다. 너희는 악이 아니라 선을 찾아라. 그래야 살리라. 그래야 너희 말대로 주 만군의 하느님이 너희와 함께 있으리라. 다만 공정을 물처럼 흐르게 하고 정의를 강물처럼 흐르게 하여라.(아모 5,12-14.24)

> 내가 몸소 내 양 떼를 먹이고, 내가 몸소 그들을 누워 쉬게 하겠다. 주 하느님의 말이다. 잃어버린 양은 찾아내고 흩어진 양은 도로 데려오며, 부러진 양은 싸매 주고 아픈 것은 원기를 북돋아 주겠다.(에제 34,15-16)

예수는 사람들이 죄인이라고 외면하는 사람 안에 가까이 계시는 하느님을 본다. 예수는 하느님의 예언자로서 하느님이 가까이 계시다는 사실을 거부하는 사람들을 거슬러 싸운다. 예수는 사람을 죽이는 힘이 세상에 만연되어 있음을 보여 준다. "너희는 너희 아비인 악마에게서 났고, 너희 아비의 욕망대로 하기를 원한다. 그는 처음부터 살인자로서, 진리 편에 서 본 적이 없다."(요한 8,44) 사람들은 하느님마저 동원하여 그들의 죽이는 힘을 정당화한다.

예수는 종교 기득권층이 사람들에게 지우는 멍에를 비난하면서 그들이 버린 사람들과 스스로 한편이 되었다. 이 때문에 예수는 죄인들과 세리들과 어울린다고 비난받았다.

> 바리사이파 율법 학자들은, 예수님께서 죄인과 세리들과 함께 음식을 잡수시는 것을 보고 그분의 제자들에게 말하였다. "저 사람은 어째서 세리와 죄인들과 함께 음식을 먹는 것이오?"(마르 2,16)

그러나 예수는 백성의 원의(願意), 곧 억압하는 사람을 힘으로 제거하는 일에는 동의하지 않았다. 예수는 사람들에게 하느님의 예언자로 보였지만, 하느님에게 그런 방식으로 개입해 달라고 빌지 않는다. 예수를 혁명가로 생각하는 것은 역사적 오류를 범하는 것이다. 예수는 정치 · 사회적 개혁을 위해 사람들을 해방시키지 않았다. 예수는 하느님이 마치 일부 인간의 파멸을 원하시는 것같이 사람들에게 인식시키고 행세하는 종교 기득권층에 거스르고 싸웠을 뿐이다. 그 시대 사람들은 예수가 '돌보아 주고 가엾이 여김을 실천'하는 것을 보고, 예수를 '좋은 일'을 하시는 분(마르 3,1-5 참조), '혼인 잔치에 함께 있는 신랑'(마르 2,19 참조)과 같은 인물로 기억했다. 요한 복음서 2장의 카나의 혼인 잔치 이야기도 예수의 역할이 술 떨어진 잔치와 같이 따분한 유대교에 삶의 생기와 기쁨을 다시 공급하는 것이었다는 사실을 설명하기 위해 구성되었다. 예수로 말미암아 사람들은 어떤 해방감을 맛보았다.

2. 차별과 말살(抹殺)의 논리에서의 해방

사람들을 소외시키는 데 동원된 하느님은 인간이 자기의 편의를 위해 만들어 낸 하느님이다. 그것은 종교 기득권층이 만들어 낸 하느님이었다. 그 하느님은 신앙인들을 죄인으로 낙인찍는다. 이것이 순명할 것을 강조하는 교회 지도자들의 말 안에 살아 있는 하느님이다. 그 하느님은 사람들에게 바칠 것을 요구한다. 이스라엘의 계시 언어는 사람들의 그런 조작에서 하느님을 온전히 탈피시키지 못하였다. 그 하느님은 부당한 사회관계를 보증하는 분 같기도 하고, 이스라엘의 이익을 위해 잡혀 있는 것 같기도 하였다. 예언자들은 그런 도착(倒錯)과 거슬러 싸웠다. 그것은 하느님이 아니라, 인간이 만든 우상(偶像)이었다.

예언자들이 정의에 대해 강조한 것은 베푸시는 하느님의 일이 인간 안에 흘러들어 인간이 하느님의 일을 자유롭게 실천하도록 하기 위한 것이었다. "다만 공정을 물처럼 흐르게 하고 정의를 강물처럼 흐르게 하여라."(아모 5,24) 이는 일상생활 안에서 사람을 소중히 생각하지 않으면서, 예배에서 하느님을 공경할 수 없기 때문이다. 이런 까닭에 거짓 예배에 대한 경고가 있는 것이다.

소돔의 지도자들아 주님의 말씀을 들어라. 고모라의 백성들아 우리 하느님의 가르침에 귀를 기울여라. 무엇하러 나에게 이 많은 제물을 바치느냐? — 주님께서 말씀하신다. — 나는 이제 숫양의 번제물과 살진 짐승의 굳기름에는 물렸다. 황소와 어린양과 숫염소의 피도 나는 싫다. 너희가 나의 얼굴을 보러 올 때 내 뜰을 짓밟으라고 누가 너희에게 시키더냐? 더 이상 헛된 제물을 가져오지 마라. 분향 연기도 나에게는 역겹다. 초하룻날과 안식일과 축제 소집 불의에 찬 축제 모임을 나는 견딜 수가 없다. 나의 영은 너희의 초하룻날 행사들과 너희의 축제들을 싫어한다. 그것들은 나에게 짐이 되어 짊어지기에 나는 지쳤다. 너희가 팔을 벌려 기도할지라도 나는 너희 앞에서 내 눈을 가려 버리리라. 너희가 기도를 아무리 많이 한다 할지라도 나는 들어 주지 않으리라. 너희의 손은 피로 가득하다. 너희 자신을 씻어 깨끗이 하여라. 내 눈앞에서 너희의 악한 행실들을 치워 버려라. 악행을 멈추고 선행을 배워라. 공정을 추구하고 억압받는 이를 보살펴라. 고아의 권리를 되찾아 주고 과부를 두둔해 주어라.
주님께서 말씀하신다. "오너라, 우리 시비를 가려보자. 너희의 죄가 진홍빛 같아도 눈같이 희어지고 다홍같이 붉어도 양털같이 되리라. 너희가 기꺼이 순종하면 이 땅의 좋은 소출을 먹게 되리라. 그러나

너희가 마다하고 거스르면 칼날에 먹히리라." 주님께서 친히 말씀하셨다.(이사 1,10-20)

인간 상호 간의 장벽과 차별을 하느님의 이름으로 정당화하고 하느님이 그 장벽과 차별을 보증하듯이 말하면, 인간의 미래는 없다.

그리스도는 우리의 평화이십니다. 그분께서는 당신의 몸으로 유다인과 이민족을 하나로 만드시고 이 둘을 가르는 장벽인 적개심을 허무셨습니다. 또 그 모든 계명과 조문과 함께 율법을 폐지하셨습니다. 그렇게 하여 당신 안에서 두 인간을 하나의 새 인간으로 창조하시어 평화를 이룩하시고, 십자가를 통하여 양쪽을 한 몸 안에서 하느님과 화해시키시어, 그 적개심을 당신 안에서 없애셨습니다.(에페 2,14-16)

사람을 죽이는 힘은 인류 역사에 악순환을 낳는다. 그 힘은 얼마나 당당한지 목적을 달성하기 위해서 하느님까지 동원한다. 과거 교회사에서 볼 수 있었던 파문(破門) 관행과 종교 재판은 사람을 죽이는 힘을 하느님의 이름으로 실천한 것이었다. 오늘날 교회에서도 이와 유사한 일들이 많이 벌어진다. 그러나 예수는 새로운 장벽을 만들려고 오지 않았다. 그분은 이미 있는 차별의 담을 헐어 버리려 오신 분이었다. 예수는 우리가 만들어 놓은 하느님의 우상(偶像)에게서 우리를 해방시킨다. 예수는 그 힘이 지닌 자기 정당화의 최종적 수단을 없애고 그 논리를 파괴하였다. 그 힘이 스스로를 정당화하는 최종적 수단은 가상(假想)의 하느님을 동원하여 자기 앞의 대상을 죽이는 것이다. 그 죽이는 힘 앞에 예수는 같은 죽임의 논리로 맞서지 않고, 하느님께 신뢰하고 죽음으로써 죽이는 힘과 전혀 다른 논리가 있다는 사실을 보여 주었다.

> 내 나라는 이 세상에 속하지 않는다. 내 나라가 이 세상에 속한다면, 내 신하들이 싸워 내가 유다인들에게 넘어가지 않게 하였을 것이다. 그러나 내 나라는 여기에 속하지 않는다.(요한 18,36)

하느님은 그를 부활시킴으로써 예수의 실천이 하느님의 일이고 논리라는 것을 보여 주셨다. 그리스도인은 남과의 차이(差異)를 하느님을 빙자하여 파괴적 적의(敵意)의 동기로 삼을 수 없다. 신앙인은 신앙의 이름으로 아무도 단죄할 수 없다. 구원이라는 이름의 우범(虞犯) 지대를 만들지 말아야 하는 것이다. 인간 상호 간의 차이는 소외와 말살의 계기가 아니라, 오히려 헌신적 봉사의 기회다.

> 너희 가운데에서 가장 높은 사람은 가장 어린 사람처럼 되어야 하고 지도자는 섬기는 사람처럼 되어야 한다. …… 나는 섬기는 사람으로 너희 가운데에 있다.(루카 22,26-27)

예수는 사람들이 자기 방식대로 만들어 낸 가상(假想)적 하느님에게서 하느님을 해방시킨다. 예수에 따르면 하느님은 아버지이시다. 그리고 아버지는 자녀를 인과응보의 논리로 대하지 않는다.

> 하늘 나라는 자기 포도밭에서 일할 일꾼들을 사려고 이른 아침에 집을 나선 밭 임자와 같다. 그는 일꾼들과 하루 한 데나리온으로 합의하고 그들을 자기 포도밭으로 보냈다. 그가 또 아홉 시쯤에 나가 보니 다른 이들이 하는 일 없이 장터에 서 있었다. 그래서 그들에게, '당신들도 포도밭으로 가시오. 정당한 삯을 주겠소.' 하고 말하자, 그들이 갔다. 그는 다시 열두 시와 오후 세 시쯤에도 나가서 그와 같이 하였다. 그리고 오후 다섯 시쯤에도 나가 보니 또 다른 이들이 서 있었다. 그래서 그들에게 '당신들은 왜 온종일 하는 일 없이 여기 서 있소?' 하고 물으니, 그들이 '아무도 우리를 사지 않았기 때문입니다.' 하고 대답하였다. 그러자 그는 '당신들도 포도밭으로 가시오.' 하고 말하였다.
>
> 저녁때가 되자 포도밭 주인은 자기 관리인에게 말하였다. '일꾼들을 불러 맨 나중에 온 이들부터 시작하여 맨 먼저 온 이들에게까지 품삯을 내주시오.' 그리하여 오후 다섯 시쯤부터 일한 이들이 와서 한 데나리온씩 받았다. 그래서 맨 먼저 온 이들은 차례가 되자 자기들은 더 받으려니 생각하였는데, 그들도 한 데나리온씩만 받았다. 그것을 받아 들고 그들은 밭 임자에게 투덜거리면서, '맨 나중에 온

저자들은 한 시간만 일했는데도, 뙤약볕 아래에서 온종일 고생한 우리와 똑같이 대우하시는군요.' 하고 말하였다.
그러자 그는 그들 가운데 한 사람에게 말하였다. '친구여, 내가 당신에게 불의를 저지르는 것이 아니오. 당신은 나와 한 데나리온으로 합의하지 않았소? 당신 품삯이나 받아서 돌아가시오. 나는 맨 나중에 온 이 사람에게도 당신에게처럼 품삯을 주고 싶소. 내 것을 가지고 내가 하고 싶은 대로 할 수 없다는 말이오? 아니면, 내가 후하다고 해서 시기하는 것이오?'
이처럼 꼴찌가 첫째 되고 첫째가 꼴찌 될 것이다.(마태 20,1-16)

하느님은 유대교 기득권층이 가상(假想)한 대로 율법과 제사 의례로 사람들을 속박하는 분이 아니다. 하느님의 논리에는 소외와 말살이 없다. 예수는 자기를 죽이는 이들을 '돌보아 주고 가엾이 여김을 실천'하기 위해 용서하였다. 이는 하느님의 논리를 나타내고 사람들이 무엇에서 해방되어야 하는지를 보여 주는 일이었다.

3. '함께 계시는 하느님의 일'을 실천하는 자유

"너희는 원수를 사랑하여라. 그래야 너희가 하늘에 계신 너희 아버지의 자녀가 될 수 있다."(마태 5,44-45), 그리고 형제의 잘못을 "일흔일곱 번까지라도 용서해야 한다."(마태 18,22)고 예수는 말하였다. 이는 하느님이 하시는 일을 실천하라는 말씀이다.

용서는 위험을 무릅쓰고 하는 하느님 자녀의 실천이다. 용서는 무엇을 더 보는 사람이 하는 행위다. 용서하는 사람은 악의 피해를 입으면서도 '돌보아 주고 가엾이 여김을 실천'하는 사람이다. 용서하는 행위는 악의 매력에 휩쓸리지 않고, 악이 발생시키는 폐쇄 회로(閉鎖回路)를 깨 버린다. 용서는 모든 의사소통을 실패하게 만드는 '죽이는 힘'이 가진 마술적 악순환을 벗어나게 만든다. 용서는 하나의 도전이다. 악을 행하는 사람에게 악의 논리와는 다른 논리의 지평을 제공하여, 그가 앞으로 더 사람다운 선택을 할 것을 기대하고 있기 때문이다.

용서는 자유로운 사람이 하는 행위다. 용서하는 사람은 악을 행하는 사람이 발산하는 악이 자기를 지배하지 못하게 한다. 그는 '선하신 하느님'(마르 10,18 참조)이 자기 안에서 살아 계시게 한다. 용서하는 사람은 '함께 계시는 하느님'으로 말미암아 새로운 관계를 발생시킨다. 그리고 하느님이 함께 계시면, 창조적 행업이 나타난다. 악을 받아들이고 악을 행한 사람에게 새로운 관계와 새로운 미래를 열어 주게 되는 것이다. "너희 아버지께서 자비하신 것처럼 너희도 자비로운 사람이 되어라."(루카 6,36)

예수는 죽어가면서도, 자기를 희생시키는 죽임의 논리가 마지막 말이 되지 않게 하였다. "그때에 예수님께서 말씀하셨다. '아버지, 저들을 용서해 주십시오. 저들은 자기들이 무슨 일을 하는지 모릅니다.'"(루카 23,34) 그분이 한 용서는 '하느님이 함께 계셔서' 열리는 미래를 열어 준다. 그 미래는 그분의 부활에서 이미 나타났다. 예수는 '하느님이 함께 계심'을 철저하게 살았기에, 주님, 메시아, 아들로 불린다. 부활은 예수가 보여 준 삶의 모습이 하느님 아버지의 것이었다는 사실을 입증한다. 이제 참다운 그리스도인은 율법을 준수하고, 성전 제사 의례에 충실한 사람이 아니라, '돌보아 주고 가엾이 여김을 실천'하여 죽기까지 하는 사람이다. 예수가 우리에게 가르쳐 준 주의 기도에 있는, "우리가 용서하듯이 우리를 용서하소서."라는 말은 우리가 장차 받을 심판이 어떤 것인지를 말해 준다.

자기를 죽이는 사람에 대해 '돌보아 주고 가엾이 여김을 실천'하는 용서는 하나의 미래를 연다. 성경은 죽음이 죄의 결과라고 말한다. "한 사람을 통하여 죄가 세상에 들어왔고 죄를 통하여 죽음이 들어왔듯이, 또한 이렇게 모두 죄를 지었으므로 모든 사람에게 죽음이 미치게 되었습니다."(로마 5,12) 죽음은 의사소통(意思疏通)의 부재(不在)며 복구할 수 없는 파괴를 의미한다. 죽이는 힘의 포로가 된 사람은 말살(抹殺)의 논리 안에서 산다. 전쟁은 상대를 말살함으로써 끝나는 것이다. 그나마 타협과 망각은 참다운 용서는 아니지만, 인류 역사를 지속 가능하게 해 주었다. 그러나 생명이 성장하고 인류가 존속하는 곳은 인과응보의 지평이 아니다. '눈에는 눈으로, 이에는 이로' 갚지 않을 때, 생명이 자라고 역사가 지속된다. 변질된 형태로라도, 혹은 본의 아니게라도 '돌보아 주고 가엾이 여김을 실천'할 때 인류 역사가 새롭게 펼쳐진다.

예수는 하느님의 나라를 선포하는 자신을 위해 하느님이 힘으로 원수들을 제압해 줄 것을 기도하지 않았다. 예수는 하느님의 나라가 어떤 질서 안에 있는지를 증언하였다. 예수는 당신의 용서로써 하느님이 어떤 분인지를 보여 주고, 죄인들을 위한 새로운 미래를 열어 주었다. 용서하신 분은 영원히 살아 계신다. 이제는 하나의 파당(派黨)이나 민족 또는 계급이 죽이는 힘을 정당화하기 위해 하느님을 동원할 수 없다. '돌보아 주고 가엾이 여김'이 새로운 인간관계를 창조할 때만, 하느님은 거론될 수 있다.

예수는 당신의 실천으로써 죽이는 힘의 악순환에서 우리를 해방시켰다. 이는 동시에 고압적(高壓的) 절대자로서의 하느님 상(像)에서도 우리를 해방시킨 것이다. 예수는 "당신 자신을 비우시어 종의 모습을 취하시고…… 당신 자신을 낮추시어 죽음에 이르기까지"(필리 2,7-8) "섬기는 사람"(루카 22,27)으로 처신한 분이다. 여기에 인간 본연의 참다운 자유가 있고, 인간을 위해 열린 구원이라 불리는 새로운 체험과 새로운 상황이 있다.

나오면서

'돌보아 주고 가엾이 여김'은 일상생활에서 실천되는 행위다. 그것은 인간관계를 위해 본질적인 것이다. 그것은 인간관계가 지속되기 위해 필수 불가결한 조건이다. '돌보아 주고 가엾이 여기는' 예수의 실천은 일상생활의 평범함이 감춰 버릴 수 있을 정도로 평범한 것이었다. 죽이는 힘은 인류 역사 안에 사라지지 않았고, 죽이는 행위는 오늘날에도 계속되고 있다. 그러나 부당하게 십자가에 달리고도 용서하신 분이 우리의 주님이시다. "내가 아버지에게서 너희에게로 보낼 보호자, 곧 아버지에게서 나오시는 진리의 영이 오시면, 그분께서 나를 증언하실 것이다."(요한 15,26) "그분께서 나를 영광스럽게 하실 것이다. 나에게서 받아 너희에게 알려 주실 것이기 때문이다."(요한 16,14) 성령으로 말미암아 우리 안에 발생하는 체험과 실천이 어떤 것인지 초기 신앙 공동체가 요약한 말씀이다.

예수는 죽이는 힘을 극복하면, 어떤 지평이 우리 앞에 열리는 지를 부활로써 증언하였다. 말살하는 힘이 역사 안에서 사라질 때까지 용서는 역사의 긍정적인 원리로 남아 있을 것이다. 예수의 부활로 말미암아, 우리는 하느님이 '돌보아 주고 가엾이 여기시는' 분이며, 그 실천이 있는 곳에 그분의 현존과 그분이 주시는 구원의 현주소가 확인된다는 사실을 알게 되었다.

하느님은 인간을 완성품으로 창조하지 않으셨다. 완성된 제품을 만든 사람은 그 제품에 대해 권리를 갖고, 그 제품을 마음대로 처리할 수 있다. 그러나 하느님은 당신이 마음대로 처리할 수 있는 당신의 제품으로 인간을 창조하지 않으셨다. 하느님은 인간과 함께 인간을 만드신다. 부모는 자녀들과 함께 있으면서 자녀들을 사람이 되도록 만든다. 부모가 자녀들과 함께 있고, 부부가 함께 사는 것은 함께 있음을 통해 모든 저항을 배제하는 양식이 아니다. 거기에는 실패도 있다. 좋은 밀알도 있고, 가라지도 있다는 말이다. 그런 함께 있음을 사랑으로 함께 있다고 말한다. 거기에는 저항도 있을 수 있고, 감동도, 희열도 있다.

하느님이 우리와 함께 계시는 것도 우리가 할 수 있는 저항과 무례(無禮)함을 배제하는 양식이 아니다. 이 세상도 우리도, 하느님의 완성된 제품이 아니기에, 확실하지 않은 미래를 바라보면서 하는 선택도 있고, 모험도 있으며, 실패도 있고, 좌절도 있다. 하느님의 구원은 추상적이지 않다. 함께 계시는 하느님은 우리 삶의 현장에 나타나는 구원이다. 그 구원은 '돌보아 주고 가엾이 여김을 실천'하고, '신랑이 함께 있는 잔치'에서 사람들이 기쁨을 체험하도록 하는 것이다.

제9장

그리스도 신앙 언어와 '보살핌'

들어가면서

과거 과학에서는 인간이 주변 환경에서 오는 스트레스에 대처하는 양식을 '투쟁과 도피'로 설명했다. 인류는 '투쟁과 도피'로써 개체 유지 내지 종족 유지를 해 왔다는 것이다. 이 이론은 '투쟁과 도피'가 인류를 탄생시킨 진화 과정의 원동력이라고 본 것이다.

'투쟁과 도피' 이론의 패러다임은 "Christus vincit, Christus regnat, Christus imperat."[57]이라는 성가와도 잘 어울린다. 그것은 일종의 패권주의(霸權主義)다. 현세를 혐오하고 기피하는 데에 신앙이 있는 듯이 말하는 과거의 영성(靈性) 언어들도 그런 패러다임을 배경으로 하고 있

57 "그리스도 승리하고, 그리스도 다스리며, 그리스도 명령하신다." 중세의 성가이지만, 지금도 로마 바티칸 방송이 방송국 상징 음악으로 사용하고 있다.

다. 그러나 그리스도 신앙을 논하는 언어로서 신학은 과거 그리스 철학의 이원론(二元論)적 관념론을 바탕으로 하고 있지 않다. 그런 이원론적 관념론은 초자연과 자연, 실체(實體)와 우연(偶然)을 구별하며, 그 둘을 대조적으로 설명하면서 자연과 우연을 비하하는 관념론이다. 또한 그리스도 신앙 언어는 방하착(放下着)[58]의 실현으로 해탈(解脫)에 도달하기 위한 수행을 요구하지도 않는다.

어느 외국 심리학자의 저서[59]에서는 과거의 '투쟁과 도피' 이론을 뒤엎고, '보살핌'의 현상을 과학적으로 집중 조명하였다. 인간은 '보살핌'을 받거나 '보살핌'을 실천하면서 생명체로서 안정을 얻고 정체성을 확립한다는 것이다. 그는 인류가 출현하는 진화 과정(進化過程)을 이끌어 온 것도 이 '보살핌'의 힘이었다고 주장한다. 그는 심리학자로서 인간 삶에 일어나는 많은 현상을 심리학적으로 조명하여 '보살핌'이 인간에게 안정과 발전을 갖다 주는 원동력이라는 사실을 입증하였다. 그는 또한 위기 상황에서 자기 생명을 걸고 타인의 생명을 구한 살신성인(殺身成仁)을 실천한 사람들을 면담하여, 그들의 행위가 윤리적 반성의 결과가 아니라, 순간적이고 본능적인 반응으로 발생한 것이었다는 사실을 밝혀내었다. 그래서 그는 '보살핌'은 인간의 유전자(遺傳

58 자기 자신을 비우고 포기하는 수행(修行)을 뜻하는 불교 용어.

59 Shelley E. Taylor, 《The Tending Instinct: How Nurturing is Essential for Who We are and How We Live》, 2002.
한국어 번역본: 임지원 옮김, 《보살핌: 너와 나를 묶어 주는 힘》, 사이언스북스, 2008년.

子) 안에 새겨진 본능이라고 주장한다. 보살핌이 인간 유전자에 새겨진 본능이라는 그의 연구 결과는 유대-그리스도 신앙 언어가 인간 생명에 대해 이미 긍정하고 있는 바를 과학적으로 뒷받침한 것으로 보인다. 우리는 여기서 유대-그리스도 신앙 언어 안에 나타나는 인간 생명에 대해 살펴보면서, 보살핌이라는 단어가 의미하는 생명 현상이 그 신앙의 기조(基調)를 이루고 있다는 사실을 확인해 볼 것이다.

1. 이스라엘의 하느님과 인간

이스라엘의 신앙 초기에 하느님에 대한 모세의 깨달음이 있었다. 하느님은 인간과 함께 계시는 분이다(탈출 3,12 참조). 야훼라는 이름(탈출 3,15 참조)도 '함께 계신다'는 히브리어가 어원(語源)이다. 그리고 함께 계시는 하느님이 확인되는 장소는 하느님으로 인해 이타(利他)적으로 변한 인간 실존 안이다.

> 모세가 아뢰었다. "당신의 영광을 보여 주십시오." 그러자 주님께서 대답하셨다. "나는 나의 모든 선을 네 앞으로 지나가게 하고, 네 앞에서 '야훼'라는 이름을 선포하겠다. 나는 내가 자비를 베풀려는 이에게 자비를 베풀고, 동정을 베풀려는 이에게 동정을 베푼다. …… 그러나 내 얼굴을 보지는 못한다. …… 네가 내 등을 볼 수 있을 것이다. 그러나 내 얼굴은 보이지 않을 것이다."(탈출 33,18-23)

이는 돌보아 주고 가엾이 여기는 인간의 선한 실천, 곧 보살핌의 행위 안에서 하느님을 확인하라는 말이다. 이스라엘은 돌보아 주고 가엾이 여기시는 하느님이 함께 계시다는 믿음을 가진 모세의 영도 하에 이집트 탈출이라는 거사(擧事)를 실현하였다. 이스라엘이 이집트를 탈출하여 가나안 땅에 도착하기까지 모세가 일으켰다는 각종 기적들은 그런 하느님이 함께 계셨기 때문이었다는 사실을 확인해 준다.

이스라엘이 가나안 땅에 정착하고, 솔로몬 왕 이후 제물 봉헌을 전담하는 사제들이 등장하면서, 함께 계시는 하느님에 대한 믿음은 퇴색하였고, 사람들은 제물 봉헌이 하느님과의 관계에 절대적인 것이라고 믿게 되었다. 예언자들의 시기가 지나고 바빌로니아 유배를 끝내면서, 기원전 5세기 이후(에즈라서 참조) 직업적 율법 학자들이 등장한다. 그들의 활동과 더불어 이스라엘은 율법 준수만이 하느님과의 관계를 정립하는 것이라고 믿게 되었다. 이제 이스라엘의 신앙에서 하느님이 함께 계시다는 믿음은 희석(稀釋)되고, 이스라엘 신앙은 율법을 지키고 제물을 바쳐서 하느님으로부터 무엇을 얻어 내려는 기복(祈福)적 신앙으로 전락한다. 그러나 이스라엘의 예언자들은 제물 봉헌을 위주로 한 기복적 신앙을 일찍이 경고하고, 하느님과의 관계 재정립이 중요하다는 사실을 강조한다.

무엇하러 나에게 이 많은 제물을 바치느냐? — 주님께서 말씀하신다. — 나는 이제 숫양의 번제물과 살진 짐승의 굳기름에는 물렸다. 황소와 어린양과 숫염소의 피도 나는 싫다. 너희가 나의 얼굴을 보러 올 때 내 뜰을 짓밟으라고 누가 너희에게 시키더냐? 더 이상 헛된 제물을 가져오지 마라. 분향 연기도 나에게는 역겹다. 초하룻날과 안식일과 축제 소집 불의에 찬 축제 모임을 나는 견딜 수가 없다. 나의 영은 너희의 초하룻날 행사들과 너희의 축제들을 싫어한다. 그것들은 나에게 짐이 되어 짊어지기에 나는 지쳤다. 너희가 팔을 벌려 기도할지라도 나는 너희 앞에서 내 눈을 가려 버리리라. 너희가 기도를 아무리 많이 한다 할지라도 나는 들어 주지 않으리라. 너희의 손은 피로 가득하다. 너희 자신을 씻어 깨끗이 하여라. 내 눈앞에서 너희의 악한 행실들을 치워 버려라. 악행을 멈추고 선행을 배워라. 공정을 추구하고 억압받는 이를 보살펴라. 고아의 권리를 되찾아 주고 과부를 두둔해 주어라.(이사 1,11-17)

나는 너희의 축제들을 싫어한다. 배척한다. 너희의 그 거룩한 집회를 반길 수 없다. 너희가 나에게 번제물과 곡식 제물을 바친다 하여도 받지 않고 살진 짐승들을 바치는 너희의 그 친교 제물도 거들떠보지 않으리라. 너희의 시끄러운 노래를 내 앞에서 집어치워라. 너희의 수금 소리도 나는 듣지 못하겠다. 다만 공정을 물처럼 흐르게 하고 정의를 강물처럼 흐르게 하여라.(아모 5,21-24)

아모스 예언자는 착하고 바른 삶은 억눌린 자, 고아와 과부를 보살피는 데에 있다고 말한다.[60] 야훼를 믿는 사람은 정의를 실천하고, 이웃을 돌보고 위로하는 마음을 가져야 한다는 것이다. 여기서 예언서가 말하는 정의는 현대 사회에서 통용되는 분배 정의가 아니다. 하느님은 돌보아 주고 가엾이 여기시는 분이라 신앙인도 같은 실천을 하는 데에 정의가 있다. 하느님이 하시는 일을 실천하여, 인간 삶의 현장에 하느님을 살아 계시게 하라는 말이다.

구약성경의 신앙 언어 안에 나타나는 하느님은 삶의 현장에서 인간이 '돌보아 주고 가엾이 여기는' 선한 실천들 안에 살아 계신다. 하느님은 삶의 현장에서 유리(遊離)되어 종교 현상, 곧 율법과 제물 봉헌이라는 종교적 실천 안에 갇혀 계시지 않는다. 모세로부터 시작한 이스라엘의 신앙 안에 중요한 것은 인간의 실천이다. 돌보아 주고 가엾이 여기는 선한 실천, 곧 보살핌의 실천을 삶의 현장에서 행하라는 것이다. 그것이 하느님이 인간과 함께 계시는 양식이다. 하느님이 '인간을 당신 모상으로 창조하셨다'는 창세기의 말씀도 하느님의 보살핌을 실천해야 하는 인간으로 창하셨다는 것으로 해석될 수 있다.

---

60 그 시대 '고아와 과부'는 생활 대책이 없는 영세민의 대명사다.

2. 예수의 하느님과 인간

그리스도 신앙인은 예수로 말미암아 하느님을 믿는 사람이다. "말씀이 사람이 되시어 우리 가운데 사셨다."(요한 1,14)라는 말을 존재론적 혹은 선험(先驗)적인 것으로 해석하여, 인간 예수의 역사적 여건, 곧 그분의 삶의 과정(過程)을 외면하지 말아야 한다. 인간은 역사 속에서 역사적 제한을 받으면서 산다. 예수의 역사적 인간성 혹은 인간관계를 훼손하지 말아야 한다.[61] 예수의 신성에 대한 언급은 예수 안에 참다운 하느님을 인식한다는 뜻이다. 예수의 초월성은 역사 비평적 접근을 외면하는 가운데 그분에게 있는 하느님을 긍정하는 데에 있지 않다.

예수는 그 시대에 죄인이라고 낙인찍힌 사람들과 어울렸다. 그분은 "나는 의인이 아니라 죄인을 부르러 왔다."(마태 9,13)라고 말씀하셨다. 예수는 죄인들에게 죄의 용서를 선포하였다(루카 7,36-50 참조; 요한 8,1-11 참조). 그것은 유대교 당국이 이해할 수 없는 일이었다. 예수는 가난한 사람, 굶주리는 사람, 우는 사람이 행복해야 한다고 선언하였다(루카 6,20-21 참조). 또한 예수는 안식일에 손이 오그라든 사람을 회당에서 고치면서 "안식일에 선한 일을 해야 한다."라고 말씀하셨다(마르 3,1-6 참조). 마르코 복음서는 예수가 행한 기적 이야기들을 집중적으로 보도

61 "예수 그리스도는 신성에 있어 완전하고, 인간성에 있어서 완전한 참다운 하느님이며 참다운 인간이다."(451년 칼케돈 공의회 참조)

하기 전에 '중풍 병자를 낫게 한 이야기'(마르 2,1-12 참조)를 꾸며 넣었다.

며칠 뒤에 예수님께서는 다시 카파르나움으로 들어가셨다. 그분께서 집에 계시다는 소문이 퍼지자, 문 앞까지 빈자리가 없을 만큼 많은 사람이 모여들었다. 예수님께서는 그들에게 복음 말씀을 전하셨다. 그때에 사람들이 어떤 중풍 병자를 그분께 데리고 왔다. 그 병자는 네 사람이 들것에 들고 있었는데, 군중 때문에 그분께 가까이 데려갈 수가 없었다. 그래서 그분께서 계신 자리의 지붕을 벗기고 구멍을 내어, 중풍 병자가 누워 있는 들것을 달아 내려보냈다. 예수님께서 그들의 믿음을 보시고 중풍 병자에게 말씀하셨다. "얘야, 너는 죄를 용서받았다."

율법 학자 몇 사람이 거기에 앉아 있다가 마음속으로 의아하게 생각하였다. '이자가 어떻게 저런 말을 할 수 있단 말인가? 하느님을 모독하는군. 하느님 한 분 외에 누가 죄를 용서할 수 있단 말인가?'

예수님께서는 곧바로 그들이 속으로 의아하게 생각하는 것을 당신 영으로 아시고 말씀하셨다. "너희는 어찌하여 마음속으로 의아하게 생각하느냐? 중풍 병자에게 '너는 죄를 용서받았다.' 하고 말하는 것과 '일어나 네 들것을 가지고 걸어가라.' 하고 말하는 것 가운데에서 어느 쪽이 더 쉬우냐? 이제 사람의 아들이 땅에서 죄를 용서하는 권한을 가지고 있음을 너희가 알게 해 주겠다." 그러고 나서 중풍 병자에게 말씀하셨다. "내가 너에게 말한다. 일어나 들것을 들고

집으로 돌아가거라."

그러자 그는 일어나 곧바로 들것을 가지고, 모든 사람이 보는 앞에서 밖으로 걸어 나갔다. 이에 모든 사람이 크게 놀라 하느님을 찬양하며 말하였다. "이런 일은 일찍이 본 적이 없다."(마르 2,1-12)

병은 유대교가 말하듯이 인간의 죄에 대한 보복으로 하느님이 주신 벌이 아니라는 말이다. 오히려 하느님은 용서하고 고치시는 분, 곧 보살피시는 분이라는 이야기다.

3. 신앙은 일상의 삶 안에 일어나는 변화의 체험이다

신앙은 성전 안에서 영적으로 혹은 초자연적으로 이루어지는 하느님과의 관계를 말하지 않는다. 예수가 사람들에게 촉구한 것은 하느님이 하시는 연민, 사랑, 보살핌, 용서를 배워 일상생활에서 실천하라는 것이었다.

착한 사마리아 사람의 비유(루카 10,29-37 참조), 자캐오 이야기(루카 19,1-9 참조), 탈렌트의 비유(마태 25,14-30 참조), 최후의 심판 이야기(마태 25,31-46 참조) 등 복음서들이 전하는 이야기들은 모두 신앙이 종교 고유의 영역, 곧 경전을 읽고, 예배에 참여하고, 공동체의 높은 사람들에게 순종하고 그들이 만든 법을 지키는 데에 있지 않다고 말한다. 신앙은 삶의 현장에서 하느님으로 말미암은 인간의 실천이 달라지는 데에 있다. 배려, 사랑, 용서, 보살핌이 삶의 현장에서 발생하는 신앙이다.

탈출기 33장 19절은 그것을 '돌보아 주고 가엾이 여기는 선한 실천'이라 표현하였고, 요한 복음서는 '사랑'이라고 말했다. "아버지께서 나를 사랑하신 것처럼 나도 너희를 사랑하였다. 너희는 내 사랑 안에 머물러라. …… 내가 너희에게 명령하는 것은 이것이다. 서로 사랑하여라."(요한 15,9.17) 예수는 "너희 가운데에서 높은 사람이 되려는 이는 너희를 섬기는 사람이 되어야 한다. …… 사실 사람의 아들은 섬김을 받으러 온 것이 아니라 섬기러 왔고, 또 많은 이들의 몸값으로 자기 목숨을 바치러 왔다."(마르 10,43.45)라고 말씀하셨다. 예수가 섬김이라는 단어를 사용하지 않았으면, 예수를 주님이라 고백하는 초기 신앙 공동체가 예수가 섬기러 오신 분이라는 발상을 할 수 없었을 것이다.

초기 신앙 언어를 발생시킨 것은 예수의 죽음이 아니라, 예수의 삶이었다. 빈 무덤을 발견한 사실을 보도하는 공관 복음서들은 모두 갈릴래아를 언급한다. 이 복음서들은 부활하신 분이 갈릴래아로 가셨다(마르 16,7 참조; 마태 28,7 참조) 혹은 제자들과 함께 갈릴래아에 계실 때 말씀하신 것을 기억하라(루카 24,6 참조)고 말한다. 이는 예수가 제자들과 함께 계실 때, 그들에게 보여 준 그분의 삶에서 그리스도 신앙 언어가 발생했다는 말이다. 반면에, 예수의 죽음을 제사 의례적으로 해석(히브 10장)

한 것은 다분히 유대교적인 것이다.

이렇게 보면 인간의 일상생활 안에 일어나는 삶의 변화를 외면하고는 그리스도 신앙을 말할 수 없다. 성사(聖事)는 예수로 말미암아 발생하는 새로운 실천, 곧 새로운 상징(象徵) 세계를 열어 준다. 세례는 이 세상의 원리를 따라 살던 사람이 자기의 길을 바꾸어 예수로 말미암아 발생한 새로운 원리를 따라 사는 사람이 되겠다는 의례(儀禮)다. 성체성사는 스스로를 내어 주고 쏟은, 예수의 인간관계와 예수의 생명을 살겠다는 의례다. 이는 유대인들의 언어에서 몸은 인간관계고 피는 생명이었기 때문이다. 예수의 실천으로 열린 상징 세계를 말하지 않고, 예수의 몸은 참다운 몸이고, 피는 참다운 피라는 실체적(實體的) 변화 교리에만 시선을 집중시키는 것은 어리석은 일이다. 그 교리 언어는 그 시대에 필요하였던 것이다.

모세로부터 비롯된 구약성경의 언어와 예수로부터 시작한 그리스도 신앙 언어 안에 살아 있는 것은 돌보아 줌, 가엾이 여김, 불쌍히 여김, 자비, 사랑, 용서, 섬김, 배려, 보살핌 등과 같은 실천이다. 유대-그리스도 신앙 언어는 그 실천들이 발생할 수 있는 상징 세계 안으로 인간을 초대하고 있다.

4. 현재 교회의 신앙 언어

현재 교회 안에 통용되는 신앙 언어는 신앙인을 일상의 삶 밖으로 데려 나가려는 경향을 보인다. 이러한 경향은 기복(祈福)적 언어를 비롯하여, 신심 단체에 가입하고 활동하는 것만이 신앙생활인 양 말하는 것 등을 통해 확인할 수 있다. 이것이 이스라엘의 사제들이 성전의 봉헌 의례 안에서만 하느님과의 관계를 보려한 것이나, 율법 학자들이 율법 안에서만 하느님과의 관계 정립이 가능하다고 강요한 것과 무엇이 다른가?

신학이 상징이라는 단어를 외면한 것은 개신교와 결별하면서 개신교가 상징이라는 단어를 비실재(非實在)라는 뜻으로 사용하였기 때문이다. 가톨릭교회는 그 반동으로 성사의 사효성(事效性)을 강조하기에 이르렀다. 그러면서 성사가 열어 주는 상징 세계를 소홀히 하고 말았다. 성사는 그것이 상징하는 세계로의 초대고, 일상(日常)의 일 안에서 새로운 실천을 발생시킨다.

5. 그리스도 신앙과 삶의 현장

그리스도인은 예수의 삶과 죽음과 부활을 근거로 이 세상에서 어떤 자비와 보살핌의 숨결을 듣는다. 그리고 그리스도인은 그 자비와 보살핌의 숨결(성령) 안에서 함께 계시는 하느님을 체험한다. 그리고 그 체험을 언어화한다. 신앙인은 인간이 실천하는 보살핌의 역사 속에서 하느님의 일, 곧 하느님의 나라를 보는 사람들이고, 비신앙인은 그것을 보지 않는 사람이다. 나병 환자 열 사람을 낫게 한 이야기(루카 17,11-19 참조)에서 치유된 사실을 알고 예수에게 돌아와 그분의 발 앞에 엎드려 감사드린 사마리아인은 자기에게 일어난 해방을 예수 혹은 하느님과 연결시켜 신앙인이 되었다.

이스라엘의 사제들과 율법 학자들은 신앙 언어의 상징성을 잃으면서 함께 계시는 하느님을 잊어버렸다. 그리스도 신앙 언어(경전, 예배, 교회 공동체)도 그 상징성을 잃으면, 우리의 실천 속에 하느님이 살아 계시게 하지 못한다. 그러면 그리스도교는 인간의 삶에서 동떨어진 종교가 되고 만다. 신앙 언어는 사람들을 경전, 성전 혹은 교회에 머무르게 하기 위해 있는 것이 아니다. 그리스도 신앙은 신앙인들의 일상 삶의 한가운데에 하느님이 함께 계시는 하느님의 나라가 있도록 한다.

삶의 현장에서 관찰되는 모든 해방적 움직임의 심장과 원천으로 하느님의 이름이 거론되어야 한다. 하느님에 대한 그리스도인의 믿음이 인간을 더 인간답게, 더 자유롭게 만들어 주어야 한다. 그러기 위해서는 인간 생명을 위한 해방적 노력, 곧 배려(配慮)와 보살핌이 먼저 있어야 한다. 그리고 그것을 하느님과 연결해서 말할 수 있어야 한다. 가난하고 억눌린 이를 위한 우리의 배려에서 하느님의 지고하신 자유가 긍정된다. 물론 그것을 실현하기 위해서 이웃을 성토하고, 비난 고발하면서 이웃의 자유를 빼앗는 일은 없어야 한다. 그런 행위는 배려를 벗어나서 자기 안에 자리 잡은 미움과 한을 배설하는 것에 불과하다. 그것은 보살핌과 사랑이라는 그리스도 신앙과는 무관한, 늑대가 된 인간 행동이다.

6. 과거와 달라진 오늘의 언어

인류 역사는 개인 혹은 집단이 타(他)를 거부하고 자기 자신만을 긍정하면서 자기와 다른 타는 정복하고 지배해야 한다고 생각하던 시대에서 개체 및 집단이 상호 협조하는 시대로 흐르고 있다. 강제적 통치인 군주 사회, 제국 사회에서 민주 사회로, 배타적 민족주의와 국가주의에서 인본주의(人本主義)로, 강요된 이데올로기에서 각자의 자유로운 선택으로, 패권주의(霸權主義)에서 박애주의(博愛主義)로, 그리고 자유 경쟁에서 약자를 생각하는 신사회주의로 흐르고 있다.[62] "우리 모두를 휩쓰는 메가트렌드(megatrend)는 더 이상 없다. 얽히고설킨 미로와 같은 선택들, 다시 말해서 마이크로트렌드(microtrend)들이 이 세계를 이끌어 간다."[63] 이는 그 사회를 휩쓸고 지배하는 이념(理念)이나 가치관과 같

---

62 앤서니 기든스 지음, 한상진 박찬욱 옮김, 《제3의 길》, 생각의 나무, 1998년.

63 마크 펜 · 키니 잴리슨 지음, 안진환 · 왕수민 옮김, 《마이크로 트렌드》, 해냄, 2008년, 13쪽.

은 대세(大勢)가 없어지고 각자의 마음과 자유가 존중되는 사회가 되었다는 말이다.

구원에 대한 신앙인들의 감수성도 그 흐름과 함께 변한다. 인류 역사의 흐름을 구원 역사와 무관한 것으로 생각해서는 안 된다. 인간을 위해 선을 추구하고 악을 거부하는 현장에 하느님은 인간의 다양한 노력들의 원동력으로 계신다. 사랑과 섬김 혹은 보살핌을 체현(體現)하는 사람들의 미세한 역사적 실천들 속에서 하느님은 그 실천의 숨결로 살아 계신다.

7. 종교들과 교회들

종교와 교회는 구원이 아니라, 구원의 상징(象徵) 혹은 성사(聖事)다. 하느님은 역사 속에서 사람들을 통해 당신 피조물의 구원을 이루신다. 교회가 분파(分派)적 성격을 지니고, 교회의 봉사자들이 성직자, 목자 혹은 사도들의 후계자 등을 구실로 은폐된 정치 행위, 곧 재물을 탐하고 사람들을 지배하려는 행위를 하는 것은 하느님이 이 세상에 주어진 구원이라는 사실을 잊어버리고, 자기의 정체성을 착각하는 것이다.

종교와 교회는 '기억'[64]을 중심에 두고 있다. 인류 역사에서 침묵을 지키면서 일하시는 하느님의 보편적 구원 의지와 구원을 위한 그분의 절대적 현존에 대해 종교와 교회들은 살아 있는 '기억'을 보존하는 역할을 한다. 살아 있다는 말은 기억으로 말미암은 놀이를 발생시킨다는 뜻이다. 종교들은 말씀, 의례, 삶의 실천을 통해 보편적 구원을 위한 하느님의 현존이 망각되지 않도록 하는 역할을 한다.

종교와 교회는 역사 안에 일어나는 실제적인 일과 관계되어 있다. 각종 차별, 억압, 굶주림, 자연 훼손 등 역사 속에서 벌어지는 실제적인 일들과 종교가 직접 관련되어 있다는 사실을 보지 못하고, 종교와 교회가 사람들 위에 군림하는 메가트렌드로 행세하면, 그것은 종교나 교회가 스스로에 대해 착각하는 것이다. 종교나 교회는 현실의 개선을 위해 노력하되, 권력 기관이나 사회단체와 같이 폭력의 방식으로 하지 않고, 인간의 존귀함과 다른 이를 위한 배려를 손상하지 않는, 보살핌 혹은 섬김의 방식을 따라야 한다. 곧 마이크로트렌드로서 정체성을 살려야 하는 것이다.

---

64 해방절은 이집트에서의 해방을 기억하는 축일이고, 성찬은 예수의 '내어 줌과 쏟음'을 기억(루카 22,19 참조)하는 전례다. 마르코 복음서는 예수의 머리에 향유를 바른 여인의 이야기를 한 후 "온 세상 어디든지 복음이 선포되는 곳마다, 이 여자가 한 일도 전해져서 이 여자를 기억하게 될 것이다."(마르 14,9)라는 예수의 말씀을 전한다. 무덤에 갔던 여인들이 그곳에 예수의 시신이 없는 것을 확인하고, 그들은 예수의 말씀을 기억하고 제자들에게 그 사실을 알렸다(루카 24,8 참조). 요한 복음서에서는 예수가 제자들의 발을 씻은 다음 이렇게 말한다. "주님이며 스승인 내가 너희의 발을 씻었으면, 너희도 서로 발을 씻어 주어야 한다. 내가 너희에게 한 것처럼 너희도 하라고, 내가 본을 보여 준 것이다."(요한 13,14-15)

나오면서

신앙인 혹은 그들의 지도자들이 표현하는 신앙 언어는 그 자체로 권위를 가지는 것은 아니다. 오늘의 신앙인들이 있기 전에 신앙 언어는 이미 있었다. 따라서 오늘 신앙인의 언어는 그들보다 선행(先行)하는 것에 대해 감사하며 새롭게 응답하는 행위다. 신앙 언어보다 선행하는 것은 인류 안에 있었던 사랑, 보살핌, 용서 등이 의미하는 생명 현상이다. 우리는 그런 현상 속에서 인간의 구원을 위해, 인간 안에서 인간을 통해서 역사 속에서 일하시는 하느님의 창조적 행위를 보아야 한다. 종교인은 어느 특정 종교 언어 전통 안에서 하느님의 구원 행위를 언어와 놀이로 전환시키는 사람이다.

인간이 발생시킨 신앙 언어이지만, 하느님은 그 언어에 선재(先在)하는 원천이다. 하느님에 대한 신앙의 언어는 우리를 위해 말씀하시는 하느님에게 그 기원이 있다. 따라서 교회는 하느님에게 감사의 기도를 드리는 공동체다. 신앙 언어는 권위적이거나 독선적일 수 없다. "저희는 쓸모없는 종입니다. 해야 할 일을 하였을 뿐입니다."(루카 17,10)라고 말하는 자세로 표현되어야 한다. 신앙 공동체의 활동이 아무리 훌륭한 것이라 할지라도, 먼저 기도하는 공동체며, 인간 생명을 소중히 생각하고 보살핌을 실천하는 공동체라는 점을 잊어서는 안 된다. 공동체는 그들의 전례에서 보살피시는 하느님을 기억하고, 그들이 기억하며 깨달은 바를 그들의 삶에 실현해야 한다.

그리스도 신앙 언어 전통에서 예수는 당신의 말씀과 행동으로, 창조하시는 하느님의 보편적 구원 의지에 유일하게 얼굴을 준 인물이다. 그는 그 시대 사람들의 비종교적 동기로 된 재판의 결과로 십자가에서 죽었다. 예수를 재판한 유대인 최고 회의는 유대교 기성 질서에 혼란을 일으키는 예수를 거짓 예언자라는 죄목으로 제거하였고, 빌라도는 "군중을 만족시키려고"(마르 15,15) 예수의 처형을 용인하였다.

그런 의미에서 그리스도 교회들이 언급하는 핵심적 사건은 비종교적인 사건이며, 정치 · 역사의 한 과정이다. 따라서 교회는 사람들을 세상에서 유리(遊離)시켜서 하느님을 찾게 해서는 안 된다. 구원은 성전과 성사 안에서 영적으로만 체험되는 것이 아니다. 계시 혹은 신앙은 이 세상 현실을 외면하고, 유아독존(唯我獨尊)적 이방 지대(異邦地帶)로 사람들을 인도하지 않는다.

교회는 보살핌이라는 단어가 대표하는 하느님의 생명이 하시는 일을 기억하여 역사 안에 살아 있는 공동체가 되어야 한다. 교회가 하는 선교도 인간 유전자에 새겨져 있는 사랑과 보살핌을 부각시키면서 하느님을 믿는 것이 어떤 순리(順理)인지를 말할 수 있어야 한다. 교회는 예수의 죽음과 부활을 전례적으로 기억하면서, 신앙인들이 그분의 사랑과 보살핌을 자기들의 삶에 실천하게 하는 공동체다.

제10장

원시 신앙 공동체를 지배한 체험

들어가면서

'바다가 물러난 곳에 육지가 나타나듯이, 하느님이 물러난 곳에 세상이 생겨났다.'는 말이 있다. 이처럼 초기 그리스도 신앙 공동체는 예수가 물러난 곳에 나타났다. 그래서 예수를 교회의 설립자라고 말한다. 여기서 우리는 원시 신앙 공동체를 지배한 신앙 체험이 어떤 것이었는지를 확인해 보려 한다. 그것을 위해 우리는 초기 신앙 공동체들이 남긴 문서들 안에서 예수 그리스도로 말미암은 믿음의 어떤 체험이 신앙 공동체 발족의 원동력으로 작용하였는지를 보려 한다. 원시 그리스도 신앙 공동체를 지배한 확신(確信), 동기(動機), 가치관(價値觀)과 그것으로 말미암아 발생한 새로운 실천들을 보려는 것이다.

1. 예수에 대한 체험

예수에 대해 우리가 알 수 있는 것은 지극히 제한되어 있다. 우리는 그분의 외모(外貌)에 대해서도 아는 바가 없다. 그분은 그 시대 이스라엘 안의 어느 부류(部類)에도 속하지 않았다. 이런 까닭에 그분 공생활(公生活)의 시초에 그분의 가르침을 들은 사람들은 크게 놀랐다.

> 그들은 카파르나움으로 갔다. 예수님께서는 곧바로 안식일에 회당에 들어가 가르치셨는데, 사람들은 그분의 가르침에 몹시 놀랐다. 그분께서 율법 학자들과 달리 권위를 가지고 가르치셨기 때문이다. 마침 그 회당에 더러운 영이 들린 사람이 있었는데, 그가 소리를 지르며 말하였다. "나자렛 사람 예수님, 당신께서 저희와 무슨 상관이 있습니까? 저희를 멸망시키러 오셨습니까? 저는 당신이 누구신지 압니다. 당신은 하느님의 거룩하신 분이십니다." 예수님께서 그에게 "조용히 하여라. 그 사람에게서 나가라." 하고 꾸짖으시니, 더러운 영은 그 사람에게 경련을 일으켜 놓고 큰 소리를 지르며 나갔다. 그러자 사람들이 모두 놀라, "이게 어찌 된 일이냐? 새롭고 권위 있는 가르침이다. 저이가 더러운 영들에게 명령하니 그것들도 복종하는구나." 하며 서로 물어보았다. 그리하여 그분의 소문이 곧바로 갈릴래아 주변 모든 지방에 두루 퍼져 나갔다.(마르 1,21-28)

그분의 가르침을 듣고 그분이 하는 일을 본 군중은 서로 묻는다. 이것이 도대체 무엇을 의미하는가? 그들은 예수의 가르침이 율법 학자들의 것과 다르며 새로웠다고 증언한다. 후에 그분의 갈릴래아 활동이 끝날 무렵에 군중은 과거의 인물들을 거명하며 그분에 대해 말한다.

> 예수님께서 제자들과 함께 카이사리아 필리피 근처 마을을 향하여 길을 떠나셨다. 그리고 길에서 제자들에게, "사람들이 나를 누구라고 하느냐?" 하고 물으셨다. 제자들이 대답하였다. "세례자 요한이라고 합니다. 그러나 어떤 이들은 엘리야라 하고, 또 어떤 이들은 예언자 가운데 한 분이라고 합니다."(마르 8,27-28)

군중은 예수를 대단한 분이라고 생각하였지만, 그들은 그분의 고유함을 깊이 있게 알아보지는 못하였다. 그들은 예수가 어떤 분인지를 설명하기 위해 그들이 이미 알고 있는 과거의 인물들을 상기시킨다. 그러나 예수는 그들이 이미 알고 있는 과거의 인물들로는 설명이 되지 않았다. 그러면 예수가 보인 독창성은 무엇이었을까?

1.1. 투명하게 보는 예수

예수가 개입된 논쟁들을 보면, 예수는 문제의 근본을 보고 있었다. 안식일에 대한 그분의 말씀, 정(淨)과 부정(不淨)에 대한 말씀, 황제에게 바치는 세금에 대한 말씀 등에서 이를 살펴볼 수 있다.

안식일이 사람을 위하여 생긴 것이지, 사람이 안식일을 위하여 생긴 것은 아니다.(마르 2,27)

예루살렘에서 온 바리사이들과 율법 학자 몇 사람이 예수님께 몰려왔다가, 그분의 제자 몇 사람이 더러운 손으로, 곧 씻지 않은 손으로 음식을 먹는 것을 보았다. 본디 바리사이뿐만 아니라 모든 유다인은 조상들의 전통을 지켜, 한 움큼의 물로 손을 씻지 않고서는 음식을 먹지 않으며…… 그래서 바리사이들과 율법 학자들이 예수님께 물었다. "어째서 선생님의 제자들은 조상들의 전통을 따르지 않고, 더러운 손으로 음식을 먹습니까?" …… 그러고 나서 예수님께서는 다시 군중을 가까이 불러 그들에게 말씀하셨다. "너희는 모두 내 말을 듣고 깨달아라. 사람 밖에서 몸 안으로 들어가 그를 더럽힐 수 있는 것은 하나도 없다. 오히려 사람에게서 나오는 것이 그를 더럽힌다."(마르 7,1-3.5.14-15)

그 뒤에 그들은 예수님께 말로 올무를 씌우려고, 바리사이들과 헤로데 당원 몇 사람을 보냈다. 그들이 와서 예수님께 말하였다. "스승님, 저희는 스승님께서 진실하시고 아무도 꺼리지 않으시는 분이라는 것을 압니다. 과연 스승님은 사람을 그 신분에 따라 판단하지 않으시고, 하느님의 길을 참되게 가르치십니다. 그런데 황제에게 세금을 내는 것이 합당합니까, 합당하지 않습니까? 바쳐야 합니까, 바치지 말아야 합니까?" 예수님께서는 그들의 위선을 아시고 그들에게 말씀하셨다. "너희는 어찌하여 나를 시험하느냐? 데나리온 한 닢을 가져다 보여 다오." 그들이 그것을 가져오자 예수님께서, "이 초상과 글자가 누구의 것이냐?" 하고 물으셨다. 그들이 "황제의 것입니다." 하고 대답하였다. 이에 예수님께서 그들에게 이르셨다. "황제의 것은 황제에게 돌려주고, 하느님의 것은 하느님께 돌려 드려라." 그들은 예수님께 매우 감탄하였다.(마르 12,13-17)

문제를 제기하는 사람들에게 예수는 새로운 관점을 제공한다. 그분은 사람들이 갇혀 있는 좁은 시야(視野)에서 그들을 나오게 한다. 예수는 사람들이 문제의 근본을 꿰뚫어 보게 하신 분이다. 그리고 예수는 사람들과는 달리 행동한다. 그래서 군중이 "예수님께 매우 감탄하였다."라는 말이 복음서에 줄곧 나온다. 그리고 "많은 군중이 예수님의 말씀을 기쁘게 들었다."(마르 12,37)라는 말도 나온다.

1.2. 예수의 신앙 체험

예수가 독창적이었던 것은 그는 항상 하느님을 의식하며 말하고 하느님을 떠나서는 말하지 않는다는 점이다. 그분이 사물을 보고 판단할 때, 그 기준은 그분이 깊은 교감(交感)을 하고 있는 하느님 아버지였다. 그분은 하느님에서 출발하여 사물을 보고 판단하였다. 예수는 하느님이 사람들을 위해 어떤 자비며 사랑인지를 알리려 노력하였다. 예수는 억압받는 이들, 죄인들, 소외된 이들을 특별히 생각하고 배려하였다. 예수는 그런 이들과 사귀고, 그들과 함께 식탁에도 앉는다. 반면에 바리사이와 율법 학자들은 예수의 그런 처신을 비난하고 그분을 무시하였다.

예수는 그 시대 사람들의 관행을 따르지 않았다. 그분에게는 확신이 있었다. 그것은 하느님 아버지는 모든 사람을 사랑하신다는 확신이다. 예수는 그 사랑에 대한 확신으로 사람들이 하느님을 구실로 발생시키는 모든 인간 소외 현상, 곧 사람을 죄인으로 판단하고 인간이 겪는 고통을 하느님이 주신 벌이라고 말하는 것 등을 죄라고 믿었다. 예수가 사람들을 불쌍히 여기고, 가엾이 여겼다는 언급들의 배경에는 그 확신이 자리 잡고 있다.

예수의 그런 확신을 잘 설명해 주는 것이 루카 복음서 15장에 있는 세 개의 비유 말씀이다. 예수가 사람들에게 보이는 자비는 하느님 아버지의 것이었다. 예수는 그 자비를 실천하여 죄인들을 사랑하였다. 예수는 아버지로부터 유산(遺産)을 받아 아버지를 버리고 떠나간 죄인인 아들을 기다리는 아버지와 같이, 하느님이 죄인이 돌아올 것을 기다린다는 사실을 사람들에게 알리려 노력하였다. 그가 생각하기에 하느님은 죄인들이 돌아오면, 기뻐하시는 분이시다.

또한 예수는 기도하는 분이었다. 예수는 세례를 받기 전에 기도하였고, 열두 사도를 선택하기 전에 기도하였으며, 카파르나움에서 하루 종일 활동한 후에도 기도하였다. "새벽 아직 캄캄할 때, 예수님께서는 일어나 외딴곳으로 나가시어 그곳에서 기도하셨다."(마르 1,35) 예수는 겟세마니에서도, 그리고 십자가에서도 기도하였다. 예수는 자기 생애의 중요한 시점을 시작할 때, 항상 아버지께 혼자서 기도하고 있다.

예수의 기도는 아버지와 어떤 교감과 일체감을 나타내는 것으로 보인다. 그분에게 기도는 아버지가 당신에게 흘러들어 어떤 교감을 이루며 대화에 이르는 일체감을 체험하도록 해 주는 시간이었다. 그것은 예수가 하느님의 계획에 주목하는 계기이기도 하였다. 예수는 기도 중에 당신이 선택한 길을 끝까지 갈 수 있는 용기를 얻기도 했다. "아빠! 아버지! 아버지께서는 무엇이든 하실 수 있으시니, 이 잔을 저에게서 거두어 주십시오. 그러나 제가 원하는 것을 하지 마시고 아버지께서 원하시는 것을 하십시오."(마르 14,36)

예수의 기도는 또한 자신의 고독과 어떤 향수도 나타낸다. 예수는 자기가 하느님의 아들이라는 사실을 깊이 의식하고 있다. 그것은 예수가 지닌 고유한 신비이기도 하다. 예수는 사람들과 이야기하여 모든 것을 해결하고, 형제들을 위해 죽어서 만족할 수 있는 인물이 아니었다. 그분에게는 아버지이신 하느님만이 채워 줄 수 있는 고독이 있었고, 하느님만이 이해하고 함께 나눌 수 있는 풍요로움이 있었다. 예수의 기도는 아버지에게서 와서 아버지에게로 돌아가는 아들의 고독을 표현한다.

예수는 아버지의 뜻에 조건 없이 순종하는 사람이었다. 예수의 말과 행동은 아버지의 뜻에 순종하기 위한 것으로 보인다. 그런 의미에서 예수는 아버지의 완전한 모상(模像)이었다. 예수는 말한다. "내 양식은 나를 보내신 분의 뜻을 실천하고, 그분의 일을 완수하는 것이다." (요한 4,34) 이것은 예수가 하느님과 가진 관계를 이해하는 데에 중요한 말씀이다. 예수는 하느님에게 철저히 순종하는 실존을 살았다. 예수는 자기 자신에 대해 말하고 자기 위상을 높이는 실존을 살지 않았다. 그는 오로지 아버지의 뜻을 알리는 인물이었다.

1.3. 이타(利他)적 체험

예수는 본질을 투명하게 보고, 아버지에 대한 깊은 신앙 체험을 가졌을 뿐 아니라, 또한 자기 스스로를 온전히 내어 주는 삶을 살았다. 그분은 무엇을 소유하고 누리기 위해 살지 않았다. 예수는 자기를 하느님의 아들이라 주장하면서 자기 스스로를 인류 역사 밖에 세우려 하지 않았다. 그분은 오히려 인류 역사와 연대(連帶)하고, 그 역사를 자기 자신 안에 받아들였다. 그분은 세례를 받고, 유혹을 당하였다. 그분은 당신이 "섬김을 받으러 온 것이 아니라 섬기러 왔고, 또 많은 이들의 몸값으로 자기 목숨을 바치러 왔다."(마르 10,45)라고 말한다. 같은 복음서가 전하는 최후의 만찬 이야기에는 "이는 많은 사람을 위하여 흘리는 내 계약의 피다."(마르 14,24)라는 말도 있다. 속전(贖錢)이라는 말은 인류 안에 있는 인간 상호 간의 가장 철저한 연대를 나타내는 단어다. 속전을 지불하는 행위는 그것으로 자유롭게 되는 사람과 거리감 없이 철저하게 그 사람의 일을 대행하는 일체감에서 나온다.

1.4. 십자가의 체험

예수는 자신의 수난과 죽음을 자신이 한 말과 행동에 대한 유대교 당국의 반격이라고만 생각하지 않는다. 예수는 그것을 아버지의 뜻으로 받아들인다. 예수가 최후의 만찬[65]에서 하는 말과 행동은 구약성경의 계약(탈출 24,8 참조)과 '주님의 종'의 노래(이사 53장)를 상기시킨다. 예수는 여기서 자신의 죽음을 아버지에게 하는 순종으로 보고 있다. 예수

65 "그들이 음식을 먹고 있을 때에 예수님께서 빵을 들고 찬미를 드리신 다음, 그것을 떼어 제자들에게 주시며 말씀하셨다. '받아라. 이는 내 몸이다.' 또 잔을 들어 감사를 드리신 다음 제자들에게 주시니 모두 그것을 마셨다. 그때에 예수님께서 그들에게 이르셨다. '이는 많은 사람을 위하여 흘리는 내 계약의 피다. 내가 진실로 너희에게 말한다. 내가 하느님 나라에서 새 포도주를 마실 그날까지, 포도나무 열매로 빚은 것을 결코 다시는 마시지 않겠다.'"(마르 14,22-25)

는 평소에 자신이 살아온 대로 아버지께 순종하기 위해 죽어 간다. 따라서 십자가는 그리스도 신앙 체험의 근본을 나타내는 계시가 된다. 십자가는 아버지의 뜻을 따르면서 형제들을 위해 스스로를 내어 주는 삶, 곧 그리스도 신앙 체험을 나타내는 상징이다. 예수는 한 인간으로서 체험하는 연약함과 어둠을 그대로 지니고 수난과 죽음을 겪었다. 마르코 복음서는 사랑과 해방을 말하는 하느님이 때때로 침묵으로 또 벽으로 느껴졌기에, 예수는 홀로 어렵게 투쟁하는 인간의 한계를 체험하였다고 서술한다.

그들은 겟세마니라는 곳으로 갔다. 예수님께서는 제자들에게, "내가 기도하는 동안 너희는 여기에 앉아 있어라." 하고 말씀하신 다음, 베드로와 야고보와 요한을 데리고 가셨다. 그분께서는 공포와 번민에 휩싸이기 시작하셨다. 그래서 그들에게 "내 마음이 너무 괴로워 죽을 지경이다. 너희는 여기에 남아서 깨어 있어라." 하고 말씀하셨다. 그런 다음 앞으로 조금 나아가 땅에 엎드리시어, 하실 수만 있으면 그 시간이 당신을 비켜 가게 해 주십사고 기도하시며, 이렇게 말씀하셨다. "아빠! 아버지! 아버지께서는 무엇이든 하실 수 있으시니, 이 잔을 저에게서 거두어 주십시오. 그러나 제가 원하는 것을 하지 마시고 아버지께서 원하시는 것을 하십시오." 그러고 나서 돌아와 보시니 제자들은 자고 있었다. 그래서 베드로에게 "시몬아, 자고 있느냐? 한 시간도 깨어 있을 수 없더란 말이냐? 너희는 유혹에 빠지지 않도록 깨어 기도하여라. 마음은 간절하나 몸이 따르지 못한다." 하시고, 다시 가셔서 같은 말씀으로 기도하셨다. 그리고 다시 와 보시니 그들은 여전히 눈이 무겁게 내리감겨 자고 있었다. 그래서 제자들은 그분께 무슨 말씀을 드려야 할지 몰랐다. 예수님께서는 세 번째 오셔서 그들에게 말씀하셨다. "아직도 자고 있느냐? 아직도 쉬고 있느냐? 이제 되었다. 시간이 되어 사람의 아들은 죄인들의 손에 넘어간다. 일어나 가자. 보라, 나를 팔아넘길 자가 가까이 왔다."(마르 14,32-42)

마르코 복음서는 예수가 십자가에서 시편 22장을 기도하였다고 말한다. 그것은 하느님으로부터 버림받은 의인이 고통 중에 바치는 기도다. 그 시편에는 버려짐, 고독, 고통이 있고, 또 한편으로 평온, 인내와 신뢰가 보인다. 예수의 수난사는 예수의 수난이 지닌 양면성을 나타낸다. 십자가의 체험은 어둠과 밝음의 양면성이 있는 것이다.

2. 예수를 따르는 제자들의 체험

예수는 사람들로부터 자기의 기원(起源)에 대한 질문을 받았다. 예수는 하느님이 보내신 분이라고 주장하였지만, 그 주장은 사람들에게 받아들여지지 않았다.

예수님께서 그곳을 떠나 고향으로 가셨는데 제자들도 그분을 따라 갔다. 안식일이 되자 예수님께서는 회당에서 가르치기 시작하셨다. 많은 이가 듣고는 놀라서 이렇게 말하였다. "저 사람이 어디서 저 모든 것을 얻었을까? 저런 지혜를 어디서 받았을까? 그의 손에서 저런 기적들이 일어나다니! 저 사람은 목수로서 마리아의 아들이며, 야고보, 요세, 유다, 시몬과 형제간이 아닌가? 그의 누이들도 우리와 함께 여기에 살고 있지 않는가?" 그러면서 그들은 그분을 못마땅하게 여겼다. 그러자 예수님께서 그들에게 이르셨다. "예언자는 어디에서나 존경받지만 고향과 친척과 집안에서만은 존경받지 못한다." 그리하여 예수님께서는 그곳에서 몇몇 병자에게 손을 얹어서 병을 고쳐 주시는 것밖에는 아무런 기적도 일으키실 수 없었다. 그리고 그들이 믿지 않는 것에 놀라셨다. 예수님께서는 여러 마을을 두루 돌아다니며 가르치셨다.(마르 6,1-6)

예수님께서 "나는 하늘에서 내려온 빵이다." 하고 말씀하셨기 때문에, 유다인들이 그분을 두고 수군거리기 시작하였다. 그들이 말하였다. "저 사람은 요셉의 아들 예수가 아닌가? 그의 아버지와 어머니도 우리가 알고 있지 않는가? 그런데 저 사람이 어떻게 '나는 하늘에서 내려왔다.'고 말할 수 있는가?"(요한 6,41-42)

예수는 한편으로는 하느님의 나라가 다가왔다고 선포하였지만, 또

한편으로 그는 십자가라는 실패를 겪어야 했다. 그것이 예수로부터 부르심을 받은 제자들이 가야 하는 여정(旅程)이었다.

제자들은 예수를 따랐고, 예수로부터 특별한 가르침을 받았다. 그들은 예수에게 질문도 하고 예수와 함께 살았다. 그것은 그 시대 랍비들이 제자들을 가르치는 방식이었다. 랍비들은 각자 자기를 따르는 제자들을 데리고 다녔다. 그러나 이런 공통점 외에 제자들과 예수의 관계에는 랍비들의 관례와 특별히 다른 점이 있었다. 우선 예수의 부르심은 어떤 신속한 결단, 버림과 참여를 요구한다.

> 예수님께서 갈릴래아 호숫가를 지나가시다가, 호수에 그물을 던지고 있는 시몬과 그의 동생 안드레아를 보셨다. 그들은 어부였다. 예수님께서 그들에게 이르셨다. "나를 따라오너라. 내가 너희를 사람 낚는 어부가 되게 하겠다." 그러자 그들은 곧바로 그물을 버리고 예수님을 따랐다. 예수님께서 조금 더 가시다가, 배에서 그물을 손질하는 제베대오의 아들 야고보와 그의 동생 요한을 보시고, 곧바로 그들을 부르셨다. 그러자 그들은 아버지 제베대오를 삯꾼들과 함께 배에 버려두고 그분을 따라나섰다.(마르 1,16-20)

이 부르심이 요구하는 것은 예수의 뒤를 따라 걷는 것이다. 그것이 복음이 말하는 제자 됨의 성격이다. 그 시대 랍비와 제자의 일반 관례와는 다르다. 랍비의 제자가 될 사람은 먼저 랍비를 찾아가는 것이 정상적이다. 랍비의 명성을 들은 사람이 그가 가진 지식을 배우고자 찾아간다. 스승을 따르기 위한 것이 아니다. 그러나 복음서가 전하는 예수와 제자의 관계는 다르다. 예수가 먼저 제자를 불렀다. 그리고 제자들은 예수가 가진 지식을 배우겠다는 것이 아니라, 예수 자체를 배우고 따르겠다고 생각했다. 또한 관례에 따르면, 제자의 신분은 잠정적이다. 제자가 랍비를 찾아가서 배우는 것은 자기도 언젠가 랍비가 되기 위해서지만, 복음서가 말하는 제자 됨은 그것과 전혀 다르다. 제자는 항상 제자로 있다.

예수의 제자 됨은 스승과 같은 길을 가는 데에 있다. 그것은 십자가의 길이다. 그 길에는 어떤 깊이와 철저한 회심(回心)이 요구된다.

> 예수님께서 제자들과 함께 카이사리아 필리피 근처 마을을 향하여 길을 떠나셨다. 그리고 길에서 제자들에게, "사람들이 나를 누구라고 하느냐?" 하고 물으셨다. 제자들이 대답하였다. "세례자 요한이라고 합니다. 그러나 어떤 이들은 엘리야라 하고, 또 어떤 이들은 예언자 가운데 한 분이라고 합니다."
> 예수님께서 다시, "그러면 너희는 나를 누구라고 하느냐?" 하고 물으시자, 베드로가 "스승님은 그리스도이십니다." 하고 대답하였다. 그러자 예수님께서는 제자들에게, 당신에 관하여 아무에게도 말하

지 말라고 엄중히 이르셨다. 예수님께서는 그 뒤에, 사람의 아들이 반드시 많은 고난을 겪으시고 원로들과 수석 사제들과 율법 학자들에게 배척을 받아 죽임을 당하셨다가 사흘 만에 다시 살아나셔야 한다는 것을 제자들에게 가르치기 시작하셨다.

예수님께서는 이 말씀을 명백히 하셨다. 그러자 베드로가 예수님을 꼭 붙들고 반박하기 시작하였다. 그러나 예수님께서는 돌아서서 제자들을 보신 다음 베드로에게, "사탄아, 내게서 물러가라. 너는 하느님의 일은 생각하지 않고 사람의 일만 생각하는구나." 하며 꾸짖으셨다.

예수님께서 제자들과 함께 군중을 가까이 부르시고 그들에게 말씀하셨다. "누구든지 내 뒤를 따르려면 자신을 버리고 제 십자가를 지고 나를 따라야 한다. 정녕 자기 목숨을 구하려는 사람은 목숨을 잃을 것이고, 나와 복음 때문에 목숨을 잃는 사람은 목숨을 구할 것이다.(마르 8,27-35)

위 복음에서 베드로가 하듯이 예수를 메시아로 고백하는 것만으로 예수의 제자가 될 수 없었다. 제자는 스승이 가는 길을 가야 했다. 제자도 사람들이 상상하는 관례를 따라 메시아를 화려하게 상상하고 말할 수 있었지만, 제자는 자기가 상상하였던 메시아 상(像)을 버리고, 그가 꿈꾸었던 희망을 근본적으로 바꾸면서 "자신을 버리고"(마르 8,34) 따를 줄 알아야 했다. 그것이 하느님을 향한 참다운 회개다. 그리고 제자도 스승과 같이 십자가의 길을 가는 것이다. 제자도 자기의 실존을 내어 주는 것으로 만들어야 했다. "정녕 자기 목숨을 구하려는 사람은 목숨을 잃을 것이고, 나와 복음 때문에 목숨을 잃는 사람은 목숨을 구할 것이다."(마르 8,35)

예수를 따르는 제자들은 메시아에 대해 그 시대 군중과 같이 잘못된 생각을 가지고 있었다. 그들은 메시아가 오면 그들의 희망 사항이 곧 이루어지리라 믿었다. 예수가 그런 메시아가 아니라는 사실을 알았을 때, 군중은 즉시 돌아섰지만, 예수의 제자들은 이해하지 못하면서도 스승과 함께 머물렀다. 제자들은 스승에게 항상 충실하였다. 그들은 그들이 상상하던 것을 버리고, 예수에게 충실하였다. 따라서 무엇에도 흔들리지 않고, 주님에게 충실한 자세는 그리스도 신앙 체험의 본질이다.

3. 제자들에게 요구된 것, 하느님을 찾음

예수가 사람들을 가르쳤던 사회는 대단히 종교적이었다. 그러나 거기에는 하느님에 대해 잘못 생각하며 찾는 사람들도 많았다. 예수의 활동과 초기 신앙인들이 한 노력의 상당 부분이 그 시대 하느님에 대한 잘못된 생각을 지적하고 있다. 복음서들은 바리사이, 율법 학자들, 군중과 제자들이 가지고 있었던 잘못된 생각들을 지적한다. 마르코 복음서 7장 1절에서 23절까지의 말씀은 바리사이의 잘못된 영성을 지적한다. 그것은 그리스도 신앙의 영성에서도 발생할 수 있는 잘못이다. 하느님의 계명과 인간의 전통은 구별되어야 한다. 하느님의 계명은 영원하지만, 인간의 전통은 잠정적이다.

> "너희는 너희의 전통을 고수하려고 하느님의 계명을 잘도 저버린다. 모세는 '아버지와 어머니를 공경하여라.' 그리고 '아버지나 어머니를 욕하는 자는 사형을 받아야 한다.'고 말하였다. 그런데 너희는 누가 아버지나 어머니에게 '제가 드릴 공양은 코르반, 곧 하느님께 바치는 예물입니다.' 하고 말하면 된다고 한다. 그러면서 아버지나 어머니에게 더 이상 아무것도 해 드리지 못하게 한다. 너희는 이렇게 너희가 전하는 전통으로 하느님의 말씀을 폐기하는 것이다. 너희는 이런 짓들을 많이 한다."(마르 7,9-13)

예수는 유대교가 가르치던 깨끗한 것과 부정(不淨)의 구별을 철폐하였다. "예수님께서는 이렇게 모든 음식이 깨끗하다고 밝히신 것이다."(마르 7,19) 예수는 하느님이 현존하시는 공간과 현존하시지 않는 일반적 공간을 사람들이 구별하는 것도 원하지 않았다. 하느님을 만나기 위해서는 일상생활을 떠나야 하는 것이 아니다. 삶에서 하느님을 만나고자 하는 사람은 죄에서 벗어나야 한다.

예수는 율법을 해석한다는 핑계로 공연히 복잡하게 위선적인 율법 적용을 일삼는 사람들을 비난하였다. 그들은 율법을 소중히 생각하는 것 같이 보이지만, 사실은 그들이 율법을 훼손하고 있는 것이다.

그런 논쟁의 중심에 자리 잡고 있는 예수의 생각은 "사람 밖에서 몸 안으로 들어가 그를 더럽힐 수 있는 것은 하나도 없다. 오히려 사람에게서 나오는 것이 그를 더럽힌다."(마르 7,15)라는 말씀 안에 요약되어 있다. 결국 인간의 마음이 중요하다. 하느님의 뜻을 알려면 인간의 마음이 순수해야 한다. 하느님의 뜻은 문자 안에 있어서 그대로 반복해서 말하기만 하면, 다 되는 것이 아니다. 새로운 상황에서는 새롭게 하느님을 체험할 수 있고, 그분의 뜻을 새롭게 읽을 수 있는 내적 상황을 만들어야 한다.

예수로 말미암은 그런 논쟁에는 상대가 기본적인 것을 깨닫도록 하겠다는 예수의 의도가 들어 있다. 영적 탈선은 하느님에 대한 잘못된 이해에서 비롯된다. 안식일 계명에 대한 예수와 바리사이의 갈등을 예로 들어 보자. 어느 안식일에 예수가 밀밭 사이를 가는데 제자들이 밀 이삭을 뜯은 이야기가 있다(마르 2,23-28 참조; 마태 12,1-8 참조; 루카 6,6-11 참조). 예수가 안식일에 병자의 병을 고쳐 준 이야기도 있다(마르 3,1-6 참조; 마태 12,9-14 참조; 루카 6,6-11 참조). 다음의 한 구절이 예수의 생각을 요약한다. "안식일이 사람을 위하여 생긴 것이지, 사람이 안식일을 위하여 생긴 것은 아니다."(마르 2,27) 비슷한 말이 랍비의 가르침에도 있었지만, 유대교는 그것이 허용되는 경우를 제한하였다. 안식일에 할 수 있는 일은 자기 생명이 위험에 처했을 때 도망치는 것, 위험에 처한 사람을 돕는 것, 그리고 분만의 고통을 겪고 있는 여인을 돕는 것 정도였다.

예수는 바리사이의 형식주의만 비난하지 않고, 하느님에 대한 그들의 생각 자체를 비난했다. 예수님이 비난한 그들의 생각은 하느님이 인간보다 높으시기에 인간의 구원보다 하느님의 영광을 먼저 생각해야 한다는 것이다. 여기서 하느님의 영광은 인간의 구원과 상관없는 것으로 인식되었다. 이 인식에는 하느님이 사랑이라는 사실이 온전히 잊혀졌다. 바리사이들의 마음이 완고한 것(마르 3,5 참조)은 하느님과 그분의 영광에 대한 인식을 새롭게 하기 전에는 고쳐질 수 없는 것이었다. 예수가 율법에 대해 사람들과 겪는 다른 갈등에 대해서도 같은 해석을 해야 한다. 예수의 자비로운 행위들이 일으킨 충격들도 같은 맥락에서 보아야 한다.

4. 공관 복음서들이 전하는 원시 신앙 체험

4.1. 마르코 복음서

마르코 복음서는 기원후 70년경 이교도(異敎徒) 출신으로 이교도들과 더불어 살고 있는 신앙인들의 공동체를 위해 기록되었다. 이 복음서는 독자를 신앙에 입문시키려는 의도를 지니고 있다. 이 복음서는 많은 문제를 다루지 않는 대신 다음과 같은 기본적 물음에 답하고자 한다. 예수는 누구인가? 하느님의 나라는 어디에 있으며 그것의 존재 양식은 무엇인가? 하느님의 나라가 발전하는 원칙은 무엇인가? 제자들은 어떤 사람들인가?

그런 물음에 답하기 위해 마르코 복음서의 저자는 독자가 십자가를 알아듣도록 서서히 안내한다. 이 복음서는 모든 말씀을 십자가를 중심으로 엮어 나간다. 저자는 십자가를 망각하고, 기적으로 사람들의 시선을 빼앗는 영광의 그리스도 상(像)을 경계한다.[66] 십자가에 못 박히신 분에게서 하느님의 현존을 보아야 한다고 저자는 믿고 있다.

마르코 복음서는 하느님에 대한 올바른 인식과 잘못된 인식의 경계에 십자가가 있다고 생각한다. 예수의 참다운 제자는 십자가 밑에서 그분이 십자가에 돌아가신 순간에 그분을 하느님의 아들이라고 고백하는 백부장이다(마르 15,39 참조). 그 백부장은 하느님의 구원적 현존을

66 "예수님께서는 그 뒤에, 사람의 아들이 반드시 많은 고난을 겪으시고 원로들과 수석 사제들과 율법 학자들에게 배척을 받아 죽임을 당하셨다가 사흘 만에 다시 살아나셔야 한다는 것을 제자들에게 가르치기 시작하셨다. 예수님께서는 이 말씀을 명백히 하셨다. 그러자 베드로가 예수님을 꼭 붙들고 반박하기 시작하였다. 그러나 예수님께서는 돌아서서 제자들을 보신 다음 베드로에게, '사탄아, 내게서 물러가라. 너는 하느님의 일은 생각하지 않고 사람의 일만 생각하는구나.' 하며 꾸짖으셨다. 예수님께서 제자들과 함께 군중을 가까이 부르시고 그들에게 말씀하셨다. '누구든지 내 뒤를 따르려면 자신을 버리고 제 십자가를 지고 나를 따라야 한다.'"(마르 8,31-34)

기적 안에서만 보지 않고, 이 죽음 안에서 본다. 이 죽음은 사랑의 고집스러움이 만든 결과며, 인류와의 극단적 연대성을 나타내는 것이었다. 이 복음서는 예수의 수난을 우리의 구원을 위해 그리스도가 성취한 일일 뿐만 아니라, 하느님이 스스로를 나타내시는 가장 특징적 사건으로 이해한다.

마르코 복음서는 제자들에게 십자가의 길을 믿고 선택할 것을 권고한다. 복음서는 하느님을 체험하려는 사람에게 다른 길은 없다고 말한다. 십자가의 길은 자기의 목숨을 보존하기 위해 노력하는 것이 아니라, 목숨을 내어 주는 것이다(마르 8,34–35 참조). 그것은 결혼한 사람은 가장 철저하게 충실함을 사는 것(마르 10,1–12 참조)이며, 어린이를 받아들이는 것(마르 9,37 참조)이고, 가진 것을 모두 팔아 가난한 사람들에게 주는 것(마르 10,21 참조)이고, 또한 섬기는 것(마르 10,45 참조)이다.

물론 십자가의 길은 부활로 가는 길이다. 자기 스스로를 내어 주는 것이 아무 소용없는 허무한 일이라면, 그것은 기쁜 소식이 되지 못한다. 스스로를 내어 주는 사람에게는 하느님으로 말미암은 승리가 약속되어 있다. 그리스도를 따르는 일은 자기 자신을 잃어버리는 것이 아니라, 자기 자신을 되찾는 길이다. 그리스도의 제자는 "현세에서 박해도 받겠지만…… 백 배나 받을 것이고, 내세에서는 영원한 생명을 받을 것이다."(마르 10,30)라고 이 복음서는 약속한다.

비유 말씀들(마르 4장)은 마르코 복음서에서 중요한 자리를 차지한다. 이 복음서는 그리스도 신앙의 영적 체험과 깊이 관련된 문제에 답하려 한다. 예수의 말씀을 비롯해서 신앙 공동체가 전하는 메시지에 있는 하느님의 말씀에는 오직 적은 수의 사람들이 귀 기울일 뿐, 대부분의 사람들은 그것을 외면하거나 반대한다. 하느님의 말씀은 왜 그렇게 무기력한가? 마르코 복음서는 그 질문에 답하기 위해 먼저 이사야서를 인용하고[67], 세 개의 비유[68]에 대해 반성하게 한 다음, 예수가 풍랑을 가라앉힌 기적을 설명한다(마르 4,35-41 참조). 하느님의 말씀이 거부당한다는 사실이 전혀 놀랄 일이 아니라는 것이다. 그것은 이사야서가 이미 말하였듯이, 하느님이 계획하신 일이다.

하느님의 말씀은 하느님으로부터 오는 것이라, 그것은 이미 하나의 심판이다. 그것은 맑은 마음을 가진 사람에게는 빛이지만, 어두운 마음을 가진 사람에게는 어둠에 지나지 않는다. 받아들이거나 거절하는 것은 사람의 마음이 하는 일이다. 사람의 마음 상태의 차이를 이 복음서는 씨 뿌리는 사람의 비유로 설명한다. 말씀이 하느님에게서 오기에, 하느님 나라에 대한 말씀은 모든 이에게 투명할 수 없다. 그 문제에는 인간의 자유가 관여한다. 씨 뿌리는 사람의 비유는 하느님의 나

67 "보고 또 보아도 알아보지 못하고 듣고 또 들어도 깨닫지 못하여 저들이 돌아와 용서받는 일이 없게 하려는 것이다."(이사 6,9-10; 마르 4,12)

68 씨 뿌리는 사람의 비유(마르 4,13-20), 절로 자라는 씨의 비유(마르 4,26-29), 겨자씨의 비유(마르 4,30-32)

라가 거절당할 수 있다는 사실만 가르치지 않는다. 이 비유는 하느님이 초대하신다는 사실에 신뢰를 가지라고 권고한다. 씨는 많은 곳에서 거부당하고 있지만, 또한 많은 곳에서 열매를 풍부히 맺기도 한다.

스스로 자라는 씨의 비유도 희망을 가지라고 초대하는 말씀이다. 씨는 이미 뿌려졌고, 사람들의 저항에도 불구하고 그 씨는 자라고 있다. 그리고 겨자씨의 비유는 하느님의 나라는 겉으로 보기에는 보잘것 없고, 연약하다는 사실을 말한다. 그러나 하느님 나라의 말씀은 이미 주어졌고, 그 말씀은 세상 안에서 일하고 있다. 제자는 어려움과 박해에서 면제되지 않았다. 그 점에 있어서는 신앙인도 다른 사람들과 동일한 처지에 있는 것이다. 제자는 함께 계시는 주님에게 신뢰해야 한다. 풍랑을 가라앉힌 이야기(마르 4,35-41 참조)는 하느님 현존의 힘이 어떤 것인지를 보여 주면서, 제자는 비록 어려움 가운데에 있고, 그것이 절망적으로 보일 때에도, 믿음을 가져야 한다고 권한다.

마르코 복음서 13장이 취급하며 논하는 또 하나의 체험이 있다. 그것은 주님을 기다리는 것과 시간의 의미다. 마르코 복음서에는 사람의 아들이 다시 오신다는 전통적 확신이 자리하고 있다. 사람의 아들이 다시 오실 때에 사람의 아들은 승리하고 모든 사람이 그분을 알아볼 수 있게 될 것이다. 그리고 심판이 있으며, 선택된 이들, 곧 하느님 가족들의 모임이 있을 것이다. 사람의 아들이 "큰 권능과 영광을 떨치며 '구름을 타고'"(마르 13,26) 올 것이라고 말하지만, 그것은 하느님이 사랑을 버리고 권능으로 그것을 대체(代替)한다는 뜻이 결코 아니다. 만일 그렇다면 십자가가 구원 계획의 중심에 있을 수 없다. 종말에 가면, 십자가에 포함되어 있던 승리의 힘이 나타나는 것으로 이해해야 할 것이다.

이 복음서는 한편으로 주님이 오실 때가 가까웠다고 말하면서[69], 다른 한편으로는 그 날이 아직 멀었다고 말한다.[70] 이런 모순된 언급으로 마르코 복음서는 그리스도인의 깨어 있음이 어떤 것인지를 설명한다.[71] 인내심이 없어서도 안 되고, 세상에 동화되어서도 안 된다. 깨어 있으며 조심해야 하는 대상은 두 가지다. 첫째는 거짓 예언자들이 제시하는 영광된 상상에 빠지지 않도록 하는 것, 그리고 둘째는 세상에 영합하여 그 흐름에 자기 자신을 맡기는 일이 없도록 하는 것이다.

---

69 "이와 같이 너희도 이러한 일들이 일어나는 것을 보거든, 사람의 아들이 문 가까이 온 줄 알아라."(마르 13,29), "내가 진실로 너희에게 말한다. 이 세대가 지나기 전에 이 모든 일이 일어날 것이다."(마르 13,30), "주인이 갑자기 돌아와 너희가 잠자는 것을 보는 일이 없게 하여라."(마르 13,36)

70 "그리고 너희는 여기저기에서 전쟁이 났다는 소식과 전쟁이 일어난다는 소문을 듣더라도 불안해하지 마라. 그러한 일이 반드시 벌어지겠지만 그것이 아직 끝은 아니다."(마르 13,7), "먼저 복음이 모든 민족들에게 선포되어야 한다."(마르 13,10)

71 "너희는 누구에게도 속는 일이 없도록 조심하여라."(마르 13,5), "너희는 스스로 조심하여라. 사람들이 너희를 의회에 넘기고, 회당에서는 너희가 매를 맞을 것이다. 또 너희는 나 때문에 총독들과 임금들 앞에 서서 증언할 것이다."(마르 13,9), "너희는 조심하여라. 내가 이 모든 일을 너희에게 미리 말해 둔다."(마르 13,23), "너희는 조심하고 깨어 지켜라. 그때가 언제 올지 너희가 모르기 때문이다."(마르 13,33), "그러니 깨어 있어라. 집주인이 언제 돌아올지, 저녁일지, 한밤중일지, 닭이 울 때일지, 새벽일지 너희가 모르기 때문이다."(마르 13,35), "내가 너희에게 하는 이 말은 모든 사람에게 하는 말이다. 깨어 있어라."(마르 13,37)

4.2. 마태오 복음서

이 복음서는 기원후 80년을 전후해서 팔레스티나에 살던 유대교 출신 그리스도인들이 집필한 것이다. 70년에 유대 전쟁이 패전이라는 비극으로 끝나고, 유대교는 그 폐허 위에서 율법을 중심으로 정통성을 되찾기 위해 쇄신의 노력을 하고 있었다. 유대교 당국의 그런 노력 앞에서 마태오 복음서 공동체는 스스로에게 묻는다. 유대교의 정통성에 비추어 그리스도 신앙의 고유함은 무엇인가? 이 질문에 답하기 위해 복음서 저자는 복음서 전체를 율법 학자와 바리사이들이 주장하는 유대교적 의로움에 대한 긴 논쟁과 같이 기록하였다. 그는 그리스도 신앙이 제시하는 의로움이 무엇인지를 설명하면서 그것이 성경 전체, 곧 구약성경과 어떤 조화를 이루는지를 보여 주려 한다.

이 복음서는 예수가 당신의 가르침을 산 위에서 시작하고 그 가르침은 하느님 나라의 새로운 법을 선포하는 것이었다고 말한다(마태 5-7장 참조). 예수는 새로운 모세다. 산상 설교를 보면 마태오 복음서 저자의 의도가 보인다. 루카 복음서가 이 부분에서 참다운 행복과 사랑의 법이라는 본질적인 문제를 다루고 있는 반면, 마태오 복음서는 율법 학자와 바리사이들이 주장하는 의로움을 조명하면서 예수의 제자 된 자가 추구하는 의로움이 더 우월하다는 사실을 설명한다. "너희의 의로움이 율법 학자들과 바리사이들의 의로움을 능가하지 않으면, 결코 하늘 나라에 들어가지 못할 것이다."(마태 5,20) 이 복음서는 단식과 보시(布施)와 기도를 많이 하라는 식으로 인간이 해야 할 일의 양을 강조하거나 법을 세심하게 지켜야 한다며 불안을 조성하지 않는다. 그리스도 신앙인이 하는 일은 유대교 신앙인이 하는 것과는 질적으로 다르다.

예수에게 하느님의 뜻은 그 본질에 있어 사랑의 우월성에 있다. 그 사랑을 빛으로 삼아 모든 것을 보고 판단해야 한다. 그런 뜻으로 "하늘의 너희 아버지께서 완전하신 것처럼 너희도 완전한 사람이 되어야 한다."(마태 5,48)라는 말씀이 있다. 그 말씀은 아무 일에나 완전하게 곧 완벽하게 되라는 뜻이 아니다. 사랑과 용서에 있어서 완전한 사람이 되라는 말씀이다. 그것은 원수를 사랑하고 자기를 박해하는 사람을 위해 기도하는 완전함이다. 그것은 선한 사람에게나 악한 사람에게나 해를 떠오르게 하시는 하느님을 닮는 길이기에 완전하다. 그것이 예수의 제자 된 자가 추구하는 의로움이고, 그 의로움은 율법 학자와 바리사이의 것과는 비교가 되지 않는다.

이 복음서는 두 주인을 섬기지 못한다는 말씀과 더불어 하느님과 재물 사이에 선택할 것을 요구하면서도, 마음의 평온함이 제자 된 자의 징후(徵候)라고 말한다. 복음서는 "걱정하지 마라."라는 말을 계속 반복한다(마태 6,24-34 참조). 불안과 고뇌에 찬 노력은 이교도들이 가진 모습이기 때문이다. 예수의 제자 된 자의 마음은 맑고 평온하다. 아버지에 대해 신뢰를 가지는 것은 투신(投身)하지 않는 자세를 의미하지 않는다. 그러나 전력을 다 하여 시급하게 투신할 때도 신앙인의 마음은 맑고 평온함을 유지한다. 돈에 대한 집착은 하느님을 버리고 우상을 택하는 것이다. 그것은 하느님을 아버지로 고백하는 것을 정면으로 부인하는 것이다. 그것은 아버지의 말씀에서 안전을 찾지 못하고 인간이 자기의 힘으로 안전을 보장하기 위해 돈을 찾아가는 행위다. 돈을 찾아 나선 사람은 걱정하며 고뇌에 차 있다. 그것은 이교도(異教徒)들이 하는 일이다.

그리스도 신앙에 있어 본질적인 것은 입으로 그리스도를 고백하는 데에 있지 않다.[72] 말씀을 듣고 실천하는 사람은 반석 위에 집을 짓는 사람이다. 말씀을 듣고 실천하지 않는 사람은 모래 위에 집을 짓는 사람이다. 열 처녀의 비유(마태 25,1-13 참조)에서는 슬기로운 처녀와 어리석은 처녀가 대조되어 나온다. 여기서 슬기로운 사람은 말씀을 듣고 실천하는 사람이며 어리석은 사람은 실천하지 않는 사람이다.[73] 탈렌트

72 "나에게 '주님, 주님!' 한다고 모두 하늘 나라에 들어가는 것이 아니다. 하늘에 계신 내 아버지의 뜻을 실행하는 이라야 들어간다. 그날에 많은 사람이 나에게, '주님, 주님! 저희가 주님의 이름으로 예언을 하고, 주님의 이름으로 마귀를 쫓아내고, 주님의 이름으로 많은 기적을 일으키지 않았습니까?' 하고 말할 것이다. 그때에 나는 그들에게, '나는 너희를 도무지 알지 못한다. 내게서 물러들 가라, 불법을 일삼는 자들아!' 하고 선언할 것이다."(마태 7,21-23)

73 "그러므로 나의 이 말을 듣고 실행하는 이는 모두 자기 집을 반석 위에 지은 슬기로운 사람과 같을 것이다. 비가 내려 강물이 밀려오고 바람이 불어 그 집에 들이쳤지만 무너지지 않았다. 반석 위에 세워졌기 때문이다. 그러나 나의 이 말을 듣고 실행하지 않는 자는 모두 자기 집을 모래 위에 지은 어리석은 사람과 같다. 비가 내려 강물이 밀려오고 바람이 불어 그 집에 휘몰아치자 무너져 버렸다. 완전히 무너지고 말았다."(마태 7,24-27)

의 비유(마태 25,14-30 참조)에서도 충실한 종은 말씀을 듣고 실천하는 사람이다. 최후의 심판 이야기(마태 25,31-46 참조)에서도 사랑을 실천하였는지 그 여부가 심판의 기준이다. 이러한 심판에서 드러나는 것은 인간의 참다운 정체성이다. 신앙인은 그것을 지금부터 벌써 알고 있다. 형제에 대한 사랑만이 실제로 주님을 뵙게 할 것이다.

마태오 복음서가 특별히 관심을 가지는 것이 있다. 그것은 우리가 어디서 어떻게 주님을 만날 수 있는가 하는 문제다. 이 복음서는 그 시작에 예수는 "하느님께서 우리와 함께 계시다."(마태 1,23)라는 이름으로 불릴 것이라고 선언한다. 그리고 복음서를 끝내면서 부활하신 예수는 "내가 세상 끝 날까지 언제나 너희와 함께 있겠다."(마태 28,20)라고 장엄하게 선포한다. 따라서 주님은 우리를 떠나지 않았다. 그분은 항상 우리와 함께 계시는 하느님이다. 그러면 그분이 현존하시는 구체적이고 객관적인 장소는 어디일까? 마태오 복음서는 예수의 이름으로 모인 공동체 안에[74], 성찬 안에[75], 당신의 말씀을 선포하는 사도들 안에[76], 말씀을 선포하는 선교사를 받아들이는 사람들 안에[77], 버려진 가난한 형

74 "두 사람이나 세 사람이라도 내 이름으로 모인 곳에는 나도 함께 있기 때문이다."(마태 18,20)

75 "그들이 음식을 먹고 있을 때에 예수님께서 빵을 들고 찬미를 드리신 다음, 그것을 떼어 제자들에게 주시며 말씀하셨다. '받아 먹어라. 이는 내 몸이다.'"(마태 26,26)

76 "내가 너희에게 명령한 모든 것을 가르쳐 지키게 하여라. 보라, 내가 세상 끝 날까지 언제나 너희와 함께 있겠다."(마태 28,20)

77 "너희를 받아들이는 이는 나를 받아들이는 사람이고, 나를 받아들이는 이는 나를 보내신 분을 받아들이는 사람이다."(마태 10,40)

제들 안에[78] 계신다고 말하기를 주저하지 않는다.

4.3. 루카 복음서

이 복음서의 저자는 그 서론에서 언급하였듯이, "우리 가운데서 이루어진 일들을…… 순서대로 적어"(루카 1,1-3), 곧 메시지를 그 기원에서부터 비판적으로 엮었다고 말한다. 그가 이 긴 작업을 한 것은 공동체가 "존귀하신 테오필로스"(루카 1,3)에게 전수한 가르침이 믿어도 될 일이라는 사실을 알리기 위한 것이다. 이 복음서가 기록된 것은 기원후 70년 이후다. 이때는 그리스도 신앙 언어 안에 벌써 새로운 다른 것들이 나타나기 시작하는 시기다. 그래서 이 복음서는 공동체가 하는 교리 교수(敎理敎授)가 사람들의 생각을 기반으로 한 것이 아니라, 사도들로부터 전해진 전승에 기반을 둔 것이라야 한다고 말한다.

한편 루카 복음서는 전승에 충실하다는 것이 전해진 말을 반복하기만 하는 것이 아니라는 사실도 보여 준다. 이 복음서 저자는 마르코 복음서와 다른 자료들을 참고하면서 그 시대 사람들의 요구에 응할 수 있도록 다시 각색하여 기록한다. 그는 그렇게 함으로써 전승(傳承)과 시사성(時事性) 사이에 균형을 잡으면서, 충실(忠實)하다는 것이 반드시 쇄신(刷新)을 외면하는 것이 아니라는 사실을 보여 준다.

---

78 최후의 심판 이야기(마태 25,31-40)

예수의 생애는 실제로 있었던 역사적 사건이다. 그것은 하나의 신화가 아니다. 어떤 면에서 예수의 생애는 다른 사람들의 것과 같은 의미에서 연구와 증언의 대상이다. 루카 복음서는 그 서론에서 그 사실을 분명하게 표현하고 있다. 그러나 또한 예수의 생애에는 다른 사람들의 것과 다른 점이 있다. 그것은 하느님이 구원을 위해 하신 일이 담겨 있는 생애다. 그런 의미에서 예수의 생애는 영원히 현시성(現時性)을 지닌 것이기도 하다. 신앙 공동체들은 예수가 체험한 사건들을 자기들의 삶에서 다시 살아나게 한다. 그런 의미에서 그 사건들은 현재에도 일어나는 구원적인 것이라고 말할 수 있다.

그 사건들이 우리 안에 일어나는 구원의 역사라는 의미에서 오늘을 위한 복음이라고도 말할 수 있다. 그런 의식이 있었기에 이 복음서 저자는 히브리인들 사이에서 일어난 일인데도 불구하고 복음서 서론에서 "우리 가운데서 이루어진 일들"이라고 말할 수 있었다. 같은 동기로 저자는 예수의 생애를 복음서에서 서술하고 이어서 교회의 역사 곧 사도행전을 기록하였다. 그의 생각에 참다운 교회의 역사는 예수의 생애에 연결되어 있고, 하느님이 하시는 일이 실현되는 구원의 역사이기에, 교회의 역사도 하나의 복음이다. 예수의 시기(時期)를 지속시키는 교회의 시기라는 저자의 의도를 전제하고, 그가 말하는 그리스도 신앙 체험을 이해해야 할 것이다.

4.3.1. 극단성(極端性)과 일상성(日常性)

루카 복음서는 예수의 요구에 극단성이 있었다는 사실을 간과하지 않았다. 자신에 대한 포기, 가난과 재물의 위험, 형제애와 나눔 등에 대한 예수의 요구가 극단적이었다는 것을 그는 잘 알고 있었다. 그러면서 그는 그 복음적 요구들을 일상적인 것과 연결시킨다. "예수님께서 모든 사람에게 말씀하셨다. '누구든지 내 뒤를 따라오려면, 자신을 버리고 날마다 제 십자가를 지고 나를 따라야 한다.'"(루카 9,23) 이는 날마다 져야 하는 십자가를 모든 신앙인에게 요구하는 것이다.

이 복음서는 예수가 요구한 것을 모든 이의 일상(日常) 생존에 편입시킨다. 그러면서도 그는 그 요구들의 극단적 성격을 완화하지 않는다. 일상의 삶에서도 극단적 선택을 실천할 수 있다는 것이다. 이 저자는 이 극단성과 일상성을 실천한 모델로 예수를 제시한다. 사람들에게 해방을 실현하는 예수(루카 4,14-30 참조), 자비를 실천하는 예수(루카 5장 참조)가 그 모델이고, 특히 수난사에서 예수는 그리스도 신앙의 순교자 모습이다.

4.3.2. 교회의 시기는 증언의 시기다

루카 복음서 저자는 자기의 두 작품 중간에 승천의 이야기를 두고 있다. 하나는 복음서의 결론과 같이(루카 24,50-53 참조), 또 하나는 사도행전의 도입 부분과 같이 기록되어 있다. 복음서의 승천 이야기는 아버지를 향해 간 예수의 마지막 길이고, 사도행전의 것은 보편성을 향한 교회의 시작의 길이다. 예수가 아버지에게 올라간 것은 사라진 것이 아니라, 새로운 실존 양식을 취한 것이었다. 그리스도는 눈으로 볼 수 있는 당신의 현존을 사라지게 하고, 이제는 신앙에, 신앙을 선포하는 말씀에, 형제적 친교에, 빵 나눔에 그리고 성령에 현존하신다. 더불어 교회의 시작에 승천을 이야기하는 것은 교회의 사명이 그분에 대한 증언에 있다는 것이다. "성령께서 너희에게 내리시면 너희는 힘을 받아, 예루살렘과 온 유다와 사마리아, 그리고 땅끝에 이르기까지 나의 증인이 될 것이다."(사도 1,8)[79] 신약성경의 모든 전승들은 이 증언을 하고 있다. 그리고 이 증언은 그리스도적 영성의 핵심이기도 하다.

루카 복음서는 다음과 같이 증언의 특징을 이야기한다. 첫째로, 보편성이다. 루카 복음서의 저자에 따르면 그리스도를 증언하지 못하는 장소는 없다. "성령께서 너희에게 내리시면 너희는 힘을 받아, 예루살렘과 온 유다와 사마리아, 그리고 땅끝에 이르기까지 나의 증인이 될 것이다."(사도 1,8) 둘째로, 예수가 겪은 수난의 재현(再現)이다. 스테파노의 순교 이야기(사도 7,54-60 참조)에서 볼 수 있듯이, 그리스도인이 받는

79 "그리고 예루살렘에서부터 시작하여, 죄의 용서를 위한 회개가 그의 이름으로 모든 민족들에게 선포되어야 한다. 너희는 이 일의 증인이다."(루카 24,47-48)

박해는 예수가 받은 수난을 재현하는 것이다. 셋째로, 증언은 말씀을 함께 듣는 데에서, 예배에서 그리고 형제적 친교에서 실현된다. 루카 복음서의 저자에 따르면 그리스도의 부활과 그분이 하시는 갱신의 힘이 사람들의 눈에 보이게 나타나는 것은 그리스도인들의 형제애다.[80]

그리고 마지막 특징은 신앙인들은 현실을 도피하거나 종말을 기다리지 않고, 자기가 사는 역사의 현실에 스스로 투신함으로써 증언한다는 것이다. "갈릴래아 사람들아, 왜 하늘을 쳐다보며 서 있느냐? 너희를 떠나 승천하신 저 예수님께서는, 너희가 보는 앞에서 하늘로 올라가신 모습 그대로 다시 오실 것이다."(사도 1,11) 루카 복음서의 저자에 따르면 그리스도의 재림은 당장 일어날 일도 아니고, 재림에 시선을 빼앗겨, 현실을 도피해서도 안 된다. 그리스도를 증언하는 사람은 이 세상의 길을 달린다. 신앙인은 지속되는 인류 역사가 구원을 위한 시기라는 사실을 알고 있다. 그리고 하느님의 나라는 우리들 가운데 있다. "'보라, 여기에 있다.', 또는 '저기에 있다.' 하고 사람들이 말하지도 않을 것이다. 보라, 하느님의 나라는 너희 가운데에 있다."(루카 17,21)

---

80 "신자들은 모두 함께 지내며 모든 것을 공동으로 소유하였다. 그리고 재산과 재물을 팔아 모든 사람에게 저마다 필요한 대로 나누어 주곤 하였다."(사도 2,44-45)

4.3.3. 성령에 대한 체험

루카 복음서는 마르코 복음서나 마태오 복음서에 비해 성령의 현존에 대해 더 큰 관심을 보인다. 루카는 그리스도 신앙 체험은 성령에게 순종하는 그만큼 올바른 것일 수 있다고 믿는다. 성령이 우리 안에 하시는 일은 예수의 체험과 그리스도인의 체험을 연결하여 그 지속성을 보장하는 데에 있다. 물론 지속성을 보장하는 다른 요인들도 있다. 성경, 예수가 하신 말씀들에 대한 기억, 사도들, 그리고 신앙 공동체의 제도들이 그것이다. 그러나 그런 것들보다 성령이 계시기에 교회의 시기를 구원의 시기라고 말할 수 있다는 것이 중요하다.

성령이 계시기에 교회 안에 하느님의 말씀이 살아 계신다. 그 옛날 예수의 말씀이 하느님의 말씀으로 들렸던 것도 성령이 계셔서 가능한 일이었다. 그래서 루카 복음서는 하느님께 신뢰하며 지속적으로 기도하는 사람에게 하느님이 주시는 귀한 선물이 성령이라고 말한다. "너희가 악해도 자녀들에게는 좋은 것을 줄 줄 알거든, 하늘에 계신 아버지께서야 당신께 청하는 이들에게 성령을 얼마나 더 잘 주시겠느냐?" (루카 11,13)

성령은 또한 함께 기도하는 공동체에 주어져서 공동체가 보편성을 향해 열려 있게 한다.

오순절이 되었을 때 그들은 모두 한자리에 모여 있었다. 그런데 갑자기 하늘에서 거센 바람이 부는 듯한 소리가 나더니, 그들이 앉아 있는 온 집 안을 가득 채웠다. 그리고 불꽃 모양의 혀들이 나타나 갈라지면서 각 사람 위에 내려앉았다. 그러자 그들은 모두 성령으로 가득 차, 성령께서 표현의 능력을 주시는 대로 다른 언어들로 말하기 시작하였다.

그때에 예루살렘에는 세계 모든 나라에서 온 독실한 유다인들이 살고 있었는데, 그 말소리가 나자 무리를 지어 몰려왔다. 그리고 제자들이 말하는 것을 저마다 자기 지방 말로 듣고 어리둥절해하였다.

그들은 놀라워하고 신기하게 여기며 말하였다. "지금 말하고 있는 저들은 모두 갈릴래아 사람들이 아닌가? 그런데 우리가 저마다 자기가 태어난 지방 말로 듣고 있으니 어찌 된 일인가?

파르티아 사람, 메디아 사람, 엘람 사람, 또 메소포타미아와 유다와 카파도키아와 폰토스와 아시아 주민, 프리기아와 팜필리아와 이집트 주민, 키레네 부근 리비아의 여러 지방 주민, 여기에 머무르는 로마인, 유다인과 유다교로 개종한 이들, 그리고 크레타 사람과 아라비아 사람인 우리가 저들이 하느님의 위업을 말하는 것을 저마다 자기 언어로 듣고 있지 않는가?"

그들은 모두 놀라워하고 어쩔 줄 몰라 하며, "도대체 어찌 된 영문인가?" 하고 서로 말하였다. 그러나 더러는 "새 포도주에 취했군." 하며 비웃었다.(사도 2,1-13)

성령은 신앙 공동체에 선교적 충동을 일으켜서 선교할 용기를 준다. 그러나 성령은 반대를 당하지 않는 힘을 주지는 않으신다. 같은 반대를 겪으면서도 하느님의 현존을 생각하는 사람이 있을 수 있고, 잘못된 정신의 남용만을 생각할 수도 있다. 성령은 그런 선택 앞에 교회 공동체와 사도들을 인도하신다. 그러나 그 선택은 항상 인간이 만드는 차별을 넘어서는 보편성(사도 10장 참조), 인간이 만드는 장애와 차별들을 넘어서는, 복음으로 말미암은 자유(사도 15장 참조), 사랑과 일치를 긍정하는 방향으로 가게 한다.

제11장

오늘의 그리스도 신앙 공동체

들어가면서

그리스도 신앙은 죽고 부활하신 예수 그리스도로 말미암아 발생한 삶의 운동, 곧 하나의 놀이다. 교회는 그 놀이에 가담하여 예수 그리스도의 복음을 따라 실천하는 사람들의 공동체다. 과거 사회에는 위계질서(位階秩序)가 있었고, 그 위계질서 안에 편입되는 것은 곧 그 사람의 실효성을 높이는 길이었다. 교회 조직에도 당연히 위계질서가 있었고, 교회는 하나님과 인간 사이에서 구원을 중재(仲裁)하는 일종의 권력 구조와 같았다. 교회는 예수 그리스도로부터 배워서 하나님에게 기원(起源)이 있는 구원적 실천 혹은 놀이를 하는 사람들의 모임이었지만, 그 조직은 그 시대의 사회 안에서 통용되던 양식(樣式)으로 된 것이었다. 그 조직에는 유식하고 유능한 상부 구조가 있고, 그 상부 구조가 발생시키는 질서와 혜택에 참여하는 하부 구조가 있었다. 그런 세상에서 인간답게 사는 것은 수직적 사회 구조에 길들여지는 것이고, 그 상부 구조로부터 문화적 혜택을 받아서 가능한 일이었다.

교회는 인간의 모임이기에 거기에는 예수 그리스도를 선포하는 데에 장애로 작용하는 요인들이 있을 수 있다. 교회에도 사람들의 야심이나 소홀함이 숨어 있을 수 있다. 더욱 중요한 일일수록 위선(僞善)과 거짓은 더 많이 숨어드는 법이다. 교회는 과거 어느 한 시대의 문화적 언어, 곧 예배와 제도와 법을 강요함으로써 타문화권의 세대에 속하는 사람들, 특히 오늘의 사람들이 예수 그리스도를 알아듣고 실천하는 데 지장을 주기도 한다.

교회 안의 권위에 대한 언어는 오늘 많은 문제를 안고 있다. 소위 교계 제도(敎階制度)라는 것은 과거 문화권에서는 공동체가 예수 그리스도를 영접하는 데에 도움을 주는 상부 구조인 봉사 직무로 이해되었지만, 교회가 지리적으로 또 사회적으로 팽창하면서, 그것은 많은 계층과 신분을 만들었다. 그 제도는 오늘 교회 안에 필요 없는 고통과 잡음을 발생시키고, 많은 신자들이 교회의 질서를 정치 질서에 준하는 것으로 오해하는 계기를 제공하기도 한다. 오늘날 교회 안에 직무를 가진 사람들이 즐겨 사용하는 교도권(敎導權, magisterium)이라는 단어는 19세기부터 통용된 것으로 크고 높은(magis-major) 직무를 의미한다. 그 반면, 예수의 가르침이 반영되고, 초기 신앙 공동체로부터 시작하여 오랫동안 사용해 온 낱말은 봉사 직무(奉仕職務, ministerium)다. 이 단어는 낮고 작은(minor) 자의 직무를 의미한다.

오늘날 세상은 유럽 중세와 같은 봉건 사회도 아니고, 군주(君主) 사회도 아니다. 극소수의 유식한 사람들로 구성된 상부 구조가 있고, 무식하고 몽매한 대다수의 사람들로 구성된 하부 구조가 있는 세상도 아니다. 수직적 사회 구조 안에서 황공하게 살아가는 백성은 이제 사라졌다. 오늘 사람들은 대중 매체(大衆媒體)의 혜택으로 각자 자기가 필요한 정보를 충분히 지니고 산다. 그들은 수평적으로 다른 사람들과 긴밀하게 연결되어, 각자 서로의 자유의사를 존중하고, 창의력을 동원하여 실효성 있는 일을 하며 산다. 그런 세상에서 과거 봉건 사회와 군주 사회에 이상적이었던 교계 제도는 현재 심각한 부작용들을 낳고 있다. 이는 알아야 할 사람들이 모르고 있는 현상이며, 그것은 반복음적이고 반그리스도적이기도 하다.[81]

제2차 바티칸 공의회에서는 "교회는 항상 정화되어야 하겠기에 끊임없이 회개와 쇄신을 계속하는 것이다."[82]라고 말하였다. 교회는 회개와 쇄신으로 끊임없이 새로워져야 한다는 말이다. 그러나 공의회가 끝난 지 이미 50년을 넘었지만, 교회는 과거 사회에서 얻어 온 교계

81 오장균, "거꾸로 가는 세상, 거꾸로 가는 교회", 〈사목〉 214호, 1996년 11월, 42-49면 참조.
82 〈교회에 관한 교의 헌장〉, 8항.

제도를 쇄신하지 않고 있다.

최근 신자들의 미사 참석률이 저하하고, 영세 입교하는 사람들의 수도 줄면서 교회 봉사 직무에 몸담은 사람들 중에는 현대인의 의식을 탓하고 수계(守誡) 생활을 더 엄격하게 해야 한다고 주장하기도 한다. 어떤 이들은 본당 규모를 줄이고 소형화하거나 소공동체 운동을 활성화하면, 그런 현상을 개선할 수 있다고 말하기도 한다. 그러나 현재 우리 교회가 안고 있는 문제는 봉사 직무에 몸담은 사람들의 의식이 현대 사회를 외면하고, 과거의 제도만을 고집한다는 데에 있다. 봉사 직무에 종사할 사람들을 양성하는 기관들도 영성(靈性)은 세상과 분리되면 될수록 깊어진다는 착각에 빠져 있으면서 과거 사회에서 얻은 언어를 절대화하려 한다.

봉사 직무에 몸담은 사람들의 의식 구조에도 문제가 있다. 그들은 아직도 상부 구조와 하부 구조가 있던 과거의 사회관에서 벗어나지 못하고 있다. 말은 봉사한다고 말하면서 실제로는 군림하도록 되어 있는 과거 교회의 제도에서 나온 의식 구조를 벗어나지 못하고 있다. 과거 사회는 신분 사회였다. 당연히 교회도 신분 위주의 직무로 조직되었다. '서품(敍品)'이라는 단어가 그 사실을 말해 준다. 신분의 품위를 수여한다는 뜻이다. 그러나 현대 사회에서는 인간의 실효성이 신분과 연계되어 있지 않다. 현재 가톨릭교회는 인간의 실효성을 외면하고,

복음이나 하느님을 배경으로 한 권위주의로 그 비효율성을 극복하려 한다. 교회의 봉사 직무자들의 마음 자세가 무엇을 가르치겠다는 우월감에 젖어 있기에 복음 정신과 가까워질 수 없다. 현재 가톨릭교회 신자들은 들을 만한 강론이 없다는 것이 중론이다. 본당에서는 신부가 본당을 위해 있는지 본당이 신부를 위해 있는지 의문을 낳게 하는 일들이 계속 발생하고 있다.

같은 의문을 교구와 주교의 관계에 대해서도 갖지 않을 수 없다. 한 교구의 사목을 책임진 교구장이라는 주교가 그 자리에 75세까지 있는 현행 제도는, 한 번 주교가 되면 30년 혹은 40년도 있을 수 있다는 말이다. 이것은 중세 봉건 사회의 영주들이 죽기까지 영주로 있었던 것과 차이가 없는 제도다. 현대 사회는 직무자의 실효성을 중요하게 생각한다. 그런 의식이 반영된 것이 직무의 임기(任期) 제도다. 높은 사람이 그 자리를 지켜만 주어도, 성은(聖恩)이라 생각하던 세상은 이미 사라졌다. 정치하는 사람들의 장기 집권에 반대하고 투쟁한 한국 가톨릭교회의 주교들이 자기 자신들의 장기 집권에 대해선 아무런 모순을 느끼지 않는다는 사실을 어떻게 설명해야 할까?

그런 아전인수(我田引水)식 사고방식은 노동 운동에 대한 일부 가톨릭교회 봉사자들의 자세에서도 볼 수 있다. 일반 기업에서 파업 사태가 일어나면, 그것은 노동자의 권리라면서 근로자들을 격려 옹호하지만, 교회 재단 산하 단체에서 노동 운동이 격렬하게 발생했을 때에는 사직(司直) 당국에 고발하여 노동조합 간부들을 구속시키고, 노동조합을 해산한다. 이런 일을 어떻게 이해하라는 말인가? 교회 지도자들이 한 일이니까 하느님의 뜻이라고 알아들어야 할까? 다른 사람들에게 적용하는 잣대와 우리 자신에게 적용하는 잣대가 다르다면, 그 집단의 진실성과 선의(善意)를 의심하지 않을 수 없다.

우리는 유럽 교회들을 타산지석(他山之石)으로 삼아야 한다. 사회가 민주화되고, 인간 각자의 자유가 존중되면서 교회의 언어와 제도는 사람들로부터 철저히 외면당하고 말았다. 그래서 소 잃고 외양간도 고치지 못하는 교회가 되었다. 그런 현상을 현대인들의 잘못이라고 말할 수 있을까? 현대 신자들의 "물질주의, 이기주의, 편이주의, 쾌락주의, 한탕주의, 과소비주의, 선교 의지의 부족"[83]만 탓하면 되는 것인가?

1. 예수 그리스도의 교회

예수가 교회의 설립자라는 것은 지극히 당연한 것으로 보인다. 이 말은 그리스도인들에게는 아무 문제없이 받아들여진다. 예수라는 한 스승을 중심으로 모였던 제자들이 주축(主軸)이 되어 교회라는 조직체

83 〈가톨릭신문〉, 전교주일 특집/각 교구 사목국장에게 듣는다, '복음화 장애 요인 대책', 1996년 10월 20일자, 12면.

가 만들어졌다. 그 공동체는 그리스도 신앙 발생의 모태(母胎)였던 유대교와 결별하고, 독자적 노선을 선택하였다. 그 현상은 예수 그리스도라는 인물 없이는 설명이 되지 않는다.

그러나 생각해 보면 교회 설립자의 문제는 역사적으로나 신학적으로 쉽지 않다. 역사적으로 살펴보면, 그리스도 신앙 운동은 예수에게 그 기원이 있기는 하지만, 유대교에서 분리되어 조직된 교회의 설립자를 예수라고 말할 수는 없다. 그리스도 신앙 체험은 예수로 말미암아 발생하였고, 예수가 세상을 떠난 후 그 제자들이 중심이 되어 선교운동이 시작되었다. 우리는 그 운동이 지속되면서, 하나의 독립된 공동체로 발전할 수 있었다는 평가는 내릴 수는 있지만, 예수가 역사적으로 그 교회를 설립하였다고 말할 수는 없다. 성경적 · 역사적 자료가 그 사실을 증언한다.

그런 역사적 상황은 신학과도 관계가 깊다. 신학에서 예수가 교회를 세웠다고 말할 때, 예수의 공생활(公生活)이나 어떤 선포를 통해 교회가 설립되었다는 뜻이 아니다. 그 말은 예수의 죽음, 부활, 승천과 성령 강림을 포함하여 예수 그리스도라는 일련의 사건들이 교회가 발족하는 기원이었다는 뜻이다. 교회는 예수의 부활 이후 사도들의 봉사 직무 수행 과정에서 발생하였다. 예수는 부활 후, 당신이 제자들과 함께 계실 것을 약속하면서 그들을 파견하였다(마태 28,18-20 참조). 예수는 당신의 메시지 뒤에 계셨다. 그 메시지를 수용한 사람은 예수 그리스도를 수용하고, 그분을 따라 실천하며 살았다. 교회는 본질적으로 예수의 제자가 되어 그분을 따라 놀이하는 사람들의 모임이다.

예수가 베드로에게 하였다는 약속을 마태오 복음서가 전한다. 필리피의 카이사리아 지방에서 있었던 베드로의 신앙 고백에 답하는 양식으로 된 예수의 말씀이다. "너는 베드로(바위)이다. 내가 이 반석 위에 내 교회를 세울 터인즉, 저승의 세력도 그것을 이기지 못할 것이다. 또 나는 너에게 하늘 나라의 열쇠를 주겠다."(마태 16,18) 이 텍스트의 해석사(解釋史)는 로마 주교를 베드로의 후계자라고 주장하며 로마 교황의 역할을 중요시하던 로마 가톨릭교회와 다른 교회들 간의 공방(攻防)으로 얼룩져 있다. 서로 다른 교회론에 따라서 서로 다른 해석을 한 것이다. 오늘날 마태오 복음서의 이 텍스트로써 베드로의 수위권 문제를 해결하려는 신학자는 없다. 교회 설립에 대한 이 말씀은 모두 예수 부활 후 발생한 시리아 교회의 전승이다.[84]

이 텍스트에서 베드로에게 약속된 역할은 열두 사도들이 할 일이다. '하느님 나라의 열쇠'라는 말은 사람들을 하느님 나라에 들어가지 못하게 하는 사람들이 있음(마태 23,13 참조; 루카 11,52 참조)에도 불구하고 사람들을 하느님의 나라에 들어갈 수 있게 하는 교회 혹은 신앙 공동체의

84 정양모, 《마태오 복음서》, 분도출판사, 1990년, 146쪽 참조.

설교를 상기시키는 표현이다. '저승의 성문들'에 대한 승리는 죽음과 죽음의 힘을 극복한 예수와 예수가 파견한 사람들의 봉사를 의미한다.

여기서 가장 중요한 요소는 '나의 교회'라는 표현이다. '나의 교회'는 예수 그리스도에 대한 신앙이 정의(定義)하는 교회다. 예수는 하나의 특수 공동체 설립자다. 그 공동체는 예수의 죽음과 부활 후에 나타났다. 그 공동체 발생의 원리가 바로 예수의 말씀과 삶이다. 초기 신앙 공동체는 예수의 말씀과 생애를 '내어 주는 몸'과 '쏟는 피'로 요약했다. 따라서 교회는 스스로를 내어 주고 쏟으며 봉사하신 '그분의' 교회로 있어야 한다.

2. 교회의 조직과 제도

교회는 예수의 생애와 말씀을 기원(起源)으로 하고 있다. 그러나 역사 속에서 발생하고 발전한 교회의 조직 형태가 예수에게 기원하고 있는 것은 아니다. 현재 교회의 조직과 제도를 하느님이 원하신 것이라 말할 수도 없다. 그리스도 신앙 공동체가 제도적 측면을 갖게 된 것은 예수의 제자 됨을 역사 안에 보존하기 위한 것이었다.

교회가 발족한 것은 예수 그리스도의 복음을 선포하여 모든 사람이 예수의 구원적 의미를 들을 수 있고, 그분이 열어 놓은 해방에 참여할 수 있도록 하기 위한 것이었다. 교회는 말씀, 성사(聖事), 실천을 통해서 하느님의 나라를 위한 실천들이 발생하도록 증언하는 집단이다. 신앙 공동체는 예수가 그 시대 사람들을 위해 하신 바를 역사 안의 각 시대 사람들을 위해 따른다. 교회는 하느님 나라의 도래(到來)를 위해 사람들을 눈뜨게 하고 친교를 살게 하여 복음을 사는 공동체를 만든다.

이렇게 발족한 교회는 로마 제국이라는 주변 환경이 제공한 사회 조직 형태를 배워서 채용하였다. 콘스탄티누스 대제 때(313년), 신앙의 자유를 얻었고, 테오도시우스 황제 때(380년), 로마 제국의 국교(國教)가 되면서 교회는 제국의 조직 제도를 수용하였다. 비잔틴 제국에서는 그 황궁(皇宮)의 화려한 문장(紋章), 복장, 의례 등을 흡수하였고, 중세 봉건 사회에서는 귀족 사회의 질서, 습관, 신분을 나타내는 상징(象徵) 등을 배워서 교회의 구조, 질서 및 전례 안에 흡수하였다. 유럽 중세 봉건 사회가 정착하면서 주교들은 교회의 영주(領主)들이 되었다. 실제로 제국의 영주로 봉해진 주교들도 많이 있었다.

교회가 신앙의 자유를 얻었을 때, 그 사회의 지배적 사상은 신플라톤주의였다. 그 사상이 제공한 이념(理念) 안에서 교회는 여러 계층(階層)과 서열(序列)이 있는 피라미드와 같은 조직이 되었다. 하느님, 그리스도, 교황, 주교들, 신부들, 부제들, 그 밑에 수도자들이 있고 그리고 평신도들, 먼저 남자들 그리고 여자들과 어린이들이 있다.

16세기 교회 분열 이후, 개신교 운동이 민주적 교회 체제를 택하자 가톨릭교회는 소위 반종교 개혁이라 불리는 대개신교(對改新敎) 반작용(反作用)으로 교계 제도의 권위를 하늘에서 주어진 것이라고 하며 더욱 강조하기에 이른다. 이때 절대 군주들이 유럽 국가들을 통치하듯이, 교황은 교회를 위한 절대 군주로서의 위상(位相)을 갖게 된다. 교회 안에서 교황을 거슬러 말한다는 것은 있을 수 없는 일이 되었다.

트리엔트 공의회(1545~1563년) 이후, 교회의 그런 표상(表象)들이 법제화되었다. 교회에 대한 모든 권한(權限)은 로마 교황에게, 교구에 대한 모든 권한은 주교에게, 본당에 대한 모든 권한은 본당 신부에게 집중된다. 19세기에는 이탈리아 중부를 차지하던 교황령(敎皇領)의 상실과 근대 사회의 출현을 거슬러 교회는 피라미드식 교회 조직 체계를 더욱 강화한다. 교회는 로마 교황을 중심으로 조직된 절대 군주 사회며, 주교들은 각 교구에 임명된 교황의 총독들이고, 신부들은 그 총독들이 먼 들판에 있는 양떼들을 위해 임명한 그들의 대리자다.

교회에 대한 그런 표상을 정당화한 것은 그 시대 교회의 의사 결정권자들이 성령이 교회의 저변에까지 일하신다는 사실을 망각하고, 교계 제도의 봉사 직무에서만 성령이 일하신다고 착각한 데서 유래하였다. 또 한 가지는 제1차 바티칸 공의회(1869~1870년)가 정의한 교황의 무류권(無謬權)을 교회 내 질서 확립의 원리로 착각한 데서 비롯되었다.

교황은 이제 무류권을 지닌 그리스도의 지상 대리자가 된다. 그리고 신앙은 낮은 계층의 사람들이 높은 계층의 품위를 지닌 이들에게 순종하는 것이 된다. 신자들은 교회의 의사 결정에 전혀 참여하지 못하게 된 것이다. 그들은 교계 제도에 몸담은 자들의 사목적 배려의 대상일 뿐이다.

무류권은 교황 개인에게 주어지지 않았다. 개인과 연결시켜 이해하면, 로마 가톨릭교회의 입장에서도 그것은 이단(異端)이다. 그러나 아직까지 한 번도 단죄된 일이 없는 이단이다.[85] 교회 공동체 전체의 이름으로 취해진 교황의 결정이나 공의회의 결정이 무류성을 지닌다. 그러나 그런 결정들도 그리스도 신앙 진리에 대한 한 시대의 언어일 뿐이다. 그 무류성은 복음을 왜곡하지 않고, 보존하기 위해 성령이 도우신다는 사실을 의미할 뿐이다. 결코 교황 개인을 높이거나 그가 하는 일의 실효성을 하느님이 보장한다는 뜻이 아니다. 교황 개인은 그의 인간 됨됨이 그대로 있는 것이다. 비범할 수도 있고 평범할 수도 있으며, 민주적일 수도 있고 권위주의적일 수도 있다.

가톨릭교회는 사회 조직을 위해서는 민주화를 지지하면서, 교회 자체를 위해서는 비민주적인 제도를 고수하고 있다. 그것은 현대인들이 이해할 수 없는 모순이며, 신앙인들이 겪는 소외(疎外)의 원인이다. 그

85 E. Schillebeeckx, 《CHURCH, The Human Story of God》, New York, 1991, 199p 참조.

렇게 실효성이 없는 조직을 교회가 고수하는 배경에는 교회 기득권자들의 뇌리(腦裏)에 하느님이 교회를 세우시면서 교회의 제도마저 직접 정해 주었다는 착각이 자리하고 있다. 교황과 주교들의 권위는 하느님의 아들이신 예수 그리스도로부터 주어진 것이지, 하느님의 백성이나 교구(敎區) 신앙인들이 위임할 사항이 아니라는 것이다.

교회의 기득권자들이 자기들의 권위와 교계 제도의 절대성을 강조한 나머지, 교회 자체가 지닌 진리, 특히 예수 그리스도로 말미암은 해방을 사람들이 체험하도록 하는 자유가 은폐되고 있다. 동시에 교회는 구원을 선포하는 하느님의 백성이 되지 못하고 있다. 예수 시대 율법 학자와 사제들이 유대교에 대해 주장하던 것과 차이가 없어져 가고 있다. 유대교 안에서 기득권자들이 행세하자 유대교는 죄인들을 양산(量産)하였다. 현재 가톨릭교회도 13세기에 제정된 개인 고백 고해성사와 유럽 중세 교회에 기원이 있는 법들을 사람들에게 강요하면서 죄인들, 소위 조당자, 냉담자들만 늘어나게 하고 있다. 현재 교회의 제도와 실천이 선의의 신자들에게 신앙생활을 멀리하는 빌미를 제공하고 있지 않는지 묻고 싶다.

오늘날 신앙인들은 신앙의 구원적 성격이 교회의 교도적(敎導的) 권위에 있다고 생각하지 않는다. 교회가 소중히 생각해야 하는 진리는 사람들을 '자유롭게 하는'[86] 하느님의 자기 계시다. 하느님은 죽고 부활하신 예수 그리스도 안에 역사적 형태를 지니고 먼저 나타나셨다. 그리고 그 진리는 선포와 제도화라는 구체적 역사 형태 속에 자리 잡았다. 따라서 교회의 선포와 제도화는 예수 그리스도에 대한 그리스도인의 체험에 준한 것이라야 한다. 신앙의 공동체인 교회가 권위를 가지고 말하기 위해서는 먼저 권위를 가진 예수 그리스도에 대한 올바른 그리스도적 체험이 있어야 한다.

3. 예수 그리스도에 대한 체험

예수의 삶은 제자들에게 어떤 해방과 기쁨이었고 그들을 위한 진리였다. 그들은 그 삶을 오늘 우리가 가진 복음서들의 언어에 축소하여 담았다. 그러나 언어는 우리 삶의 이야기를 그대로 다 담지 못한다. 따라서 시대가 달라지고 문화적 여건이 달라지면, 옛날 사람들의 언어는 우리의 것과 또 달라진다. 원시 신앙인들이 예수의 삶에서 발견한 그 해방과 그 기쁨을 체험하고, 그들이 발생시킨 언어들을 우리가 새롭게 해석하면서 우리의 언어와 우리의 삶에서 그 해방과 기쁨을 살려 내야 한다. 새로운 해석을 하지 못하고 과거의 언어만 반복하면, 우리는 옛날 언어 안에 박제(剝製)된 삶의 이야기만 만날 것이다. 박제된 것은 생명이 없기에 우리의 삶을 움직이지 못한다.

---

86 "아들이 너희를 자유롭게 하면 너희는 정녕 자유롭게 될 것이다."(요한 8,36)

그 시대 예수의 제자들에게 예수의 생애는 인간 자유를 위한 투쟁이었다. 유대교의 기득권층은 철저하게 종교적 규율들만 강요하고 있었기 때문이다. 율법과 제사 의례는 인간에게 노예적 순종을 강요하고 있었다. 예수는 그런 것이 하느님 앞에 선 인간의 자유가 아님을 가르치고 "영과 진리 안에서 예배하는"(요한 4,24) 참다운 자유를 실천한 분이다. 하느님은 인간이 자유로울 것을 원하시는 분이다. '이집트에서 이스라엘 백성을 데리고 나온 아버지'(탈출 1–15장 참조; 이사 40–55장 참조)라는 구약성경의 하느님에 대한 호칭은 이를 말하는 것이다. 하느님은 인간이 참으로 자유롭게 살도록 인간이 만든 모든 차별을 없애는 아버지시다. 부모의 사랑은 자녀들의 차별을 원하지 않는다. 하느님께서는 사람을 차별하지 않으신다(사도 10,34 참조).

인간은 차별을 정당한 것으로 생각하면서 살아간다. 재물을 두고 우리는 가진 자와 갖지 못한 자의 차별이 당연하다고 생각한다. 권력과 지위를 두고도 강자와 높은 자가 약자와 낮은 자 위에 군림하고 횡포하는 것을 우리는 당연한 질서라고 생각한다. 혈연(血緣)·지연(地緣)·학연(學緣) 등 우리는 구실만 있으면 차별을 만들고, 그것을 우리의 당연한 질서라고 믿는다. 유대인들에게는 율법과 성전도 차별을 만드는 기회가 되었다. 율법을 지키면 의인(義人)이고, 지키지 못하는 사람은 죄인이다. 성전 의례에 참여하는 사람은 의인이고 그것을 하지 않는 사람은 죄인이다. 그들은 그 차별을 하느님의 이름으로 정당화하기 위해 건강은 하느님이 주신 축복이고, 병고는 하느님이 죄인들에게 내리신 벌이라고 말하였다.

예수는 그런 차별을 거스르고 우리가 할 실천을 가르쳤다. 예수는 "가진 것을 팔아 가난한 이들에게 주어라."(마르 10,21)라고 가르쳤다. 세금 징수를 하며 치부(致富)하던 세리(稅吏)라는 직업을 가진 자캐오가 예수를 자기 집에 맞아들이고 이제부터는 베푸는 사람이 되어 살겠다고 말씀드리자, 예수는 "오늘 이 집에 구원이 내렸다."(루카 19,9)라고 말씀하셨다. 재물을 많이 가져서 다른 사람들과 차별을 만드는 수단으로 삼을 것이 아니라, 그것을 베풀어서 차별을 없애는 수단으로 삼아야 한다는 것이 예수가 하신 말씀이다. 그것이 구원이라는 말씀이다.

예수는 사람이 사람 위에 군림할 수 없고, 당신 자신도 섬기는 사람으로 제자들 가운데 계신다고 말씀하셨다. 권력은 사람들 위에 군림하기 위해 있지 않고, 종과 같이 섬기면서 차별을 없애는 수단이 되어야 한다고 가르쳤다(마르 10,43 참조). "안식일이 사람을 위하여 생긴 것이지, 사람이 안식일을 위하여 생긴 것은 아니다."(마르 2,27)라고 말하면서 율법이 사람을 차별하는 수단이 되어서는 안 된다고 예수는 주장하였다. 복음서에 반복되는 "당신의 죄는 용서받았소."라는 말씀이나 예수께서 실천하신 병 고침은 하느님을 빙자하여 차별을 만들지 말아야 한다는 것을 보여 주는 행위들이다. 유대교는 병든 이와 세리들을 죄인이라 부르며 그들을 차별하고 경멸하였다. 예수는 죄인이라 낙인찍힌 이들과 어울리면서(마태 9,11-12 참조) 그들을 차별 대우하지 말아야 한다는 것을 몸소 보여 주었다.

흔히들 하느님은 거룩하시고, 우리는 죄인이라 생각한다. 그러면 하느님을 또 차별의 동기로 삼는 것이다. 그러나 실제로 성경에 나타나는 하느님은 차별하는 분이 아니라, 초대하는 분이시다. 복음서에 자주 나오는 잔치의 비유는 하느님의 거룩하심에 참여하도록 우리를 초대하는 하느님이라는 사실을 말한다. 하느님을 높고 강한 분으로, 그래서 우리와 차별되는 분으로 생각하는 것은, 높고 강한 사람들이 많은 우리 삶의 이야기를 하느님에게 투사(投射)한 것이다. 그것은 하느님의 이야기가 아니다. 하느님의 거룩하심은 차별을 없애는 우리의 노력으로 실천되어야 한다. 그래서 "아버지의 이름이 거룩히 빛나시"라고 우리가 기도하는 것이다.

예수는 차별을 없애는 실천을 하다가 목숨을 잃었다. 차별에서 안전과 보람을 찾는 그 사회의 기득권자들이 예수를 제거한 것이다. 예수는 하느님에 대해 논하지 않았다. 예수는 상대를 적대시(敵對視)하고 비난하고 성토하지도 않았다. 예수는 함께 계시는 하느님에 준해서 행동하였다. 그분은 사람들에게도 그렇게 할 것을 촉구하였다. "그분께서는 은혜를 모르는 자들과 악한 자들에게도 인자하시기 때문이다.

너희 아버지께서 자비하신 것처럼 너희도 자비로운 사람이 되어라." (루카 6,35-36) 하느님으로 말미암아 사람의 놀이가 변하고, 새로운 실천을 하게 되었을 때, "아버지의 이름이 거룩히 빛나시고 아버지의 나라가 오시게" 하는 것이다.

오늘날 교회가 선포하는 예수 그리스도는 과연 차별을 없애는 분인가? 그래서 그분은 우리에게 기쁜 소식이고 또 우리가 배워야 하는 진리인가? 예수를 믿는 사람은 구원받고, 예수를 믿지 않는 사람은 구원받지 못한다고 우리가 말하면, 예수는 차별을 만드는 분이지 모든 사람을 위한 구원이 아니다. 하느님에게 많이 바치면, 많이 받는다는 것이 우리의 신앙 언어라면 예수는 차별을 없애는 분이 아니다. 하느님으로부터 받은 권한과 지위를 지녔다고 생각하는 기득권자들이 교회에 있다면, 예수 그리스도를 빙자하여 차별을 조장하는 교회일 수는 있어도, 예수로 말미암아 우리가 알게 된 진리를 지닌 교회라고 말할 수는 없다.

오늘날 우리 사회가 안고 있는 문제들, 환경 오염, 인종 차별, 특히 우리나라에 와서 일하는 외국 근로자들에 대한 부당한 대우, 남녀 성차별, 교통 혼잡 등을 위한 우리의 사명은 외면하고, 교리를 믿고 성사에 참여하여 은총을 받으라고 강요한다면, 우리는 예수를 따르는 사람이라고 말할 수 없다. 성당이 자리한 지역 사회 안에서 인간 차별을 없애는 노력은 전혀 하지 않으면서 미사를 위해 교통 혼잡과 소음만 일으키는 공동체라면, 차별을 조장하는 공동체일 것이다. 그러면 예수는 "온 백성에게 큰 기쁨"(루카 2,10)일 수 없다. 사이비(似而非) 종교 집단은 그 사회가 안고 있는 문제들은 외면하고, 재물과 권력에 대한 꿈으로 성공 신화(成功神話)에 사람들을 살게 한다. 재물과 권력은 교주(教主)와 그 집단의 기득권층에게 집중되고, 신도들은 그 사회에서 격리되고, 다스려지고 죽어 간다.

예수 시대에 하느님이 율법 안에 혹은 성전(聖殿) 안에 계시지 않았듯이, 오늘날 하느님은 우리의 교리 언어 속에 격리(隔離) 수용되지 않았고, 교회 공동체 안에서 기득권을 주장하는 사람들과도 함께 계시지 않는다. 하느님은 차별을 없애기 위해 노력하는 겸손한 사람들과 함께 계신다. 하느님은 사람을 위하고 섬기는 사람들과 함께 계신다.

예수로 말미암아 시작된 그리스도 신앙은 우리 사회가 통념적으로 정당화하는 차별을 없애기 위해 노력하라고 우리의 자유에 호소한다. 그 노력이 있는 곳에 하느님은 우리의 숨결로, 우리가 실천해야 하는 진리로 또 우리 생명의 기원이신 아버지로 우리와 함께 계신다.

4. 성령이 살아 계시는 교회

사도행전이 성령 강림 장면(사도 2,1-4 참조)을 각색하여 전하는 것은 교회의 시작은 성령이 하신 일이며, 교회에 하느님의 숨결이 살아 계신다는 사실을 말하려는 것이다. 따라서 성령은 교회에 있는 모든 권위의 근본이며 원천이다. "성령에 힘입지 않고서는 아무도 '예수님은 주님이시다.' 할 수 없습니다."(1코린 12,3)

교회 안에 있는 직무의 권위는 성령으로 말미암아 예수의 실천을 발생시키는 데에 있다. "그러나 그분 곧 진리의 영께서 오시면 너희를 모든 진리 안으로 이끌어 주실 것이다. …… 그분께서 나를 영광스럽게 하실 것이다. 나에게서 받아 너희에게 알려 주실 것이기 때문이다."(요한 16,13-14) 성령이 오시면, 예수 그리스도의 실천이 사람들에게 나타난다는 말씀이다. 봉사 직무는 높은 사람이 낮은 사람에게 행사하는 형식의 권위를 지니지 않았다. 봉사 직무는 하느님으로부터 '맡겨진 것'(1티모 6,20 참조; 2티모 1,14 참조)이다. '아버지께서 맡겨 주신 사람들'(요한 17,6 참조)을 위해 예수는 죽기까지 봉사하셨다.

성령은 바벨탑과 같이 획일성을 강요하지 않는다. 성령은 기적이나 방언과 같은 비일상적인 능력을 주는 분도 아니다. 성령은 베풀고 살리면서 차별을 없애는 하느님의 숨결이다. 성령은 우리가 일상생활에서 각자의 창의력을 동원하여 다양한 봉사를 하게 하신다. 하느님의 자비와 용서가 우리 안에 발생하게 하신다. 성령은 이해타산(利害打算)과 권력의 남용으로 얼룩진 우리 세상에 하느님으로 말미암은 구원의 기쁨이 발생하게 하는 하느님의 영이며 힘이시다. 배타적으로 흐르기 쉬운 종교인들의 언어와 권위주의로 흐르기 쉬운 봉사 직무자들의 언어를 넘어서 하느님이 모든 사람들 안에 일하신다는 사실을 나타내는 분이 성령이시다. 하느님의 영은 사람들 안에서 인간의 자유를 존중하면서 일하신다.

하느님은 역사 안에 계시지만, 황제나 권력자나 고위 성직자와 같은 모습으로 계시지 않는다. 교회 안에 주인과 종, 다스리는 자와 다스림을 받는 자의 관계는 없다. 성령을 빙자하여 교회 안에 지배자로 군림할 수 있는 사람은 아무도 없다.

> 예수님께서 그들에게 이르셨다. "민족들을 지배하는 임금들은 백성 위에 군림하고, 민족들에게 권세를 부리는 자들은 자신을 은인이라고 부르게 한다. 그러나 너희는 그렇게 해서는 안 된다. 너희 가운데에서 가장 높은 사람은 가장 어린 사람처럼 되어야 하고 지도자는 섬기는 사람처럼 되어야 한다. 누가 더 높으냐? 식탁에 앉은 이냐, 아니면 시중들며 섬기는 이냐? 식탁에 앉은 이가 아니냐? 그러나 나는 섬기는 사람으로 너희 가운데에 있다."(루카 22,25-27)

교회에 신분적 서열이나 계급은 있을 수 없다. "유다인도 그리스인도 없고, 종도 자유인도 없으며, 남자도 여자도 없습니다. 여러분은 모두 그리스도 예수님 안에서 하나입니다."(갈라 3,28) "여기에는 그리스인도 유다인도, 할례 받은 이도 할례 받지 않은 이도, 야만인도, 스키티아인도, 종도, 자유인도 없습니다. 그리스도만이 모든 것이며 모든 것 안에 계십니다."(콜로 3,11)

성령은 교회 공동체가 지닌 피라미드식의 교계 제도적 구조에 얽매이지 않으시는 분이다. 피라미드식 조직과 제도는 신자들을 저변으로 밀어냈다. 신자들 안에 일하시는 성령이 외면당하면, 교회는 그 본연의 성격을 상실한다. 로마 가톨릭교회는 교계 제도라는 권력 구조를 하느님의 이름으로 포장하여 성령의 일하심을 봉쇄하고 있다. 신앙은 세상의 말에 귀 기울인다. 권위와 지도력은 신자들에게서 일하시는 성령을 들음으로써 발생한다. 누구라도 기득권을 주장하면 성령의 말씀을 듣지 못한다. 그리스도인은 성령이 공동체 안에 일하신다는 사실을 믿는 사람들이다.

나오면서

교회의 조직과 제도를 예수의 지상 생애와 관련 지우려는 것은 부질없는 일이다. 교회도 사람들의 모임이다. 그 시대에 세상에 있던 가장 이상적인 단체 조직을 본 따서 교회를 조직하는 것은 지극히 당연한 일이었다. 제2차 바티칸 공의회는 교회는 "역사 안의 사회적 실재"며 그 시대 사회로부터 "여러 가지 도움을 받는 것이다."[87]라고 말한다. 로마 제국 시대의 교회가, 그 조직에 있어서 로마를 중심으로 한 제국의 중앙집권적 제국주의 제도를 가장 이상적인 것으로 보았다고 해서 탓할 일은 아니다. 중세 유럽 봉건 사회의 교회가 봉건 제도의 문물(文物), 곧 세속 영주와 같은 주교직, 복장(服裝), 관습, 의례 등을 수용하였다고 해서 탓할 일은 아니다. 그 시대에 가장 효율성 있는 조직과 제도는 그것밖에 볼 수 없었다.

오늘날 사회에서 하나의 단체가 군주적으로 혹은 봉건 제도적으로 조직되지 않는다는 사실을 우리는 알고 있다. 그런 조직은 오늘의 사회 안에서 실효성을 지니지 못하기 때문이다. 현대는 서로 다른 사람의 다양한 의견이 수렴되고, 각자가 자유롭게 기여할 수 있게 하는 제도가 그 단체의 목적을 효율적으로 달성할 수 있게 한다.

우리는 오늘 우리 교회의 현행 제도와 문물이 어떤 실효성을 지니는지 물어야 한다. 복음은 친교와 봉사를 요구한다. 현재 우리의 제도가 과연 자유로운 친교와 실효성 있는 봉사를 조장하는지, 혹은 사람들을 차별하여 봉사하고 싶은 마음마저 좌절시켜 버리지 않는지 생각해 보

87 제2차 바티칸 공의회, 〈현대 세계의 사목 헌장〉, 44항.

아야 한다. 스스로 새로워지지 않는 생명체는 살아남지 못한다. 스스로를 쇄신하지 못하는 집단은 그 집단의 목적을 달성하지 못한다.

오늘과 같이 모든 정보(情報)가 다원적(多元的)으로 흐르는 세상에서, 본당이나 교구의 인사와 재정의 모든 권한이 한 사람에게 집중되고, 그것이 장기적으로 보장되면, 인간의 일이라, 여러 가지 폐단이 생기게 마련이다. 그런 조직에서 권한을 가졌다는 사람은 사람들의 다양한 의견을 존중하여 듣고, 중의를 모으는 수고를 하지 않을 것이다. 자기 귀에 거슬리는 말은 멀리하고, 자기를 찬양하는 말에만 귀를 기울일 것이다. 그런 상황에서 취해지는 결정들은 그 공동체를 위해 최선의 것일 수 없다. 듣기 싫은 말을 하는 사람의 말도 경청(傾聽)하고, 그것을 은혜로운 것으로 생각할 줄 알아야 한다. 그것은 현대 다원 사회 안에서 한 인간이 인간 노릇을 하며 살기 위한 최소한의 덕목(德目)이다.

권한을 가진 사람이 인간으로 미성숙하거나 함량(含量) 미달(未達)이면, 그 공동체에게는 큰 비극이다. 그런 사람일수록 자기에게 주어진 권한을 분별없이 남용하기 마련이다. 그런 경우에 그 공동체가 입는 정신적 · 물질적 피해는 막대하다. 한마디로 말하면, 교회의 아성(牙城)이라 해도 책임 있는 자리에 기한 없이 장기로 있으면, 공동체의 실효성이 저하되고 부패도 발생한다. 그런 현실에서도 하느님이 주신 조직과 제도라고 생각하고, 하느님이 하신 일이라 놀랍게만 봐야 할까?

한국 가톨릭교회에는 관보(官報)는 있어도 언론은 없다. 공론과 비판이 없는 단체는 발전하지도 못하며 부패하기 마련이다. 신앙은 높은 자리에 앉은 사람들을 찬양만 하는 바보를 만드는 수단이 아니다. 우리는 복음 앞에서 함께 반성하고 비판하면서 창의력을 모아 예수 그리스도로 말미암은 삶을 살아야 한다. 자기를 찬양하는 사람은 신앙이 있고, 자기를 비판하는 사람은 신앙이 없다고 생각하는 사목자는 그야말로 하느님도, 사람도 두려워하지 않는 미련한 사람이다. 신앙이 있고, 없고는 하느님이 아시는 일이지 사람이 판단할 일이 아니다. 예수를 재판하고 처형한 유대교 사제들과 원로들이 바로 하느님도 사람도 두려워하지 않는 사람들이었다.

현재 한국 가톨릭교회 안에 강론은 위기를 겪고 있다. 우리는 복음 앞에 겸손해야 한다. 우리는 무엇을 어떻게 알아듣고 어떻게 실천해야 하는지 생각하면서 복음을 읽어야 한다. 스스로 높다고 생각하는 사람이 다른 사람을 가르치기 위한 자료로 복음서에 접근하면 복음서는 말하는 것이 없다. 예수는 섬김을 살았지 군림하기 위한 지혜를 제공하지 않았다.

사람들이 그리스도 신앙의 실천에서 해방과 구원을 느끼지 못하고, 오히려 억압과 빼앗김과 굴욕을 느낀다면, 하느님은 우리의 실천 안에 계시지 않는다. 고해성사, 미사, 헌금 이런 것이 사람들을 돌보아 주는 하느님의 일을 넓은 세상에서 실천하기 위한 수단이 되지 않으면, 예수 그리스도는 우리에게 해방도 구원도 아니다. 성당 안에서 우리가 하는 전례와 기도는 성당 밖의 넓은 세상에서 함께 계시는 하느님의 일을 실천하기 위한 활력소가 되어야 한다. 성당 안에서 우리가 하는 일, 그 자체가 우리를 하느님에게 인도하는 것이 아니다. 우리 삶의 현장은 성당 안이 아니다. 성당 안에서 결말을 내라고 주어진 우리의 생명이 아니다.

한국 교회는 과거에 막대한 투자를 하여 여러 교구가 신학교를 지었다. 이는 신자들의 큰 희생이 따르는 일이었다. 신부 지망생들이 장차 감소할 것이고 신학교 교육이 부실할 것이라는 우려의 말들이 있었지만, 의사 결정권을 가진 사람들은 그 말을 듣지 않았다. 그들은 신학교가 교세 확장의 상징이라고 착각하였다. 7개의 신학교를 만들고 30년도 채 되지 않은 오늘, 예상했던 대로 각 신학교는 학생 수 부족에다 교수 요원도 부족한 현실에 직면하게 되었다.

1975년 광주 대건신학대학 교수들이 신학교를 많이 설립하면, 학생들의 교육 수준이 저하될 수밖에 없다고 말하였고, 그들의 주장이 주교들로부터 외면당하자 그들은 집단 사퇴까지 하였다. 그러나 의사 결정권을 가졌다는 주교들은 학생들이 받을 교육의 수준 같은 것은 중요하게 생각하지 않았다.[88] 그것은 주교에게 순종하는 신부들을 만들라는 주문이었다. 윗사람이 정보를 독점하지 않은 현대 다원(多元) 사회에서 순종은 사람의 실효성을 제고(提高)하는 것이 아니라 저하(低下)시킨다는 것을 알아야 한다. 오늘날 신앙인들은 옛날 유럽 중세 사람들과 같이 모든 면에서 무식하고 지도를 받아야 할 사람들이 아니다. 교회 직무자들은 신앙의 문제에 대해 깊이 있는 학문과 체험을 필요로 한다. 주교에게 순종만 하면 실효성 있는 사목자가 되던 세상은 벌써 사라졌다. 착각해서는 안 된다.

오늘은 양식(良識) 있는 신자들이 교회를 외면하고 있다. 교회는 그들의 솔직한 말을 들을 줄 알아야 한다. 그리고 우리의 문제가 어디 있는지를 알아야 한다. 현대인은 듣기 싫어하는 사람에게는 말하지 않는다. 앞으로도 더 많은 신자들이 교회를 떠날 것이다. 제도권에 몸담은 사람들은 대오 각성(大悟覺醒)해야 한다. 평신도 신학자들을 많이 양성해야 하며, 그들이 삶의 장에 새로운 복음 체험과 새로운 언어들을 발생시키도록 해야 한다. 신분의 품위가 달라졌다고 착각하거나 신분 서열이 높아졌다고 착각하는 사람들은 이제 없어야 한다. 높은 사람 존경받고, 낮은 사람은 할 일이 없는 우민(愚民) 교회를 만들지 말자. 교회 공동체에서 직무를 하는 사람들은 현실을 보는 눈을 가져야 하고, 들을 줄 아는 귀도 가져야 한다.

88 〈신학전망〉 28호, 광주가톨릭대학교 출판부, 1975년 봄호, 24-49쪽 참조.

제12장

창세기가 말하는 인간 — 창세기 창조 설화(說話)[89]를 중심으로

들어가면서

유대-그리스도 신앙 언어 전통에 따르면 인간은 창조된 존재다. 구약성경을 펼치면, 제일 먼저 만나는 것이 창조에 대한 두 개의 설화(說話)다. 물론 연대적으로 보면, 성경의 저서들 중 창조 설화가 제일 먼저 발생한 것은 아니다. 아브라함, 이사악, 야곱에 대한 사화(史話)들, 이집트 탈출과 가나안 땅의 정착 등에 대한 사화(史話)들이 창조 설화보다 먼저 발생하였다. 그러나 현재의 창조 설화가 나타나기 전에 창조에 대한 전통적 언급들은 이미 있었던 것으로 보인다.

어떤 의미로는 창조 설화가 아브라함으로 시작하는 역사에 대한 하

89 P. Gisel, 《Creation et Eschatologie, in 'Initiation a la pratique de la theologie'》, Cerf, 1986, t.3, 613~645p 참조.

나의 해석이라고 볼 수도 있다. 연대(年代)적으로 보면, 이스라엘의 삶이 먼저 있었다. 이집트 탈출과 가나안의 정착이 정점(頂点)을 이루는 일련의 사건에 대한 이스라엘의 체험이 있었다. 그런 와중에서 사람들은 세상에 대해, 사람에 대해, 또 그들이 하느님이라 부르는 분에 대해 체험한 것이 있었고, 그것이 창조에 대한 체험으로 나타났다.

창조 설화는 창조에 대한 정보를 제공하는 신앙의 독립된 언어, 곧 창조 과정에 대한 서술이 아니다. 구약성경이 말하는 이스라엘의 신앙은 먼저 해방과 베풂으로 표현된 구원의 신앙이다. 창조하시는 하느님과 창조에 대한 언어는 역사적 여건으로 말미암아 체험한 구원에 대한 신앙에서 출발하여 인간과 세상과 역사의 기원(起源)에 대해 생각해야 할 필요성이 있을 때 나타났다. 구원 신앙이 창조 신앙으로 연장된 것이다. 구원하시는 하느님에 대한 신앙 고백은 절대적인 것이기에 만물을 창조하고, 재창조하는 하느님에 대한 신앙 고백으로 발전하였다. 구원에 대한 고백이 미래에 대해 생각하고 표현하면, 종말론이 되고, 원초에 대해 생각하면, 시원론(始原論)이 된다.

이렇게 보면, 창조 설화들은 원초에 대한 추리가 아니다. 이 설화가 기록된 당시는 우주 생성에 대한 과학적 정보가 아직 없을 때였다. 이 설화는 인간이 가진 지식의 한계를 넘어서 우주 생성에 대해 무엇을 새롭게 더 알게 하는 것이 아니다. 신앙은 하느님이 베푸신 창조라고 말한다. 모든 베푸심이 그렇듯이, 창조도 현재 주어져 있는 것이고 역사적인 것이다. 창조 설화는 신앙을 고백하고, 신앙으로 말미암은 인간의 실천을 해석한다.

1. 창세기 2장과 3장의 창조 설화(創造說話)

1.1. 역사적 배경

이 문서(창세 2,5–3,24)는 한 시기의 산물이다. 그 시기의 지식은 오늘의 지식이 아니다. 이 설화는 인간, 세상, 그리고 하느님에 대해 그 시대 사람들이 생각하던 바를 전해 준다. 그 시대의 지식과 사고방식으로 인간이 무엇이며, 세상이 무엇인지를 말하려 한다. 그리고 그들의 기원이 어떤 것이었으며, 그들이 어떻게 살아야 하고, 그들에게 주어진 약속이 무엇인지를 말한다.

이 설화는 인간과 세상의 기원에 대해 말한다. 세상에 대해 말하기 위해 그것의 기원을 이야기해야 한다고 생각하는 것은 세상이 있기 전에 이미 어떤 진리가 있었다는 사실을 말한다. 그것은 현대인의 사고방식과 다르다.[90] 현대인은 세상에 대해 말할 때, 그가 관찰한 것만 말한다. 현대인에게 세상은 존재하는 것이고, 그것으로 족하다. 따라

90 오늘은 개국(開國) 신화, 족보와 가문 등이 옛날같이 중요하지 않다.

서 현대인은 세상에 대해 관찰하고 묘사만 하면 된다. 그 기원에 대해 말할 필요를 느끼지 않는다.

이 설화는 이스라엘이 가나안에 정착하여 다른 민족과 함께 살기 시작한 때에 만들어졌다. 부족(部族)적 조직을 벗어나서 왕정(王政)을 가진 하나의 국가가 되어 국제적 현실을 직면하고, 가나안의 다른 국가들과 어깨를 나란히 하는 시기의 문서로 보인다.[91] 솔로몬 시기부터 이웃 문명과의 접촉은 외국에 대한 지식을 발전시켰다. 그들이 세상의 운명에 대해 생각할 때, 석연치 않은 데가 많았다. 우리 조상의 하느님은 이 세상과는 어떤 관계 안에 있으며, 다른 신(神)들과는 또 어떤 관계 안에 있는가? 그런 물음이 기원에 대한 첫 설화가 발생하는 계기가 된 것으로 보인다. 창세기 1장의 설화(창세 1,1-2,4)는 기원전 586년 예루살렘 패망과 바빌로니아 유배를 겪은 후에 발생한 것이다.

1.2. 창조

이 문서는 한 사람에 대해 이야기하면서 인류의 근본적 시원(始原)을 말하고, 세상과 인간의 운명에 대해 해석한다. 하느님이 하신 원초의 창조와 종말론적 약속에 대한 설화다.

---

91 BC 1000년 이후다. 페니키아에서 알파벳이 발명된 것도 그 시기다.

> 하늘과 땅이 창조될 때 그 생성은 이러하였다. 주 하느님께서 땅과 하늘을 만드시던 날, 땅에는 아직 들의 덤불이 하나도 없고, 아직 들풀 한 포기도 돋아나지 않았다. 주 하느님께서 땅에 비를 내리지 않으셨고, 흙을 일굴 사람도 아직 없었기 때문이다. 그런데 땅에서 안개가 솟아올라 땅거죽을 모두 적셨다. 그때에 주 하느님께서 흙의 먼지로 사람을 빚으시고, 그 코에 생명의 숨을 불어넣으시니, 사람이 생명체가 되었다. 주 하느님께서는 동쪽에 있는 에덴에 동산 하나를 꾸미시어, 당신께서 빚으신 사람을 거기에 두셨다. 주 하느님께서는 보기에 탐스럽고 먹기에 좋은 온갖 나무를 흙에서 자라게 하시고, 동산 한가운데에는 생명나무와, 선과 악을 알게 하는 나무를 자라게 하셨다.(창세 2,4–9)

무(無)에 대한 묘사가 있다. 땅에는 나무도 없고 풀도 없으며 비도 내리지 않았다. 인간은 농사(農事)일을 하기 위해 나타난다. 그것이 인간 창조의 목적이다. 한 농부가 아무 것도 없는 시원에 대해 상상한 묘사라 하겠다. 주 하느님께서는 에덴 동산을 가꾸고 보호하기 위해 사람을 동산에 둔다. 이 텍스트가 말하고자 하는 것은 인간은 우연히 태어나지 않았다는 것이다. 인간이 없는 세상은 그의 출현을 기다리고 있는 것같이 묘사되었다. 인간은 지상적 존재고 땅을 위해 있다. 그러나 그는 땅의 산물은 아니다. 인간은 하느님에 의해 창조되었을 뿐 아니라, 창조된 후에도 그는 하느님이 꾸민 동산에 옮겨진다. 그 동산은 하느님이 선택하고 약속한 땅이다. 이 텍스트는 창조가 단순한 하나의 출발만이 아니라고 말한다. 창조는 어떤 성취를 향한 힘이 엮고 있는 사건과 같다.

인간이 지상적 존재인 것은 다음과 같이 특별히 언급되었다. "주 하느님께서 흙의 먼지로 사람을 빚으시고, 그 코에 생명의 숨을 불어넣으시니, 사람이 생명체가 되었다."(창세 2,7) 인간은 물질이다. 인간은 흙으로 만들어졌다. 인간 육체의 구성 요소가 흙이라는 사실은 그 시대 사람들의 공통된 과학적 지식이다. 생명이 없는 육체는 흙이 되고 만다는 것이 그들의 체험이다. 하느님이 불어넣는 숨결은 육체에서 분리된 영혼의 중요성을 말하지 않는다. 그것은 육체에 생명을 불어넣는 행위다. 생명과 현존(現存)과 언어를 주는 행위다. 그것은 인간이 되게 하는 행위다. 인간됨은 하느님이 주는 것이다. 인간에게는 원초부터 어떤 불연속성이 있다. 인간이 인간으로 있을 수 있는 것은 인간 밖에서 작용하는 어떤 베푸심이 있으면서부터다. 이 베푸심은 항상 반복되어야 한다.

> 강 하나가 에덴에서 흘러나와 동산을 적시고 그곳에서 갈라져 네 줄기를 이루었다.
> 첫째 강의 이름은 피손인데, 금이 나는 하윌라 온 땅을 돌아 흘렀다. 그 땅의 금은 질이 좋았으며, 그 고장에는 브델리움 향료와 마

> 노 보석도 있었다. 둘째 강의 이름은 기혼인데, 에티오피아 온 땅을 돌아 흘렀다. 셋째 강의 이름은 티그리스인데, 아시리아 동쪽으로 흘렀다. 그리고 넷째 강은 유프라테스이다.(창세 2,10-14)

여기서는 물의 상징성이 나타난다. 물은 어떤 때는 침수(侵水)의 위험, 곧 원초의 허무와 혼돈(混沌)을 상기시키지만, 어떤 때는 창조 안에 있는 축복과 생명의 약속을 떠올리게 한다. 여기서 우리는 중동(中東)이라는 지리적 여건에서 물의 상징성을 이해해야 한다. 여기서는 에덴에서 하나의 강이 솟아나서 동산에 물을 대고 땅을 적시며 나누어져서 사방으로 흘러간다. 이 물은 축복이다. 이것으로 이 설화는 창조를 계속되는 이야기의 배경으로만 이해할 것이 아니라, 하나의 창설, 생명의 계약으로 볼 것을 요구한다. 동산 한가운데서 샘과 같이 솟아나는 물의 길들임은 문화, 역사, 언어로 중계된 자연을 상징한다. 여기 에덴 동산은 원초적 공간이기보다는 약속의 땅이며 사람들이 노동할 땅이다.

> 주 하느님께서는 사람을 데려다 에덴 동산에 두시어, 그곳을 일구고 돌보게 하셨다.
> 그리고 주 하느님께서는 사람에게 이렇게 명령하셨다. "너는 동산에 있는 모든 나무에서 열매를 따 먹어도 된다. 그러나 선과 악을 알게 하는 나무에서는 따 먹으면 안 된다. 그 열매를 따 먹는 날, 너

는 반드시 죽을 것이다."(창세 2,15-17)

선(善)과 악(惡)을 아는 나무는 금령(禁令)의 상징으로 나타난다. 인간에게 금지된 것은 스스로 하느님 행세를 하는 것이다. 선과 악에 대한 결정은 하느님이 한다. 사람이 하느님 행세를 하면, 창조는 파괴되고, 거짓과 폭력이 생명에 나타난다. 사람은 하느님이 아니다. 따라서 선과 악을 알게 하는 나무가 생명의 나무와 함께 동산의 한가운데 있다. 그것은 하느님이 생명을 베풀었듯이, 그 생명은 하느님을 기준으로 선과 악을 생각하며 행동하라는 축복의 상징이다.

창조는 축복이다. 창조는 베풀어졌고, 인간은 그 베풀어진 것을 받아들여야 한다. 선과 악을 알게 하는 나무는 주어진 피조물을 인간이 거절할 가능성을 나타낸다. 하느님이 인간을 동산에 데려다 살게 하였다는 것은 하느님이 결정한 곳에 인간이 있다는 뜻이다. 그러나 인간은 동물과 다르다. 인간은 하느님의 결정을 의식하면서 자유롭게 받아들이도록 부르심 받았다. 인간의 자유에는 제한이 있다. 인간의 자유는 무(無)에서 창조할 수도 없고, 스스로 세상을 만들어 낼 수도 없다. 그런 인간 조건을 외면하면, 인간은 죽음을 만나게 된다. 인간은 주어진 자유 안에서 하느님에게 응답하고, 피조물에 대해서도 응답하도록 부르심 받았다.

금령은 약속과 축복의 상징이다. 금령이 있는 것은 하느님이 인간을 잘못되지 않게 보호한다는 뜻이다. 그러나 또한 동시에 하느님은 위험을 감수한다는 뜻도 들어 있다. 하느님은 이를 인간에게 강요하지 않고 알려 준다. 그러나 인간은 하느님이 무릅쓴 그 위험을 이용하여 창조를 망친다. 그래서 하느님은 역사에 개입한다.

> 주 하느님께서 말씀하셨다. "사람이 혼자 있는 것이 좋지 않으니, 그에게 알맞은 협력자를 만들어 주겠다." 그래서 주 하느님께서는 흙으로 들의 온갖 짐승과 하늘의 온갖 새를 빚으신 다음, 사람에게 데려가시어 그가 그것들을 무엇이라 부르는지 보셨다. 사람이 생물 하나하나를 부르는 그대로 그 이름이 되었다. 이렇게 사람은 모든 집짐승과 하늘의 새와 모든 들짐승에게 이름을 붙여 주었다. 그러나 그는 사람인 자기에게 알맞은 협력자를 찾지 못하였다. 그래서 주 하느님께서는 사람 위로 깊은 잠이 쏟아지게 하시어 그를 잠들게 하신 다음, 그의 갈빗대 하나를 빼내시고 그 자리를 살로 메우셨다. 주 하느님께서 사람에게서 빼내신 갈빗대로 여자를 지으시고, 그를 사람에게 데려오시자, 사람이 이렇게 부르짖었다. "이야말로 내 뼈에서 나온 뼈요 내 살에서 나온 살이로구나! 남자에게서 나왔으니 여자라 불리리라." 그러므로 남자는 아버지와 어머니를 떠나 아내와 결합하여, 둘이 한 몸이 된다. 사람과 그 아내는 둘 다 알몸이면서도 부끄러워하지 않았다.(창세 2,18-25)

이 텍스트는 여인의 창조로서 인간 창조를 완성하는 이야기다. "사람이 혼자 있는 것이 좋지 않으니, 그에게 알맞은 협력자를 만들어 주겠다."(창세 2,18)라는 선포는 지금부터 하는 일의 중대함을 나타낸다. 이 하느님의 선포에 응답하는 사람의 외침이 있다. "이야말로 내 뼈에서 나온 뼈요 내 살에서 나온 살이로구나!"(창세 2,23) 하느님의 베푸심과 인간 환희의 소리가 화합하기 전에 하느님은 지상의 동물들을 사람 앞에 내어 보냈다. 그리고 사람은 그들에게 이름을 지어 주었다. 이름을 정해 주는 것은 지배권을 말한다. 이는 인간이 피조물들 중에서 핵심적인 위치를 차지한다는 것을 나타낸다.

인간은 참다운 권리를 가졌다. 창세기 2-3장이 말하는 것은 그 권리는 베푸심을 기초로 생명을 위해 사용되어야 하는데, 인간이 실제로는 자기를 기초로 죽음을 위해 사용하고 말았다는 말이다. 인간은 스스로 베푸심의 대상이었음을 알고, 받은 것을 감사하는 마음으로 행동해야 하였다. 사람이 자기의 기원에 있는 한계성을 거부하면, 거짓과 폭력으로 자기 스스로 뿐 아니라 모든 피조물마저 어둠에 잠기게 한다. 이름 짓는 행위는 창조하는 것이다. 인간은 창조한다. 그것은 인간의 소명이기도 하다. 그러나 인간은 원초적이며 최종적인 창조주가 아니다. 인간은 응답하는 상황에 있는 창조자다. 이름 지어 주는 창조는 언어 안에 그 사물이 들어오게 함으로써 다른 사람과 공유하는 행위다.

사람은 동물을 이름 짓는 권한을 가졌지만, "그는 사람인 자기에게 알맞은 협력자를 찾지 못하였다."(창세 2,20) Ish(지아비)에게서 나온 Isha(지어미)라는 여인의 창조가 있어야 한다. 이제 비로소 사람은 자기와 비슷한 다른 이를 만나게 되고, 그와 결합하여 온전한 인류를 구성한다. 여인을 창조하기까지 인간의 창조는 완성되지 않았다. 인간은 남자와 여자로 구성된다. 따라서 우리의 몸에는 우리가 완성된 인간으로 독존(獨存)하는 존재가 아니라는 사실이 새겨져 있다. 나는 남자이거나 여자일 뿐이다. 결코 둘 다가 될 수 없다. 여자를 창조하며 남자의 갈빗대를 취한 것은 그의 몸에 깊이 새겨진 부족함을 상징한다. 그 갈빗대가 여인 창조의 자료로 되는 것은 뼈가 의미하는 동질성을 말할 뿐 아니라, 갈비뼈는 심장을 보호하고 심장의 고동이 들리는 뼈임을 상기시켜 남녀 관계의 성격을 규정한다. 사람은 두 사람의 역사를 시작하기 위하여 자기 기원(起源)과의 관계를 단절해야 한다. "남자는 아버지와 어머니를 떠나 아내와 결합하여, 둘이 한 몸이 된다."(창세 2,24)

창세기 2장은 창조 질서에 있어서 인간은 벌써 관계적 상황에 있다는 사실을 고의적으로 말한다. 인간은 그가 나온 흙과, 그가 가꾸어야 하는 동산과, 그가 이름 짓는 동물과, 자기를 인간으로 완성시키는 여인과, 존재를 주시는 하느님과, 정원 한가운데서 하느님의 보이지 않는 현존을 상징하는 두 나무와 맺은 관계 속에 있다. 하느님과의 관계는 근본적이지만, 땅을 떠나서 이루어지는 관계가 아니다. 그와 반대로 두 개의 나무가 상징하는 것은 인간이 하느님과 가지는 관계는 간접적이고, 땅과 땅이 내포하는 것들을 통해서 이루어진다는 것을 의미한다.

인간이 땅과 가지는 관계도 하느님 없이 이루어지지 않는다. 인간이 땅과 가지는 관계는 인간을 존재하게 한 기원을 상기시킨다. 인간은 이렇게 복잡한 관계의 회로(回路) 속에 있다. 그는 하느님이나 땅, 어느 것과도 직접적인 관계를 맺지 않는다. 그래서 인간은 연약하다. 그는 임시적 존재다. 그는 불연속성을 살아야 한다. 그는 현재에 안주하기보다는 미래를 위해 부르심 받았다. 인간은 혼자서 자기의 충만한 정체성(正體姓)을 주장할 수 없다. 이 설화에서 인간은 지상적이고 유한하며 동산을 가꾸는 노동을 위해 있는 존재다. 그것은 제한이 없고 부족함이 없는 풍요로운 세상도 아니고, 시작도 끝도 없는 즐거움의 세계도 아니다.

창세기 2장은 천상 낙원을 말하는 것도 아니고 선사 시기(先史時期)의 천상적 어떤 상태를 묘사하는 것도 아니다. 이 설화는 하느님과 인간의 차이를 말한다. 그 차이는 상호 관계와 책임의 구조를 지배한다. 여기서 하나의 역사가 시작되고 율법이 나타난다. 그 삶의 구조는 '은총과 성덕이라는 초성 은혜(超性恩惠)'가 지배하는 것도 아니고, '사욕편정(邪慾偏情)이 없고 지혜가 밝고 고통이 없고 죽지 않는 과성은혜(過性恩惠)'의 구조도 아니다. 제한성은 인간의 근본적 특수성이며 구성 요인이다. 창세기 2장은 인간의 유한한 기원적 상황을 말하려 한다. 그것은 좋고 행복한 것이었다. 이 설화는 어디에도 인간이라는 조건에 불가능한 무한성을 암시하지 않는다.

인간에게 이러한 것들이 무상(無償)으로 베풀어졌기에 계명이 있다. 주어진 것에는 방향이 정해져 있다. 이 설화는 그 제한은 인간에게 행복한 것이었고, 그 제한의 망각이 죽음을 초래하였다고 말한다.

1.3. 인간의 타락

비극이 시작할 준비는 이제 다 되었다. 필요한 요소들은 등장하였고 무대는 준비되었다. 창조는 완성되었다. 설화는 인간이 무대에 등장하자 무엇이 일어났는지를 보여 주려 한다. 여기서 원초적 사건의 주인공인 아담이 등장한다. 이 설화의 편집자는 이 설화로써 우리가 매일 말과 행동으로 반복하는 바를 보여 주려 한다. 아담은 우리 각자다. 저자는 역사 안에 계속 일어나는 일을 설화로 묘사하고 해석하면서 그것이 원초에서부터 있었던 것이라고 말한다.

> 뱀은 주 하느님께서 만드신 모든 들짐승 가운데에서 가장 간교하였다. 그 뱀이 여자에게 물었다. "하느님께서 '너희는 동산의 어떤 나무에서든지 열매를 따 먹어서는 안 된다.'고 말씀하셨다는데 정

말이냐?" 여자가 뱀에게 대답하였다. "우리는 동산에 있는 나무 열매를 먹어도 된다. 그러나 동산 한가운데에 있는 나무 열매만은, '너희가 죽지 않으려거든 먹지도 만지지도 마라.' 하고 하느님께서 말씀하셨다." 그러자 뱀이 여자에게 말하였다. "너희는 결코 죽지 않는다. 너희가 그것을 먹는 날, 너희 눈이 열려 하느님처럼 되어서 선과 악을 알게 될 줄을 하느님께서 아시고 그렇게 말씀하신 것이다." 여자가 쳐다보니 그 나무 열매는 먹음직하고 소담스러워 보였다. 그뿐만 아니라 그것은 슬기롭게 해 줄 것처럼 탐스러웠다. 그래서 여자가 열매 하나를 따서 먹고 자기와 함께 있는 남편에게도 주자, 그도 그것을 먹었다. 그러자 그 둘은 눈이 열려 자기들이 알몸인 것을 알고, 무화과나무 잎을 엮어서 두렁이를 만들어 입었다.(창세 3,1-7)

이 텍스트는 뱀의 등장과 사람의 범령(犯令), 그리고 그 결과를 보여준다. "그 둘은 눈이 열려 자기들이 알몸인 것을 알고, 무화과나무 잎을 엮어서 두렁이를 만들어 입었다."(창세 3,7) 이 말은 2장의 마지막 구절 "사람과 그 아내는 둘 다 알몸이면서도 부끄러워하지 않았다."(창세 2,25)는 말에 반대되는 상황을 말한다.

여기서 뱀은 악마를 상징한다. 바빌로니아 신화에서 뱀은 마귀의 화신(化身)이다. 그러나 이 설화의 뱀은 바빌로니아 신화의 뱀을 탈신화(脫神話)하여 다른 동물과 같은 하나의 피조물에 불과하다. 뱀이 사람과 이야기한다. 저자는 인간을 죄 없는 하나의 단순한 희생물이 되지 않게 하기 위해 악을 될 수 있는 대로 적게 형상화(形相化)시키려 노력하고 있다. 뱀은 하느님 앞에 경쟁적 상대로 등장하지 않는다. 뱀은 단순한 하나의 피조물이고 그렇게 행동할 뿐이다. 이런 까닭에 사람은 자기 행위에 대한 책임을 면하지 못한다.

뱀이 하는 일은 질문하는 것이다. 그것을 위해 뱀은 하느님이 만들어 주신 관계를 벗어난다. 여기서 뱀은 인간 환상(幻想)의 화신(化身)이다. 하느님이 만들어 주신 장(場)을 벗어나, 하느님과 하느님의 은혜에 대해 더 잘 판단할 수 있다는 환상의 화신이다. 뱀은 하느님에 대해 판단하고, 하느님의 주인이 되려 한다. 뱀은 자기가 있어야 하는 상징(象徵) 세계를 벗어나, 가상(假想)의 세계로 이동한다.

사람은 아내를 통해 그 유혹에 응답한다. 사람은 자기의 마음에 황홀한 것을 택한다. 인간이 지닌 제한은 불안한 것이었다. 사람의 안전은 하느님에게 달려 있지만, 사람에게는 하느님에게 응답할 수도 있고, 거부할 수도 있는 자유가 있었다. 창세기 2장은 제한된 자유의 윤리적 구조를 보여 준다. 인간의 자유는 임시적이며 상처받기 쉽고, 자기에게 주어진 특정의 피조물을 받아들이면서 긍정된다. 그러나 그 자유는 무한(無限)에 대한 욕망으로 선회할 가능성을 충분히 지녔다.

그 무한은 인간이 가상(假想)하는 무한이기에 허무할 수밖에 없다. 그것은 가상된 것에 지나지 않기에 그것을 부정하는 창조적 제한이 나타나게 된다. 이때 인간의 자유는 고압적 법은 무시되어야 한다고 생각하는 편집증(偏執症)에 빠질 수 있다.

그 결과 아담은 하느님의 말씀을 거역하고 죽음의 주인공이 된다. 그 가능성은 사람에게 주어진 자유에 내포되어 있다. 응답할 자유를 받은 인간의 자율성은 이제 자기가 자기 존재의 근원인 양 자기중심적으로 생각하고 행동하는 자율성으로 변한다.

여기서 악은 설명되지 않고, 뱀의 존재로만 표현되었다. 저자는 악이 인간에서만 나오는 것이 아니라고 생각한다. 인간은 악에 대해 참으로 책임이 있고, 악을 행하는 주체임에는 틀림없지만, 인간을 선행하는 악이 있고, 그 악의 영향으로 인간은 악을 행한다는 것이다. 악은 이미 있는 것이고, 사람은 아무도 악의 절대적 창시자가 될 수 없다. 악은 나를 유혹하지만, 그것은 외적 실존으로 형상화(形象化)되지는 않는다. 죄를 짓는 것은 양보하는 것이다. 악의 종이 되는 것이다. 사람이 악의 전통을 따르는 것이다.

저자는 악을 설명하지 않지만, 악에 대해 생각하고 있다. 인간은 피조물이고, 베풂을 받은 주체(主體)다. 인간은 창조에 참여하지 않았다.

여인이 창조될 때 사람은 잠들어 있었다. 사람이 하는 것은 창조의 결과를 알아보는 것뿐이다. 여기서도 뱀은 아무 설명 없이 그냥 등장한다. 인간은 피조물이고 불가사의(不可思議)를 안고 살아야 하는 존재다. 그 불가사의 앞에서 인간은 생각해야 하고 응답해야 한다.

뱀은 사람을 속였는가? 얼핏 보면, 뱀은 사람을 속이지 않았다. 사실 사람은 죽지 않았고, 인간 인식의 폭은 넓어졌다. 그들은 '그들이 알몸인 것을 알게' 되었다. 죄는 어떤 의미에서 인간을 격상시킨다. 적어도 자아의식(自我意識)을 격상시킨다. 창세기 3장은 하나의 모험, 인간이 인간되어 가는 과정을 묘사한다고 말할 수 있다. 이 설화가 말하는 것은 인간이 무엇인가는 신비스럽게 얻고, 무엇인가는 영구히 잃었다는 것이다. 7절은 인간이 영원히 잃은 것은 새로운 인식과 관계있다고 말한다. 2장 25절에서 나타나는 것은 이제껏 인간이 모르던 부끄러움이다. 남자와 여자는 공모자이지만, 이제는 각자가 자신을 감추는 방어적 자세를 취하지 않고는 서로 마주 보고 살 수 없게 되었다. 이것은 인간 안에 발생한 깊은 무질서를 상징한다.

> 그들은 주 하느님께서 저녁 산들바람 속에 동산을 거니시는 소리를 들었다. 사람과 그 아내는 주 하느님 앞을 피하여 동산 나무 사이에 숨었다. 주 하느님께서 사람을 부르시며, "너 어디 있느냐?" 하고 물으셨다. 그가 대답하였다. "동산에서 당신의 소리를 듣고 제가 알

몸이기 때문에 두려워 숨었습니다." 그분께서 "네가 알몸이라고 누가 일러 주더냐? 내가 너에게 따 먹지 말라고 명령한 그 나무 열매를 네가 따 먹었느냐?" 하고 물으시자, 사람이 대답하였다. "당신께서 저와 함께 살라고 주신 여자가 그 나무 열매를 저에게 주기에 제가 먹었습니다." 주 하느님께서 여자에게 "너는 어찌하여 이런 일을 저질렀느냐?" 하고 물으시자, 여자가 대답하였다. "뱀이 저를 꾀어서 제가 따 먹었습니다."(창세 3,8-13)

위 텍스트는 심문과 고발의 장면이다. 죄의 결과로 사람은 하느님을 피한다. 사람은 상징(象徵)의 세계를 떠나서 가상(假想)의 세계에 머문다. 얼굴을 마주할 수 있는 무죄함은 이제 없어졌고, 피하려는 죄인의 방어적 자세만 남았다. 하느님 앞에서 인간의 상황은 거짓된 것이 되고 말았다. 하느님이 오시자, 사람은 숨는다. 하느님이 심문하자, 사람은 먼저 여인을 고발하고, 또 하느님을 고발한다. '당신께서 저와 함께 살라고 주신 여자가……', 여인은 '뱀이 저를 꾀어서'라고 말한다. 모두 책임을 회피하고 있다. 서로의 고발은 남녀, 사람과 동물, 상호간의 연대(連帶)가 무너졌음을 나타낸다. 하느님께서 사람만 심문하는 것은 인간의 자율성을 하느님이 인정해 주는 것이다.

주 하느님께서 뱀에게 말씀하셨다. "네가 이런 일을 저질렀으니 너는 모든 집짐승과 들짐승 가운데에서 저주를 받아 네가 사는 동안 줄곧 배로 기어 다니며 먼지를 먹으리라. 나는 너와 그 여자 사이에, 네 후손과 그 여자의 후손 사이에 적개심을 일으키리니 여자의 후손은 너의 머리에 상처를 입히고 너는 그의 발꿈치에 상처를 입히리라." 그리고 여자에게는 이렇게 말씀하셨다. "나는 네가 임신하여 커다란 고통을 겪게 하리라. 너는 괴로움 속에서 자식들을 낳으리라. 너는 네 남편을 갈망하고 그는 너의 주인이 되리라." 그리고 사람에게는 이렇게 말씀하셨다. "네가 아내의 말을 듣고, 내가 너에게 따 먹지 말라고 명령한 나무에서 열매를 따 먹었으니, 땅은 너 때문에 저주를 받으리라. 너는 사는 동안 줄곧 고통 속에서 땅을 부쳐 먹으리라. 땅은 네 앞에 가시덤불과 엉겅퀴를 돋게 하고 너는 들의 풀을 먹으리라. 너는 흙에서 나왔으니 흙으로 돌아갈 때까지 얼굴에 땀을 흘려야 양식을 먹을 수 있으리라. 너는 먼지이니 먼지로 돌아가리라."(창세 3,14-19)

인간이 벌을 받는 장면에서 저자는 인간 실존의 근본적 불가사의에 대한 해답을 시도한다. 가장 불행한 인간 조건인 고통을 저자는 범죄의 결과라고 말한다. 이것으로 저자는 이 범죄 설화가 인간 불행의 총체적 해석이라는 사실을 보여 준다.

벌은 먼저 뱀에게 내린다. '네가 사는 동안 줄곧 배로 기어 다녀라.'라는 벌은 아무 의미 없는 벌이다. 그리고 동물과 여인의 후손 사이에 조화는 깨어진다. 여인이 받는 벌은 그 시대 여인의 중심적 역할인 어머니와 아내의 조건에 내린다. 이제 분만(分娩)은 고통스런 것이 되었다. 남녀 관계의 기쁨과 상호 보완성은 지배와 예속의 기회로 변한다. 남자에게는 삶의 보람인 노동이 고통스런 것이 된다. 흙에서 나온 인간에게 정상적일 수밖에 없는, 제한된 삶, 곧 죽음은 번민과 부조리의 원인이 된다. 그러나 여기서 볼 수 있는 것은 인간의 본성에 아무런 변화가 일어나지 않았다는 것이다. 그것은 오늘날 인간 조건에서도 확인이 되는 것들이다. 따라서 시원(始原)론적으로는 과거의 이야기가 되고 종말(終末)론적으로는 인간의 운명이 된다. 이 이야기의 최후의 말은 벌에 관한 것이 아니다. 하느님은 당신의 창조물을 새로운 질서 안에 둘 것을 약속하는 것이다.

> 사람은 자기 아내의 이름을 하와라 하였다. 그가 살아 있는 모든 것의 어머니가 되었기 때문이다. 주 하느님께서는 사람과 그의 아내에게 가죽옷을 만들어 입혀 주셨다. 주 하느님께서 말씀하셨다. "자, 사람이 선과 악을 알아 우리 가운데 하나처럼 되었으니, 이제 그가 손을 내밀어 생명나무 열매까지 따 먹고 영원히 살게 되어서는 안 되지." 그래서 주 하느님께서는 그를 에덴 동산에서 내치시어, 그가 생겨 나온 흙을 일구게 하셨다. 이렇게 사람을 내쫓으신 다음, 에덴 동산 동쪽에 커룹들과 번쩍이는 불 칼을 세워, 생명나무에 이르는 길을 지키게 하셨다.(창세 3,20-24)

범죄 이야기는 새로운 약속과 축복으로 끝난다. 남자가 여자에게 주는 새로운 이름 살아 있는 자들 '곧 인류의 어머니'라는 말은 미래는 열려 있고, 죽음이 마지막 말이 아니라는 것을 표현한다. 하느님은 인간을 보호하는 "가죽옷"을 만들어 줌으로써 하느님과 인간의 관계는 깨어졌지만, 하느님은 인간을 포기하지 않았다는 사실을 말한다. 하느님과의 거리와 좋은 피조물 안에서 누리던 자율성은 하느님이 원한 것과 반대되는 방향으로 선회하는 구실이 되고 말았지만, 하느님은 인간을 다시 달리 만날 것이다. 하느님은 멀리서 거리를 두고 사람과 함께 계신다. 하느님은 당신의 피조물을 포기하지 않았다.

사람은 에덴 동산에서 쫓겨난다. 이것은 하느님의 저주인가? 범죄로 말미암아 나타난 상황은 어떤 유배를 필연적인 것으로 만들었다.[92] 인간은 자기중심의 가상(假想)의 세계로 들어가서 거짓의 상황을 살게 되고, 폭력을 쓰게 된다(카인과 아벨의 이야기). 이 상황이 영원히 지속되어서는 안 된다. 인간은 에덴을 떠나서 유배의 길을 간다. 이 유배의 길인 역사 속에서 인간은 하느님의 새로운 베푸심을 받을 것이다. 인간은 생명의 나무 그늘에서 죄의 상태로 존속해서는 안 된다. 그것은 아무 해결이 없는 불행이다. "이렇게 사람을 내쫓으신 다음, 에덴 동산 동쪽에 커룹들과 번쩍이는 불 칼을 세워, 생명나무에 이르는 길을 지

---

92 Graham Greene은 《인간의 심연》(삼성문고)이라는 소설에서 주인공이 한 번의 실수로 부인과의 관계와 가까웠던 친구와의 관계가 모두 소원해진다는 사실을 보여 준다.

키게 하셨다."(창세 3,24) 이 말은 향후에 만일 죄의 용서가 있다면, 그것은 하느님이 은혜롭게 하신 일이라는 사실을 뜻한다. 인간은 스스로 구원하지 못한다. 인간의 선의에도 불구하고, 이제 인간이 하는 일은 죽음이고, 죽음의 힘은 점점 감당할 수 없게 되어 인간을 공격할 것이다. 그것이 유한한 존재가 무한할 것을 원했을 때, 작용하는 엄한 법이다. 그것은 인간이 당하는 항구한 유혹이다. 하느님은 인간을 동반자로 세우면서 자율성을 주었다. 이 유혹과 실패는 창조 때부터 인간에게 주어진 가능성이다. 그 가능성이 현실이 된 것이다. 하느님은 그것을 인간의 영원한 운명으로 내버려 두지 않았다. 사람이 당한 유혹은 삶을 위한 것이었지만, 실제는 죽음이 왔고, 이제 죽음을 위한 선택은 생명을 주는 행위가 될 것이다. 이 변증법(辨證法)은 복음에서 더 발전될 것이다. "정녕 자기 목숨을 구하려는 사람은 목숨을 잃을 것이고, 나와 복음 때문에 목숨을 잃는 사람은 목숨을 구할 것이다."(마르 8,35)

1.4. 창세기 2-3장의 요약

창세기 2-3장은 좋게 완성된 창조 안에서 인간이 악을 시작했다는 것을 강조한다. 설화는 두개의 기원(起源)을 말하는 것 같다. 하느님이 창조하신 만물의 좋은 존재를 위한 기원과 인간으로 말미암은 우리 역사적 상황의 기원이다. 아담은 초자연적 인간이 아니라, 우리와 같은 인간을 말하는 상징이다.

인간으로 말미암은 악의 시작은 하나의 사건으로 표현되었다. 악은 아무리 원초적이라 해도, 그것은 인류에게 부가적(附加的)으로 발생한 것이다. 사람은 악을 하나의 이야기로 기억할 수는 있어도 악을 운명으로 강요받지는 않는다. 범죄 이야기를 하는 것은 기원의 무죄함과 새로운 무죄함을 말하기 위함이다. 베푸심에는 악이 없었고, 인간은 악을 넘어 무죄할 수 있다. 선과 악은 연속된 것이 아니다. 인간은 무죄하게 창조되었지만, 스스로 죄로 기울고 말았다는 것이다.

악은 인간이 관계적 상황을 외면하는 데에서 발생한다. 하느님, 인간, 피조물, 그리고 자기 자신이 지닌 관계적 상황을 외면하는 데서 발생했다는 말이다. 이렇게 보면, 영원히 고정된 선과 악 사이의 선택이 아니다. 인간에게 악은 하느님과의 관계를 벗어나서 자기의 생각과 원의만으로 판단하고, 행동할 수 있다고 믿는 데에 있다. 하느님이 제공하신 장(場)에서만, 인간은 옳은 생각과 원의를 가질 수 있다.

노동, 언어, 제도, 성(性)은 범죄의 결과로 발생한 것이 아니다. 그것들은 하느님이 창조하신 실재에 속하는 것이다. 물론 인간의 접근 양식이 다를 수 있다. 감사하는 마음으로, 삶의 보람이라 생각하며 하던 노동은 고통스런 의무가 되었다. 인간 서로가 황홀하게 만나는 장(場)인 성(性)은 지배와 예속의 장이 되었다. 제한은 하나의 압력으로 느껴진다. 죽음은 고뇌의 원천이 되고, 허무를 느끼게 하는 원인이 되었다. 인간의 역사는 죽음을 무릅쓴 투쟁이 되었다.

뱀은 피조물이지 악의 원리가 아니다. 피조물은 다 좋은 것이지만 사람과의 만남에서 악이 나타난다. 뱀은 항상 거기 있었다. 악은 사람이 언제라도 만날 수 있는 것으로 존재한다. 인간이 악을 시작한 것이 아니다. 인간과 더불어 악이 세상에 들어왔다고 말하는 것이 옳을 것이다.

2. 창세기 1장에서 11장까지

창조에 대한 창세기의 이야기는 창세기 1–11장 전체와 떨어뜨려 생각해서는 안 된다. 이 단원은 인류의 선사적(先史的) 이야기다. 신화적 형태를 빌어서 이스라엘이 살아온 인류 역사의 기원에 대해 하는 신앙 고백의 언어다. 12장에서 아브라함의 성소(聖召)를 말하면서 비로소 참다운 역사가 시작된다. 1–11장은 일종의 서론에 해당하는 것이다.

시선을 넓혀서 이 단원(1–11장) 전체를 보면 2–3장에서 이야기된 것이 다시 확인되고 더 명백하게 된다. 인간은 사회 안에 있는 인간이고, 노동하는 인간이며, 도시를 건설하는 인간이다. 인간은 폭력과 권력에 사로잡혀 있다(4장과 11장). 인간은 한 번에 완성된 피조물이 아니라, 계속해서 성취해야 하는 피조물이다(홍수와 하느님의 새로운 약속).

창세기 4장의 카인과 아벨의 비극적 이야기는 아담의 범죄 이야기와 긴밀히 연결되어 있다. 인간은 하느님과의 차이를 거부함으로써 형제간의 차이도 인정하지 않게 된다. 인간은 원초적으로 가상의 세계, 곧 자기중심적 세계에서 자율성에 입각한 자신의 정체성만 인정하기에, 역사 안에서 전제적(專制的) 폭력을 휘두르면서 자기 자신만 긍정한다.

성경 텍스트는 차이(差異)를 중요시한다. 그래서 하느님과 인간의 차이, 남자와 여자의 차이, 사람들 간의 차이를 언급한다. 차이라는 것은 하나의 불가사의(不可思議)다. 신앙은 불가사의를 폐기함으로써 해결하지 않는다. 이 불가사의는 기원으로부터 타인(他人)이 있다는 사실을 말한다. 이 불가사의는 받은 것에서 출발하여 감사하는 마음으로 살아야 한다는 것을 의미한다.

아담의 범죄와 같이 창세기 4장은 하나의 역사적 비극을 이야기한다. 그것은 사람이 이해할 수는 있지만 설명할 수는 없는 것이다. 그 비극은 우리가 자백하는 비극이다. 그 설화도 인간에게 약속된 것이 무엇이며, 실제로는 어떤 악을 행하는지를 말한다. 아들 됨과 형제 됨은 서로가 다름을 인정하면서 가능하다. 동기(同氣)간의 형제애가 가능한 것은 자녀 됨을 알기 때문이다. 성경 텍스트는 아들 됨은 하나의 소외(疎外)며 아들이 어른이 되는 것은 아들 됨을 중단하는 것이라는 현대인(프로이트, S. Freud)의 주장을 배격한다. 또한 부권(父權)은 폭력으로라도 확립되어야 한다는 인류 역사의 오랜 법도 성경은 배격한다. 인간과 하느님에 대한 창세기의 묘사에서 우리가 볼 수 있는 것은 후에 예수가 보여 줄 아들과 아버지의 관계다. 아들은 유아독존(唯我獨尊)하지 않으면서 자기의 영광스런 위상을 아버지로부터 얻어서 삶의 원천으로 삼고, 하느님은 자기의 피조물을 위해서 차이를 삶의 조건으로 설정한다. 그것은 십자가에 이르기까지 받아들여야 하는 차이이다.

성경 설화는 간접적으로 형제들로 된 세상의 가능성을 본다. 아버지와 아들의 차이는 형제간에 또 인간 간에 있어야 하는 차이의 기준이다. 아들이 자유로운 아들 됨을 포기하고 아버지에 대한 종속성을 유지하거나 자기의 기원이 자기에게 있음을 주장하지 않는다면, 그 아들은 다른 사람들에 대해서도 전제적 자세를 취하지 않을 것이다. 인간이 자기 신원에 대해 가상적 허위의 세계를 구축하여 자족함에 빠지지 않는 한, 인간은 폭력의 노예가 되지 않는다.

홍수 설화(창세 6-9장)는 창조 설화를 반복하는 것과 같다. 홍수는 시작한 역사를 중지시키고, 모든 것을 영(零)에서 다시 시작하게 한다. 그 중지는 시작된 역사에 대한 하나의 해석이고 판단이며, 그 역사를 하나의 계약에 접목시키는 계기가 된다. 홍수 이야기는 창조가 하나의 과거지사(過去之事), 단순한 하나의 시작만이 아니었음을 말한다.

창조는 현재 일어나고 있는 심판과 은총의 사건이고, 역사 내적인 것이다. 홍수 설화는 창조가 온전히 주어졌지만, 그것은 계속해서 재검토된다는 사실을 강조한다. 그것은 창세기 2–3장에서도 이미 볼 수 있었던 사상이지만, 홍수 설화에서는 더 명백하게 나타난다. 창세기 2–3장이 현재의 구조에 입각하여 기원의 이야기를 하고 있는 반면, 창세기 6–9장은 세상을 재창조하기 위하여 역사가 중단된 사실을 이야기하는 차이가 있다.

홍수 설화(창세 7–8장)는 창조를 구원 역사가 시작할 수 있는 항구한 공간의 설립으로 보고 있다. 하느님이 인내하시는 시기가 시작한 것이다. 하느님은 당신의 창조를 인간이 하는 일의 배경으로 제공한다. 이것을 배경으로 진리의 역사와 거짓의 역사가 진행된다. 그 공간의 상징성을 거부하고 가상의 세계로 들어가면, 거기에는 거짓과 죽음이 있다. 그 공간의 상징성을 받아들이고 인정하면, 생명의 약속이 있다.

창세기 11장이 전하는 바벨탑 이야기에 오면 기원에 대한 그림은 그 절정에 이른다. 이 설화는 아담에서부터 시작한 비극이 어떤 결과에 이르는 지를 보여 준다. "자, 성읍을 세우고 꼭대기가 하늘까지 닿는 탑을 세워 이름을 날리자. 그렇게 해서 우리가 온 땅으로 흩어지지 않게 하자."(창세 11,4) 이 탑의 건설은 아담, 카인, 라멕, 노아 시대의 사람들이 할 당연한 일이다. 그 건설은 전제적이며 온전히 세상만을 위한 것이다. 인간에게 기대한 것은 열린 마음, 타인에 대한 관심, 대화의 시작이었는데, 실제로 나타난 것은 하나의 탑을 중심으로 뭉쳐 있는 도시다. 탑을 중심으로 모든 사람이 집결하고, 도시는 도시 그 자체 외는 아무 것도 보지 못한다. 탑은 하늘에까지 닿아서 하늘을 땅과 교섭하게 만드는데, 그 교섭의 기준은 땅에서 올라온 탑이다. 세상을 기준으로 하늘과 교섭하겠다는 사람들의 집단이 그 도시다. 바벨은 타자성(他者性)과 개체의 특수성이 완전히 무시된 강제 수용소와 같은 세계를 상징한다. 역사는 창조적 응답, 대화, 헌신(獻身)으로 꾸며져야 하는데, 무서운 것 없는 인간의 왕국이 되고 말았다. 특히 여기서 주목해야 하는 요소는 하나의 언어를 사용한다는 말로 참다운 말은 불연속, 침묵, 도전에서 나온다는 사실을 표현한다.

하느님은 이에 개입하여 언어를 혼란시킨다. 하느님의 심판이 있고 사람들의 탑 건설은 중단된다. 바벨은 인간이 자기가 만든 산물(産物)로써 창조를 뒤엎고, 인간을 파괴하는 행위다. 그러나 바벨은 또 한편 인간이 세상을 지배하고 문화를 창조한다는 사실을 의미하기도 한다. 그러면 하느님은 세상의 지배와 문화의 창조를 단죄한다는 말인가? 하느님의 개입은 오히려 세상의 지배와 문화의 창조를 보장한다. 언어의 혼란으로 하느님은 인간의 전제(專制)적 기도(企圖)를 중단시키지만, 인간이 세상을 건설하고 인간을 만들어 나갈 차원을 제공한다. 언어가 다양해지면서 사물과 세상이 새로워진다. 언어가 다양해 졌다는 것은 사물과 세상에 대한 전제적 긍정만 있는 것이 아니라, 새로운 이해와 창조를 가능하게 해 준다는 면도 담겨 있다. 아담이 동물의 이름을 지어 준 것은 다른 사람도 그 이름을 부르고, 그 동물과 다양한 관계 안에 들어가게 하기 위함이었다. 그것은 창조적인 것이었다. 다양한 관계는 다양한 언어를 발생시킨다.

창세기는 인간이 어떤 세상에 살며 어떤 세상을 만드는지를 보여 준다. 인간은 타자성(他者性)을 부인하고 차이(差異)를 비난하면서 산다. 창세기는 인간이 어떻게 전체주의(全體主義)로 가는지를 보여 준다. 그리고 창조하시는 하느님으로 말미암아 발생하는 하나의 장(場)이 있음을 상기시킨다. 하느님이 주시는 세상은 사람이 이미 살고 있으며 또 앞으로도 다양한 사람들이 살아야 하는 세상이다. 이미 지배하지만, 또한 새롭게 지배해야 하는 세상이며, 창조되었지만 또 창조해야 하는 세상이다. 이 세상에서 하는 인간의 활동은 하느님에게 위협이 되지 않는다. 인간의 활동은 창조하시는 하느님이 계획한 것이었다. 인간은 이곳에 초대되었다. 인간은 다양한 활동으로 풍요롭게 응답하는 존재다.

성경은 하나의 역사적 과정을 소개한다. 폭력을 통해 일치와 평등을 강요하면서 차이와 다원성(多元性)을 추방한 세상을 고발한다. 바벨의 이야기는 언어가 하나뿐이라서 말이 고갈된 세상을 고발한다. 이

문헌에서 언어의 혼란은 하나의 벌과 같이 보이지만, 그 혼란이 있어 아브라함이라는 자유로운 개체와 그의 선택을 가능하게 하였다.

하느님은 바벨탑의 기도(企圖)를 막으면서 인간이 인간답게 서로 다른 말을 다시 할 수 있게 만든다. 의미의 다양함과 갈등 속에서 참다운 인간의 언어를 구사할 줄 아는 존재가 태어날 수 있게 한다. 이 인간은 획일적 일양성(一樣性)으로 구성된 세상을 지향하는 유혹에 빠지지 않는다. 오히려 창조의 한가운데에서 그 창조가 자유롭고 풍요로울 수 있도록 하는 말씀을 들을 줄 알고, 스스로 책임을 지는 인간, 세상의 과정에 스스로 투신할 줄 아는 인간이 된다. 획일성을 강요하는 바벨은 용납되지 않는다. 신앙인의 모범인 아브라함은 아담, 카인과 바벨탑의 건설자들에 대한 반론의 위상(位相)으로 등장한다. 그는 "주님께서 이르신 대로"(창세 12,4) 자기의 길을 가는 사람이다. 아브라함은 자기보다 강한 자에게 순종하는 인간이 아니라, 역사를 창조하는 인물로 나타난다. 바벨 도시의 찬란함에 현혹되어 내적으로 죽은 인간과는 반대로 아브라함은 창세기 18장이 말하듯이, 하느님과 대화하고 다투는 어려운 상대다. 이것이 하느님이 원하시는 인간이다.

기원의 역사는 선택의 역사가 나타나게 한다. 기원의 역사는 서론이다. 그것은 선택의 역사를 도입하는 역할을 한다. "나는 너를 큰 민족이 되게 하고, 너에게 복을 내리며, 너의 이름을 떨치게 하겠다."(창세 12,2)라는 말은 "자, 성읍을 세우고…… 이름을 날리자. 그렇게 해서 우리가 온 땅으로 흩어지지 않게 하자."(창세 11,4)라는 바벨 사람들의 말과 아담이 한 선택과 그 아들들의 욕망에 대해 하느님이 하시는 대답 같이 보인다. 하느님은 심판하신 후 다시 창조하신다.

아브라함에게 하느님이 하신 약속은 모든 민족이 원하는 바다. 그러나 그것이 실현되는 조건으로 하나의 결별을 요구한다. "네 고향과 친족과 아버지의 집을 떠나, 내가 너에게 보여 줄 땅으로 가거라."(창세 12,1) 그것은 하느님이 주시는 것이다. 하느님은 또한 특정한 사람에게 말씀하신다. 바벨의 도시는 대중이고 보편적이다. 크게 된다는 목적은 같지만, 그것을 향한 길은 전혀 다르다. "세상의 모든 종족들이 너를 통하여 복을 받을 것이다."(창세 12,3)

3. 창세기 1장(1,1—2,4)의 창조 설화

이 설화는 창세기 2-3장보다 시대적으로 후기(後期)에 속한다. 따라서 우주론적 지식과 설화의 구성 양식이 2-3장보다 발전한 것을 볼 수 있다. 설화의 전개 양식과 자료에는 차이가 있지만, 신학적 내용은 동일하다.

1,1 한처음에 하느님께서 하늘과 땅을 창조하셨다.

2 땅은 아직 꼴을 갖추지 못하고 비어 있었는데, 어둠이 심연을 덮
고 하느님의 영이 그 물 위를 감돌고 있었다.
3 하느님께서 말씀하시기를 "빛이 생겨라." 하시자 빛이 생겼다.
4 하느님께서 보시니 그 빛이 좋았다. 하느님께서는 빛과 어둠을
가르시어,
5 빛을 낮이라 부르시고 어둠을 밤이라 부르셨다. 저녁이 되고 아
침이 되니 첫날이 지났다.
6 하느님께서 말씀하셨다. "물 한가운데에 궁창이 생겨, 물과 물 사
이를 갈라놓아라."
7 하느님께서 이렇게 궁창을 만들어 궁창 아래에 있는 물과 궁창
위에 있는 물을 가르시자, 그대로 되었다.
8 하느님께서는 궁창을 하늘이라 부르셨다. 저녁이 되고 아침이 되
니 이튿날이 지났다.
9 하느님께서 말씀하시기를 "하늘 아래에 있는 물은 한곳으로 모
여, 뭍이 드러나라." 하시자, 그대로 되었다.
10 하느님께서는 뭍을 땅이라, 물이 모인 곳을 바다라 부르셨다. 하
느님께서 보시니 좋았다.
11 하느님께서 말씀하시기를 "땅은 푸른 싹을 돋게 하여라. 씨를
맺는 풀과 씨 있는 과일나무를 제 종류대로 땅 위에 돋게 하여
라." 하시자, 그대로 되었다.
12 땅은 푸른 싹을 돋아나게 하였다. 씨를 맺는 풀과 씨 있는 과

일나무를 제 종류대로 돋아나게 하였다. 하느님께서 보시니
좋았다.
13 저녁이 되고 아침이 되니 사흗날이 지났다.
14 하느님께서 말씀하시기를 "하늘의 궁창에 빛물체들이 생겨, 낮
과 밤을 가르고, 표징과 절기, 날과 해를 나타내어라.
15 그리고 하늘의 궁창에서 땅을 비추는 빛물체들이 되어라." 하시
자, 그대로 되었다.
16 하느님께서는 큰 빛물체 두 개를 만드시어, 그 가운데에서 큰 빛
물체는 낮을 다스리고 작은 빛물체는 밤을 다스리게 하셨다. 그
리고 별들도 만드셨다.
17 하느님께서 이것들을 하늘 궁창에 두시어 땅을 비추게 하시고,
18 낮과 밤을 다스리며 빛과 어둠을 가르게 하셨다. 하느님께서 보
시니 좋았다.
19 저녁이 되고 아침이 되니 나흗날이 지났다.
20 하느님께서 말씀하셨다. "물에는 생물이 우글거리고, 새들은 땅
위 하늘 궁창 아래를 날아다녀라."
21 이렇게 하느님께서는 큰 용들과 물에서 우글거리며 움직이는 온
갖 생물들을 제 종류대로, 또 날아다니는 온갖 새들을 제 종류대
로 창조하셨다. 하느님께서 보시니 좋았다.
22 하느님께서 이들에게 복을 내리며 말씀하셨다. "번식하고 번성
하여 바닷물을 가득 채워라. 새들도 땅 위에서 번성하여라."

23 저녁이 되고 아침이 되니 닷샛날이 지났다.
24 하느님께서 말씀하시기를 "땅은 생물을 제 종류대로, 곧 집짐승
과 기어 다니는 것과 들짐승을 제 종류대로 내어라." 하시자, 그
대로 되었다.
25 하느님께서는 이렇게 들짐승을 제 종류대로, 집짐승을 제 종류
대로, 땅바닥을 기어 다니는 온갖 것을 제 종류대로 만드셨다.
하느님께서 보시니 좋았다.
26 하느님께서 말씀하셨다. "우리와 비슷하게 우리 모습으로 사람
을 만들자. 그래서 그가 바다의 물고기와 하늘의 새와 집짐승과
온갖 들짐승과 땅을 기어 다니는 온갖 것을 다스리게 하자."
27 하느님께서는 이렇게 당신의 모습으로 사람을 창조하셨다. 하
느님의 모습으로 사람을 창조하시되 남자와 여자로 그들을 창조
하셨다.
28 하느님께서 그들에게 복을 내리며 말씀하셨다. "자식을 많이 낳
고 번성하여 땅을 가득 채우고 지배하여라. 그리고 바다의 물고
기와 하늘의 새와 땅을 기어 다니는 온갖 생물을 다스려라."
29 하느님께서 말씀하시기를 "이제 내가 온 땅 위에서 씨를 맺는 모
든 풀과 씨 있는 모든 과일나무를 너희에게 준다. 이것이 너희의
양식이 될 것이다.
30 땅의 모든 짐승과 하늘의 모든 새와 땅을 기어 다니는 모든 생물
에게는 온갖 푸른 풀을 양식으로 준다." 하시자, 그대로 되었다.

31 하느님께서 보시니 손수 만드신 모든 것이 참 좋았다. 저녁이 되
고 아침이 되니 엿샛날이 지났다.
2,1 이렇게 하늘과 땅과 그 안의 모든 것이 이루어졌다.
2 하느님께서는 하시던 일을 이렛날에 다 이루셨다. 그분께서는 하
시던 일을 모두 마치시고 이렛날에 쉬셨다.
3 하느님께서 이렛날에 복을 내리시고 그날을 거룩하게 하셨다. 하
느님께서 창조하여 만드시던 일을 모두 마치시고 그날에 쉬셨기
때문이다.
4 하늘과 땅이 창조될 때 그 생성은 이러하였다.

창세기 1장 1절에서 3절은 하느님의 첫 번 개입과 그 개입을 선행하는 것에 대해 말한다. 1장 1절은 전체에 붙인 제목이고, 2장 4절은 그 제목을 반복하면서 단원을 끝맺는다. 1장 2절은 하느님의 개입이 있기 전의 상태를 말한다. 땅은 아직 모양을 갖추지 않았고 비어 있다. 그리고 어둠이 있고, 심연이 있으며 물이 있다. 이 '모양을 갖추지 않고 비어 있는 어둠'은 하느님의 창조가 아니다. 이것은 창조에 선행하는 것이다. 그것은 시간보다 앞서 있는 것이다. 그것들은 모두 부정적 표현들이다. 모양을 갖추지 않았다는 것은 장차 생겨날 피조물의 반대 개념이며, 어둠은 성경에서 죽음과 불행과 연결된다. 그와 반대로 빛은 선과 생명을 말한다. 물은 자칫하면 사람의 생활 공간을 침범하는 위협적인 것으로 나타난다. 이것은 모두 하느님의 개입으로 종말

을 고할 것들이다. 창조는 하느님이 그런 것들을 없애는 일이다. 엄밀히 보면, 무(無)에서의 창조가 아닌 것 같지만, 저자는 하느님이 창조하실 때 아무 물질의 개입 없이 하느님이 지고하신 힘만으로 하셨다는 사실을 말한다. 이 점에 있어서 이 창조 설화는 주변 민족들의 창조 신화(神話)들과는 근본적으로 맥락을 달리할 뿐 아니라, 그 신화들을 비판하고 있다. 창조는 혼돈(混沌)을 부정(否定)한다. 창조는 과거의 중단이며 구분이다. 형이상학적 언어 전통에서는 '무(無)에서의 창조'를 말하는 것이 당연하지만, 이 설화가 나타나는 맥락은 형이상학적인 것이 아니다.

"어둠이 심연을 덮고 하느님의 영이 그 물 위를 감돌고 있었다."(창세 1,2) 심연 위에 휘돌고 있는 하느님의 영(혹은 숨결)에 대한 말은 시작이 있기 전에 이미 하느님의 현존이 있었다는 사실을 말한다. 그것은 하느님이 이미 계획하신 창조였다. 그 하느님의 숨결 혹은 영은 창조 이전에 이미 있었고, 종말에 가서 충만히 스스로를 나타낼 것이다. 창조가 하나의 구분(區分)에서 시작한다면, '물 위에 휘돌고 있는' 하느님의 영은 창조가 하나의 만남, 하나의 계약, 하나의 대화, 하나의 역사를 위한 것이라는 말이다.

"하느님께서 말씀하시기를 '빛이 생겨라.' 하시자 빛이 생겼다."(창세 1,3) 지금까지의 침묵에 비해 이 말씀은 기적과 같이 들린다. 이것으로 시간이 시작된다. 일주일의 첫날이 생기고, 낮과 밤의 교체가 시작된다. 그것은 하느님의 말씀이 만든 것이다. 여기서 빛은 하나의 사물이기보다는 어둠 속에 일어나는 하나의 균열(龜裂), 하나의 중단과 같다. 이 균열을 통해 낮과 밤으로 구분된 하나의 공간이 생겨난다. 하느님은 4절에서 나누고 5절에서 "빛을 낮이라 부르시고 어둠을 밤이라" 명명(明命)하신다. 이 설화는 빛과 어둠이 어디서 왔는지 말하지 않는다. 다만 위의 말씀으로 시간이 창조되었음을 말한다. 시간적 구조는 구분의 행위로 발생하였다. 이 점에 있어서 오해가 일어나지 않게 하기 위해, 저자는 해, 달, 별의 창조를 넷째 날에 갖다 둔다. 저자에게 창조는 먼저 구분이다. 이 구분으로 조직되고 질서 지워진 공간이 생겨난다.

둘째 날도 하느님은 구분으로 일하신다. 위의 물과 아래 물을 나누어서 하늘을 만든다. 그 다음에 땅은 밑의 물이 나누어져 생겨나게 한다. 식물과 동물도 제 종류대로 나누어서 창조된다. 창조적 구분은 수평적으로 차이 나는 질서를 만든다. 인간 창조에 남녀 두 성(性)의 창조는 다른 신화들의 인간 창조와는 다르다.[93]

이 설화는 일곱째 날, 곧 안식일을 중요시한다. 안식일은 창조의 끝맺음이다. 안식일은 하나의 중단을 의미하지 않고, 창조를 종결하는

---

93 플라톤의 인간 창조 신화. 《향연》 참조.
단군 신화의 여성 창조.

잔치와 같은 성격을 지닌다. 이것도 창조 행위에 속하는 것이며 창조가 좋은 것임을 나타낸다. 그런 의미에서 안식일은 첫 주간(週間)과 인류 역사를 구분 짓는다. 안식일의 휴식은 하느님의 창조는 완성된 상태로 인류에게 주어졌다는 사실을 의미한다. 안식일은 나라는 존재가 있기 전에 하느님이 완성하신 일이 있었다는 것과 내가 창조를 위해 일하는 것은 하느님이 하신 일을 지속한다는 의미를 담고 있다.

이렇게 창조된 우리는 나보다 선행하는 것이 있었다는 점을 안다. 나는 태어나면서부터 말과 이름 지어진 피조물이 벌써 있다는 사실을 발견한다. 나도 내 차례가 오면 말을 해야 한다. 나는 창조되었고, 없는 때가 있었다. 역사는 일직선상에서 같은 일만 반복되는 현장이 아니다. 역사는 각자가 또 각 세대가 자기의 개별성 안에서 말한 것으로 이루어진다. 그래서 역사는 어떤 불연속성을 지니고 있다. 이미 말해진 것은 새 말을 위해 중요하다.

인간의 창조는 이 설화의 절정(絶頂)을 이룬다. "우리와 비슷하게 우리 모습으로 사람을 만들자."(창세 1,26)라는 성대한 선언과 땅을 지배할 인간의 소명을 말한다. "하느님께서 보시니 손수 만드신 모든 것이 참 좋았다."[94]라는 말은 이 부분의 중요성을 나타내는 말이다. 인간은 동

94 공동 번역 성서와 새 번역 성경은 창세기 1장 31절에서 '대단히'라는 의미를 크게 부각시키지 않았다.

물과 달리 하느님으로부터 양식을 받는다. 인간은 천체(天體)들에 대해서는 명령할 권한을 갖지 않는다. 인간은 세상 안에 있고, 하늘 밑에서 살아간다. 땅, 식물, 동물을 창조한 것은 인간을 창조하기 위함이었다. 이 창조 설화는 두 개의 정점(頂点)을 가졌다. 그것은 인간과 안식일이다.

창조는 인간에게 주어지기 전에 하느님의 좋은 작품이기에 인간을 위한 공간으로 보인다. 인간은 하늘과 땅 사이에 두어진다. 이 공간은 비어 있지 않다. 땅과 하늘은 서로 차이 나는 피조물이다. 이 설화는 전체적으로 축복과 찬미의 운율(韻律)을 지녔다. 창조는 차이 나게 만들어진 공간이다. 이 설화는 별도의 공간을 유보하지 않는다. 모든 것이 피조물이고 하느님은 그 피조물의 외부에 계시는 타자(他者)다. 그것이 이 설화가 지닌 비밀이다. 창조주의 타자성(他者性)과 창조의 공간성(空間性), 차이로써 구조 지워진 공간성, 이것이 이 설화의 핵심이다. 이 설화는 피조물을 거룩한 것과 세속적인 것으로 구별하지 않는다.

인간은 창조의 중심에 있지만, 인간은 창조에 종속되면서 피조물을 받는다. 인간은 창조를 다스리는 위치에 있지만, 창조자는 아니다. 인간은 자기를 넘어서는 공간 안에 자리를 잡는다. 인간은 거기서 계주(繼走) 하면서 일을 하게 부르심 받았다. 그러나 인간이 하는 일의 목적은 자기 자신이 아니다. 차이 나는 것들로 구성된 이 세상 안에 인간은 유일한 존재다. 인간 자신도 남자와 여자로 서로 차이 난다. 인간이 유일한 것은 인간을 통해서 피조물 전체가 새롭게 발생하기 때문이다.

창조는 구분 지어 서로 다르게 만드는 데서 시작하였다. 타자성(他者性)이 창조의 기원에 있다. 따라서 창조는 기원의 타자성 앞에 응답할 수 있는 주체들을 그 한가운데에 내포하고 있다. 형이상학(形而上學)적 존재론의 '실체(實體)' 개념이 피조물의 근본을 설명하지 못하는 이유가 여기에 있다. 신학은 이 세상이 주어진 것이며, 인간의 응답을 요구하는 실재라는 것을 말한다. 신학은 바로 그 타자성 앞에 선 인간이라는 사실과 인간의 응답에는 서로 차이 나는 개별성(個別性)이 존중되어야 함을 말해야 한다.

4. 신약성경의 창조

초기 신앙 공동체는 예수의 죽음과 부활을 기초로 창조를 생각하였다. 모든 것을 그리스도 안에 재창조하는 것으로 말하는 묵시 문학적 언어가 초기 신앙 공동체 안에 발생한 것은 예수의 죽음과 부활에서 새로운 창조를 보기 때문이었다.

> 한처음에 말씀이 계셨다. 말씀은 하느님과 함께 계셨는데 말씀은 하느님이셨다. 그분께서는 한처음에 하느님과 함께 계셨다. 모든

> 것이 그분을 통하여 생겨났고 그분 없이 생겨난 것은 하나도 없다. 그분 안에 생명이 있었으니 그 생명은 사람들의 빛이었다. 그 빛이 어둠 속에서 비치고 있지만 어둠은 그를 깨닫지 못하였다. …… 모든 사람을 비추는 참빛이 세상에 왔다. …… 그분께서는 당신을 받아들이는 이들, 당신의 이름을 믿는 모든 이에게 하느님의 자녀가 되는 권한을 주셨다.(요한 1,1-12)

그리스도는 전능하신 주님이 아니라, 실패하고 십자가에 달린 모습으로 계신다. 그것은 창세기가 말하는 아담의 모습과는 정반대되는 모습이다. 그리스도의 모습은 창세기 2-3장이 다룬 문제를 다시 상기시킨다. 진리와 생명은 자기 스스로를 긍정하는 데서 나오지 않고, 스스로를 베풀고 감사하는 데서 나온다. 피조물 안에 하느님은 감춰진 모습으로 나타나신다. 그러나 그 감춰짐이 부재(不在), 곧 계시지 않음을 나타내는 것은 아니다. 예수의 죽음은 '내어 주고 쏟음'이라는 새로운 인간 현존의 공간을 시작하였다. 성전의 휘장은 찢어졌고, 하느님의 피조물인 이 세상은 하느님의 세상이 되었다. 바오로 사도는 "바오로도 아폴로도 케파도, 세상도 생명도 죽음도, 현재도 미래도 다 여러분의 것입니다."(1코린 3,22)라고 쓴다. 그러나 이 "다 여러분의 것"이라는 말은 역사 한가운데 새겨진 하나의 균열(부활 신비)로 말미암아 나타난 것이다. 이 균열은 하느님의 어떤 베푸심을 말한다. "그리고 여러분은 그리스도의 것이고 그리스도는 하느님의 것입니다."(1코린 3,23)라는 말로 연결된다. 바오로 사도는 피조물인 '나'는 두 개의 힘 사이에서 갈등을 겪고 있는 것같이 말한다. 나는 아담의 권세 하에 있는 세상을 살 수도 있고, 그리스도의 영향력 하에 있는 세상을 살 수도 있다(로마 5,12-21 참조).

그리스도인의 관점에서는 부활과 창조는 상응한다. 십자가를 지고 예수를 따르는 것은 하느님이 베푸시는 부활이 열어 주는 삶의 공간으로 들어가는 것이다. 부활은 십자가를 부인하지 않는다. 부활에 대한 신앙 고백은 십자가라는 단절, 어떤 결별과 어떤 자유를 전제로 하고 있다. 물론 이때 언급되는 자유는 아무 것이나 하는 자유가 아니라 하느님의 일을 긍정하는 자유다.

부활을 말하기 위한 신앙 고백은 몸을 언급한다. 그 몸에 대한 언급은 성찬에 대한 언어에서도 나타난다. 성찬은 예수의 죽음과 부활을 상기시키면서 공동체가 그리스도의 몸이 될 것을 요구한다. 몸은 어떤 폐쇄성과 개체성이다. 몸이 있다는 것은 무한한 물질에 연결되어 있으면서 그것에 종속되지 않고, 다른 개체로 있다는 것을 의미한다. 몸이 있기에 세상은 서로 다른 것들이 모여 있는 것으로 보인다. 이렇게 보면 몸은 창조와 재창조의 질서 안에서 뛰어난 주체다.

그리스도 신앙인은 십자가에 죽은 예수를 주님이라고 고백한다. 이

고백에 나타나는 주님이라는 주제는 부활을 증언한다. 또한 예수는 믿는 이들의 주님일 뿐 아니라 보편성을 지녔다고 그리스도 신앙 언어는 말한다. "우리 주 그리스도 예수님에게서 드러난 하느님의 사랑에서 우리를 떼어 놓을 수 없습니다."(로마 8,39) 그리스도 신앙 언어는 모든 것이 그분께 순종한다고도 말한다. 또한 그리스도 신앙 언어는 모든 것이 그분으로 말미암아 존재한다고도 말한다.

> 그러므로 하느님께서도 그분을 드높이 올리시고 모든 이름 위에 뛰어난 이름을 그분께 주셨습니다. 그리하여 예수님의 이름 앞에 하늘과 땅 위와 땅 아래에 있는 자들이 다 무릎을 꿇고 예수 그리스도는 주님이시라고 모두 고백하며 하느님 아버지께 영광을 드리게 하셨습니다.(필리 2,9-11)

> 우리에게는 하느님 아버지 한 분이 계실 뿐입니다. 모든 것이 그분에게서 나왔고 우리는 그분을 향하여 나아갑니다. 또 주님은 예수 그리스도 한 분이 계실 뿐입니다. 모든 것이 그분으로 말미암아 있고 우리도 그분으로 말미암아 존재합니다.(1코린 8,6)

세상을 피조물이라고 말하는 것은 세상 또한 이름 지어진 것임을 인정하는 것이다. 그 문제에 대해 신약성경은 세상이 누구의 이름으로 명명되었는지를 밝힌다. 예수는 십자가에서 죽고 주님이 되신 분이며, 세상은 예수 그리스도의 이름으로 명명되었다. 그리고 이렇게 이름 지어진 세상은 예수의 실천이 있는 세상이다. 또한 우리의 실천에는 부활한 예수가 살아 있다.

나오면서

현대인에게 땅은 우주의 중심이 아니다. 수많은 천체들 중 하나다. 과거의 존재 서열은 이제는 통용되지 않는다. 우주(宇宙)는 유일하신 한 분을 중심으로 구성되어 있지 않으며, 차이(差異)와 관계는 더 이상 중요하지 않다. 이타성(異他性)에 대한 감수성은 사라지고, 자연 과학이 주는 척도(尺度) 앞에 모든 것은 동질적(同質的) 규격품(規格品)으로 보인다. 차이가 있는 존재로서의 만남은 이제 이 세상에 없어진 것 같다. 인간은 각자 자기의 온전함을 찾고, 자기중심적 사고에서 벗어나기란 매우 어려운 일이 되었다. 세상이란 말이 의미하는 공간도 우리의 주변을 이루는 한정된 곳이 아니라 무한한 우주를 뜻하게 되었다. 거기에는 중심이 없기에 시작도 끝도 없는 수학적 대상으로서 공간만이 있다. 그 공간은 구조 지어진 피조물이 아니라, 그냥 거기 던져진 채 있는 중성적 배경이다. 공간은 문화와 전통의 지배를 받지 않고, 학자의 계산과 조작과 지배를 위해 존재한다.

현대 과학은 세상의 법칙을 알아내어 신(神)이라는 가설(假說)없이 그것을 이용하는 방법을 찾아냈다. 따라서 과거 신학의 주제들, 제1원인(第一原因), 목적인(目的因), 죽음, 악(惡), 불가사의(不可思議) 등은 이제 모두 그 문제성을 상실하고 말았다.

그런 변화와 더불어 인간은 구체적 세상에서 상황 지어진 실존(實存)이라는 의미를 상실하고 말았다. 또한 인간은 '하느님의 모상'이라는 말이 의미하는 바도 잃고 말았다. 인간은 창조된 존재라는 사실을 잊으면서 과거를 잃었고, 주어진 실존이기에 발생했던 인간 수동성(受動性)의 의미도 상실하였으며, 이제는 스스로의 힘으로 자기의 주체성을 확립해야 하는 존재가 되었다.

이렇게 인간은 자기의 기초가 되는 불가사의(不可思議)와 가치 평가 능력을 잃었다. 인간은 지식과 동질성에 있어서 투명한 존재가 되었다. 인간은 새로운 기초를 찾아 시선을 옮기고 있다. 그 기초는 창조와 몸의 중요성에서 수학적 원리와 합리성으로 옮겨가고 있다. 이제는 주어진 것, 과거의 것은 인간이 살아가는 질서를 이루지 못한다. 질서는 인간이 건설하는 것을 중심으로 생기고 있으며, 시간의 개념이 결여된 현재만 중요시된다. 인간에게 불가사의한 것은 의미가 없어졌으며, 인간이 분명히 알 수 있는 것만이 중요하다. 인간의 한계를 넘어서는 것은 관심의 대상에서 밀려나고, 인간이 지배할 수 있는 것만이 관심의 대상이 되었다. 존재론적 타자(他者)의 세계에서, 가진 정보의 차이만 있는 무명(無名)의 동일인(同一人)들의 세계로 옮겨 갔다.

현대인은 세상을 잃은 사람들이 되어 살아간다. 문화적으로도 사회적으로도 창조의 개념은 사라져 간다. 창조가 아니라, 이제는 인간 자신이 만든 것으로 공간과 시간을 채우고 침묵과 불가사의를 몰아낸다. 인간이 만든 것들은 피상적이고, 사람을 속이는 거울과 같다. 인공적(人工的)인 것은 늘어만 가고, 그것이 실재에로 가는 우리의 시선을 차단한다. 그러면서 인간은 몸의 생산성만을 떠올리며, 침묵의 의미도 잃어 간다. 자연환경의 훼손은 우리가 몸을 잃어 가고 있다는 사실을 잘 보여 준다.

현대 세상은 요구하는 것도 약속하는 것도 없다. 몸과 몸이 만나서 생기는 사건도 성취도 없다.[95] 이제 가깝고 먼 세상, 내가 채워야 할 공간이 있는 세상, 질서 지워진 이타성(異他性)으로 된 세상이 아니다. 저항하는 세상이거나 인간의 손이 그 불투명함 혹은 불가사의를 없애지 못하는 세상이 아니다. 인간이 피조물로 받아들이고 창조적 일을 하는 세상도 아니다.

인간이 존재한다는 것은 하느님이 베풀었기 때문이다. 신학이 말하는 무(無)는 단순한 부재(不在)가 아니다. 무는 허무로 끌고 가는 힘이며

95 만남, 발견, 기대, 보호, 의사소통 등.

죽음의 힘이다. 존재는 하느님이 창조하셔서 허무의 심연 위에 떠있는 것이다. 따라서 인간은 그 기원에서부터 하느님 앞에 하나의 한계를 지니고 있다. 하느님이 지배하지 않는 공간은 존재가 무(無)로, 또 죽음으로 돌아가는 지역이다. 인간은 전혀 다른 분인 하느님으로부터 창조되어 인간 됨이라는 과정에 있다. 그 존재가 자존(自存)을 지향하면[96], 자기 존재의 근원인 전혀 다른 분 앞에 맞서서 자기 존재를 긍정하는 것이 된다.

인간에게 차이(差異)는 본질적이다. 인간은 인류의 개체화(個體化), 혹은 단편이 아니라, 주체성(主體性)을 지닌 타자(他者)다. 인간의 신원은 주체성이고 위격성이다. 육화(肉化)된 주체로서 인간에게 말과 행동은 본질적 현상이다.

인간을 역사적 존재라고 말할 때, 과거와 미래를 잇는 현재에 있다는 의미가 아니라, 인간의 존재에 그 기원이 들어 있다는 말이다. 인간은 출생으로부터 죽음에 이르기까지 말씀과 성취의 시간을 산다. 인간은 말씀 앞에 진실과 거짓의 놀이를 하며 산다. 기원은 무한히 거슬러 올라가야 만나는 것이 아니다. 이 세상은 기원에 대해 전하는 바가 있

---

96 "'너희가 그것을 먹는 날, 너희 눈이 열려 하느님처럼 되어서 선과 악을 알게 될 줄을 하느님께서 아시고 그렇게 말씀하신 것이다.' 여자가 쳐다보니 그 나무 열매는 먹음직하고 소담스러워 보였다. 그뿐만 아니라 그것은 슬기롭게 해 줄 것처럼 탐스러웠다. 그래서 여자가 열매 하나를 따서 먹고 자기와 함께 있는 남편에게도 주자, 그도 그것을 먹었다."(창세 3,5–6)

다. 세상과 인간 안에는 원초에 대한 다양한 이야기들이 담겨 있다.

우리가 창세기 2장에서 보았듯이 성경 텍스트는 피조물이 하느님의 말씀에 응답하면서 정돈된다는 사실을 말하고 있다. 말씀은 발생시키고 부르신다. 그리고 그 말씀은 인간으로부터 새로운 말이 발생하도록 한다. 말씀은 대화를 요구한다. 말씀은 이 세상을 위해 이 세상 안에 주어졌다. 그 사실을 잊어버리면, 창조를 외면하고, 초자연적 구원을 말하는 잘못된 종말론이 전개될 것이다. 말씀은 세상을 정돈하고, 질서 짓는다. 이 세상은 말씀 없이 하루아침에 다 이루어진 것이 아니다.

우리가 세상을 보는 눈은 다른 분을 전제해야 한다. 내가 있기 전에 이미 세상에 이름을 준 다른 분, 그리고 많은 말을 일으켜 놓은 다른 분이 내가 세상과 가지는 관계에 개입했다는 사실을 알아야 한다. 기원에는 어떤 베푸심이 있었다. 그 베푸심이 있기 전에는 세상도 나도 없었다. 그 베푸심에 대한 의식은 다른 분이 질서 지운 공간으로 나를 인도한다. 그 의식이 없으면, 내가 세상과 가지는 관계는 상호 말살(抹殺)의 관계가 되어 나는 나를 중심으로 한 가상(假想)의 세계로 전락하고 말 것이다. 세상에 대한 신학적 사고는 간접적으로만 현존하는 그 다른 분이 지배하는 공간을 내가 존중할 때, 발생할 수 있다. 거기에는 명상(瞑想)이 있고, 말씀이 계시되는 순간들이 있다.

피조물은 발생된 것이고, 이름 지어진 것이다. 따라서 응답이 요구된다. 여기에는 인간의 자유가 전제되어 있다. 그 자유는 피조물로서 인간의 이질성(異質性)을 나타낸다. 자유는 인간의 주체성과 개체성을 위해 본질적이지만, 자유에 선행하는 말씀이 있다는 사실을 잊어서는 안 된다.

내가 말씀의 세계로 들어가는 것은 나라는 주체에 하나의 세계를 열어 주는 일이다. 나는 타자(他者)의 개입 앞에 서게 되고, 그때 나라는 사람이 탄생하게 된다. 그러면 세상은 나에게 양(量)적이고 생산과 소비가 반복되는, 해결해야 하는 문제투성이인 세상이 아니다. 나는 이 타자의 개입을 통해 어떤 경이로움을 경험하고 의문과 소명(召命)을 느낀다. 그것은 예기치 않은 일이지만, 나를 풍요롭게 해 준다는 사실도 나는 알게 된다.

내가 이 말씀의 세계로 들어가는 것은 관계의 세계로 들어가는 것이다. 주체와 주체는 상대를 긍정하고 서로 위해 줄 때 관계가 이루어진다. 이 관계의 세계에서는 두 가지 변화가 일어난다. 그 관계의 세계에서는 인간이 지닌 무한한 꿈 혹은 욕심으로 말미암아 인간이 죽는 일이 발생하지 않는다. 이 세계에서는 생물학적 현상인 생로병사(生老病死)의 노예가 되지 않고 현실을 볼 수 있다.

말씀은 모든 것에 선행한다. 그 말씀은 세상에서 나온 것이 아니다. 그 말씀에서 세상이 태어났다. 말씀이 선행하기에 자유는 모든 필요보다 더 강하다. 종말에서도 살아남는 것이 자유다. 그 자유는 타협하지 않기에 필요의 질서에서는 시련을 겪는다. 그 자유가 시련을 겪는 것은 그 자유를 유지해 주는 말씀이 있기 때문이다. 그 말씀이 없다면, 그 시련들은 환상 혹은 무의미한 것에 불과할 것이다. 자유는 말씀 앞에 서 있다. 말씀이 제시하는 방향이 있고, 그 말씀이 육화(肉化)한 모습이 있다. 인간의 자유는 우리 각자가 개별성과 창의력으로 도전할 것을 요구한다.

제13장

인간, 철학과 신학 사이에서

들어가면서

그리스도 신앙은 인간을 위한 삶의 운동이다. 따라서 그리스도 신앙을 생각하기에 앞서 인간에 대해 생각해 보아야 한다. 인간에게는 이해의 지평(地平)이 있다. 인간이 새롭게 무엇을 인식할 때는 이미 가진 이해의 지평과 새로 접하는 사항과 사이에 끝없는 순환이 일어난다. 신앙에 대해 생각할 때도 같은 현상이 일어난다. 신앙 언어와 접하면, 인간은 자기 실존에 대해 지금까지 생각하던 것과 다르게 해석하기 시작한다. 그리스도 신앙의 메시지는 인간 실존의 근저(根底), 혹은 이해의 지평에 이미 주어진 것을 전제하고 있다. 그것은 신앙 언어로 말미암아 새롭게 해석된다. 복음은 인간을 불러서 자기의 근저에 있는 것, 혹은 인간의 본질과 대면시키면서, 인간이 파악할 수 없는 무한히 넓은 신비를 만나게 한다.

인간에 대한 사고는 철학이 하는 것이고, 신학은 철학과 특별히 연결되어 있다. 여기서 전제되는 것은 인간의 본질, 혹은 인간 실존의 근저다. 이 본질은 철학적 사유의 대상이다. 그것은 오랜 역사 안에 구성되었으며, 그리스도 신앙 언어와도 대결한다. 그리스도 신앙 언어는 인간이 외면할 수 없는 자기의 본질을 대면하게 한다. 그리고 인간 실존에 대한 철학은 역사적 경험에 의존한다. 철학은 인간이 하는 역사적 경험의 하나다. 신앙이 은총이라 부르는 체험을 온전히 외면하면, 이 철학을 할 수 없다. 이 철학은 존재하지 않아도 되는 인간이, 존재한다는 사실에 놀라면서 시작한다. 인간이 그 사실을 객체화(客體化)하여 표현하지 않아도, 그리스도 신앙 언어가 무상(無償)의 베푸심이라고 말하는 바를 체험하고 있다. 따라서 철학은 신학과 무관할 수 없다.

이는 철학의 독자성을 부인하겠다는 말이 결코 아니다. 철학은 인간의 역사적 유래(由來)를 생각하고, 인간 실존이 베풀어진 사실을 직시하며 철학의 한계가 거기에 있다는 사실을 안다.

1. 과거의 인간

과거의 인간론은 플라톤(Platon)과 아리스토텔레스(Aristoteles)의 형이상학(形而上學)적 존재론(存在論)에 얽매여 있었다. 초기 그리스도 신앙 언어가 발생한 문화권은 플라톤 사상을 기본으로 하고 있었다. 그러다가 중세 유럽에 아리스토텔레스의 언어가 소개되면서 신학은 아리스토텔레스의 범주들을 대폭 수용하였다.

형이상학은 사물을 그 기원(起源)을 통해서 이해한다. 그 사물이 그 사물일 수밖에 없는 근본, 곧 보이지 않는 원리인 실체, 영혼, 양심, 정신 등을 통해서 이해한다. 이런 까닭에 인간을 이해하기 위해 그 실체, 그 영혼, 그 양심을 생각한다. 인간의 사회성을 이해하기 위해 출생 기원과 가문(家門), 신분(身分)을 중요하게 생각하는 것과 마찬가지인 것이다. 여기서는 인간의 실효성(實效性), 혹은 사회적 기여보다는 그 사람을 지배하는 신념(信念)과 신분을 더 중요하게 본다.

과거 위인(偉人)에 대한 말을 보면, 그 위인의 위대함은 출생에서부터 씨앗과 같이 그 사람 속에 내재되어 있다. 그리고 그 위인은 주어진 것을 역사 속에서 발휘한다. 그런 사고방식에는 참다운 역사가 없다. 이때 역사는 사물의 실체와 관계없고, 우연의 범주에 속한다. 모든 것은 기원(起源)에서부터 실체 안에 다 들어 있기 때문이다. 역사는 그것을 발휘할 수 있게 돕거나 방해한 것뿐이다.

그런 사고방식에는 인간의 상호 관계라는 것도 중요하지 않다. 중요한 것은 인간 자신이 지닌 의미를 깨닫고, 그 의미대로 되는 것이다. 자기를 성취하는 데 타인의 개입은 이차적이다. 인간은 자기의 내

면을 관찰해야 한다. 신앙을 보는 눈도 내면성을 중요시한다. 따라서 침묵과 격리는 영성 생활에 요구되는 필수적인 것이다. 마음속으로 하느님 혹은 그리스도에 대한 깊은 신념을 가진 다음, 세상에 나가서 그 믿음을 실천하는 것이다. 그러나 실천도 우연의 범주에 속한다는 사실을 생각해야 한다. 자기의 믿음을 키워서 거기에 세상을 연결시키는 것이 실천이다. 관상(觀想)을 먼저 하고 세속에 나가서 그 관상한 바를 펼치는 활동이 실천이다.

형이상학적 사고에서는 차이는 없애야 하는 것이다. 동질성이 결여되었다는 것은 무질서와 퇴보를 의미한다. 그것은 바로 식민주의적이며 제국주의적 의식(意識)이다. 거기에는 보편 개념(普遍槪念)이 중요하고, 영적이고 불변하는 이념(理念)이 중요하다. 구체적인 인간보다는 덕(德), 정의(正義), 선(善), 진리(眞理) 등의 보편 개념이 더 우월하게 취급된다. 모든 차이는 상위(上位) 개념으로 말살되어야 한다.[97] 국가라는 상위 개념을 위해 개체는 희생되어야 한다. 흑인은 인간이라는 상위 개념으로 그 고유함이 무시되고, 어린이는 인간이 되어가는 도상에 있기 때문에 그 젊음이라는 특성이 백안시된다. 여인은 단지 남자의 대상물로 전락한다. 이것은 폭력의 문화다. 이 문화에서는 모든 차이는 없애 버려야 한다. 실체(實體), 영혼(靈魂) 등 보이지 않으며 불변하는 것이 중요하고, 다양함은 존재론적 서열(序列)이 낮은 것, 불행한

97 마크 팬 · 키니 젤리슨 지음, 안진환 · 왕수림 옮김, 《마이크로 트렌드》, 해냄, 2008년.

것으로 생각되었다.

2. 현대인

오늘날 원자 물리학은 양자(陽子), 전자(電子), 중성자(中性子) 등이 무엇인지를 논하지 않는다. 그것들은 서로 관계 지어 주는 어떤 조작(造作)으로 핵분열을 일으킨다. 현대 과학은 양자가 있다는 것은 알지만 그것의 실체를 규명하지 않고, 실험을 통해서 그것이 타 분자와 갖는 관계의 과정(過程)을 연구한다. 우리가 사용하는 모든 과학 기기(科學器機)들에 대한 우리의 자세도 마찬가지다. 그것이 무엇인지를 논하지 않고, 그것이 발생시키는 과정만이 우리 흥미의 대상이다.

오늘날에는 다른 학문들도 인간과 사물의 과정에 대해 관찰하고 연구한다. 과거 인간학은 인간의 본질, 구성 요소, 인식, 양심 등을 논하였지만, 현대의 인간학에서는 인간의 창조성, 역사성, 사회성, 문화 현상 등을 논한다. 모두가 인간이 발생시키는 과정에 대한 연구지만, 세상을 구성하고 있는 각 요소가 무엇이냐를 묻지 않고, 그 요소들이 가지는 상호 관계의 과정을 관찰하고 측량하는 데 현대인의 관심이 있다. 현대인에게는 사물 · 시간 · 다른 인간과 가지는 관계가 중요하다.

하나의 인간은 그 개체가 주변의 다른 인간 혹은 사물과 가지는 관계의 총체다. 그 관계에는 경제적 · 사회적 · 기술적 · 애정적 · 언어적인 면이 모두 포함되어 있다. 인간은 다른 사람들이나 세상에서 유리(遊離)되어 의미를 갖지 않는다. 모든 관계를 끊고 살면 인간이 되지 않는다. 중요한 것은 관계들을 어떻게 처리하느냐에 달려 있다. 오늘의 정신 분석학을 조금이라도 아는 사람이라면, 어려움을 겪는 사람을 대할 때, 그 사람이 어릴 때 부모와의 관계는 어떠했는지, 형제들과의 관계는 어떠했는지, 학우(學友)들과의 관계는 어떠했는지 등을 살펴본다. 옛날에는 성격이나 본성으로 이해하던 것을 이제는 관계로 말미암은 과정으로 본다. 신앙의 유무(有無)도 이제는 그 사람의 반성적 사고나 확신에서 이해하지 않고, 그 사람이 타인과 가지는 관계의 과정, 곧 실천을 관찰하여 이해한다.

신(神)에 대한 말도 최고(最高), 최상(最上)이라는 존재론적 언어에 머물지 않는다. 과거에는 신이 최고, 최상이 되면서 인간 사회에 있는 계급의 상하를 정당화하는 역할을 하였다. 그러나 '하느님이 아버지'라는 말은 우리와 전혀 다른 분이면서 인간에게 베풀어 주고 우리를 사랑하시는 선한 분이라는 것을 의미한다. 그분은 아버지이기에 우리 생명의 기원이고, 따라서 그분의 베푸심과 선하심으로 우리가 살아야 하는 것이다. 하느님은 우리가 투사(投射)하여 만든 관념(觀念)이 아니라는 의미에서 아버지다. 아버지는 아들과 다른 존재다.

오늘날에는 신의 존재 증명[98]에 대해 논하지 않는다. 그 신은 19세기에 죽어야 하는 신이었다. 어느 작품[99]에 나오는 주인공은 신의 시선 아래서 살기 위해 노력했지만 그 시선을 의식하고 산 결과 그는 자유도 책임감도 없는 타락한 하나의 사물로 전락하고 말았다. 형이상학의 그런 신은 모든 사람을 동일하게 규격품으로 만드는 존재다.

신이라는 단어가 우리의 언어 안에 의미를 가질 수 있는 것은 타자(他者), 부재자(不在者), 우리가 찾는 분이지만 현재 우리가 소유하지 않은 분, 우리가 현재 희망하는 분이지만 우리를 변하게 하는 분을 지칭할 때다.

시간이라는 차원도 중요하다. 과거에 시간은 우연의 범주(範疇)에 속하는 것이었지만, 지금은 모색, 회심, 새로운 것의 생성(生成)에 필요한 것이다. "시간과 함께 된 것이 아니면 시간이 용납하지 않는다."[100] 새로운 인간관계 형성은 시간과 함께 가능한 것이다.

---

98 偶然 – 必然
不完全 – 完全
原因 – 結果
運動 – 第一動因
目的 – 最終 目的

99 J. P. Sartre, 《Chemins de la liberté》.

100 Saint-Exupéry, 《어린 왕자》 참조.

3. 위격적 주체

그리스도 신앙이 전제로 하는 것은 인간은 위격(persona)이고 주체(subjectum)라는 사실이다. 위격과 주체라는 개념은 그리스도 신앙이 말하는 계시와 신앙 언어를 이해하는 데에 근본이 된다. 신앙 언어가 하느님과의 관계, 하느님과 인간의 대화로서 구원의 역사, 구원의 영접, 하느님 앞에서 인간의 책임 등을 말할 때, 그것은 인간은 위격이고 주체라는 사실을 전제하고 있는 것이다.

말씀을 통한 계시라는 말도 마찬가지다. 하느님이 인간에게 말씀하고, 인간을 부르고, 인간은 기도로써 하느님에게 말씀드린다고 말할 때, 그것은 그리스도 신앙인의 구체적 존재 방식을 나타내는 것이다.

4. 세계 내 존재인 인간

인간은 자신이 자기 자신이 아닌 것에서 유래하였다는 사실을 다양하게 경험한다. 인간에 대한 모든 경험 과학은 인간을 다른 요소로서 설명하며, 그를 여러 실재(實在)의 결과로서 보려 한다. 그 실재들은 인간이 경험할 수 있는 범위 안에 있지만, 그 자체는 인간이 아니면서 인간을 규정하고 설명하는 것들이다. 물리(物理), 화학(化學), 생화학(生化學), 유전학(遺傳學), 고생물학(古生物學), 사회학(社會學) 등의 학문은 모두 인간의 유래를 설명하고, 그러한 설명을 하는 가운데 인간을 경험 가능하고, 분석 가능한 여러 원인으로 해체하려 한다. 그런 과학은 그 방법에 있어서나 그 결과에 있어서 정당하다. 인간 각 개체가 자기 실존에서 하는 경험들은 그런 과학이 말하는 것이 옳다는 것을 입증한다.

인간은 자기 자신과 자기의 과거 및 자기 주변 세계를 보고, 또 자기의 현실을 구성하는 여건들을 생각하면서 자기 실존의 책임을 어느 정도는 타인에게 전가하며, 자기 존재가 자기 아닌 것에 의해서 구성되었다는 것을 인정한다. 그리고 자기 존재가 유래한 자기 아닌 것이 바로 비인격적인 자연이라는 점도 인정한다. 역사도 자연이라고 해석되는 한 여기에 속한다. 이렇게 경험 과학이 말해 주는 인간론은 인간을 어떤 견지에서 취급하는 것으로서 자신이 말하는 인간론이 유일한 것이라고 주장하지 않는다. 예를 들어 사회학자가 자기의 독자적 방법론에 따라 인간론을 전개한다고 해서 그 사회학자는 생물학적 인간론이나 행동 심리학의 인간론이 무의미하다고 말하지 않는다.

어떤 인간론이라도 특정한 방법론을 가지고 있다. 어떤 인간론이라도 그것이 말하고자 하는 것은 전체로서의 인간에 관한 것이다. 모든 인간론은 주어진 여건 속에서 인간을 조명하고 설명하는 것으로 인간을 자신의 방법론에 따라 각 요소로 분해하였다가 다시 재구성하려 한다. 그것은 각 영역의 인간론이 마땅히 할 수 있는 권리에 속한다.

5. 위격으로서의 경험

인간은 다른 것에서 유래한 존재 방식의 한가운데에서 스스로를 위격과 주체로서 경험한다. 인간을 주체(主體)며 위격(位格)이라고 말할 때, 그것은 인간의 어느 한 부분에 대한 말이 아니다. 인간은 자기 스스로를 주체와 위격으로 경험한다. 그 주체성 자체는 다른 무엇에서도 그 유래를 설명할 수 없는, 인간에게 주어진 실재다. 인간은 다른 무엇에서도 연역(演繹)되지 않고, 다른 요소들을 가지고 들어와서 적당히 구성해 볼 수도 없는 존재다. 그리고 인간은 항상 자기 자신에 대해 책임을 지는 존재다. 인간이 자기를 설명하고 분해하고 다양한 기원에서 규정하려 할 때, 인간은 벌써 그것을 하고 있는 주체가 되어 버린다. 그런 것을 하면서 인간은 자기 자신이 그 행위보다 먼저 있고, 그 행위의 원천이라는 것을 경험하는 주체다.

인간은 하나의 조직체로서 유한하지만, 그 유한성을 넘어 전체를 대상으로 삼을 수 있다. 인간은 모든 것을 문제 삼을 수 있다. 인간은 자기가 문제 삼을 수 있는 것이 지극히 제한적이라는 사실을 알면서도, 그 한정된 가능성을 초월함으로써 무한한 지평선을 가진 존재라는 사실도 함께 의식한다. 인간은 자기의 유한성(有限性)을 경험하면서 그 유한성을 넘어서는 초월의 존재, 곧 정신인 자신을 경험한다. 인간이 문제를 제기하는 지평이 무한하다고 말하는 것은, 인간이 그 문제에 해답을 내리면 내릴수록 그 지평은 점점 더 뒤로 물러나는 것이기 때문이다. 인간은 문제 제기를 반복하면서 느끼는 그 무한성을 무서워하고 포기할 수도 있다. 그것을 포기하고, 자기에게 친숙한 일상적인 일 속으로 피신할 수도 있다.

인간은 원칙적으로 어떤 도상(途上)에 있는 존재다. 인간이 인식에 있어서나 행위에 있어서 설정하는 모든 목표는 잠정적인 하나의 단계다. 인간이 그 목표에 닿는다는 것은 새로운 문제를 제기하는 계기에 지나지 않는다. 인간은 자신을 무한한 가능성으로 경험한다. 인간은 실천에 있어서나 이론에 있어서나, 그가 성취한 결과를 다시 문제로 등장시켜 더 넓은 지평으로 나가게 되어 있다. 게다가 인간은 인간을 정신으로 경험하지만, 결코 순수한 정신으로 인식하지도 않는다. 더욱이 인간은 실재에 대해 더 이상 문제 제기를 할 필요성을 느끼지 못할 만큼 자명한 무한성도 아니다. 이런 까닭에 인간은 계속 문제 제기를 하면서 산다.

6. 초월 경험을 회피할 수 있는 인간

인간은 자기가 사는 구체적 세계나 자기의 과업에 자기 방식으로 몰두하여, 초월 경험을 회피할 수 있다. 많은 사람은 자기 자신에게 열려 있는 초월의 지평에서 도피하여 자기 주변의 구체적인 일들, 자기가 조작할 수 있는 일들 안에 빠져든다. 그것이 신앙인이면, 미사 전례에 참석하는 일일 수도 있고, 묵주 기도일 수도 있으며, 목에서 이상한 소리가 나는 것일 수도 있다. 어느 신심 단체의 활동에 참여하는 일일 수도 있고, 제주도 강정 마을의 해군 기지 건설 저지 시위나 밀양 송전탑 건립 반대 시위에 참여하는 일일 수도 있다. 그런 곳에서 신앙인이 하는 시위는 미사 혹은 기도회로 위장된다. 그들은 그런 것 안에서 흥미와 중요성을 발견한다. 그리고 그것이 하느님으로 말미암은 초월의 모든 것이라 생각해 버린다. 그들은 반성하지도 않고, 고민하지도 않는다. 그것이 신앙이고, 그런 일이 신앙에 정진(精進)하는 것이라 생각해 버린다.

물론 회의주의(懷疑主義)적 사고방식으로 아무런 문제 제기를 하지 않고, 자기가 하는 일에 그냥 타성에 젖어 살 수도 있다. 신앙의 영역에서는 자기가 몸담은 공동체의 삶의 양식에 순응하고 살면 된다고 생각하면서 신앙으로 말미암은 초월성을 회피하며 사는 삶의 양식도 있다. 가르멜 수녀원을 여러 곳에 설립한 아빌라의 데레사 성녀는 《설립》이라는 자기의 저서에 '모든 수도자는 자기가 설립자인 양 생각하며 살아야 한다.'라고 썼다. 이는 신앙으로 말미암아 열리는 초월적 지평을 각자 외면하지 말라는 말이다.

인간 실존에 대해 절망한 사람들이 있다. 그들은 행동하고, 책을 읽고, 화내고, 일하며, 연구도 하고, 돈도 번다. 그러나 그들 스스로는 인정하지 않지만, 절망 속에서 살아가는 사람들이다. 그들은 인간 삶 자체에 대한 물음은 무의미하다고 생각한다. 그런 자세는 인간이 위격이고 하나의 주체이기에 당면하는 초월의 문제를 외면하는 것이다.

나오면서

인간은 초월의 존재이기에 자기 자신과 대결하고 자신에 대한 책임을 느낀다. 그래서 인간은 위격(位格)이고 주체(主體)다. 존재의 무한함이 지배하는 곳에서 인간은 자기 스스로를 받아들이고, 자신에 대해 책임을 진다.

신앙인은 무상성(無償性)의 하느님으로 말미암아 열리는 초월의 지평을 받아들인 사람이다. 하느님을 아버지로 부르는 것은 그 지평의 어느 지점에 하느님으로 말미암은 자기 삶의 기원(起源)이 있다는 사실을 받아들인다는 말이다. 그리스도인은 지금까지 자기가 알고 있다고 믿었던 하느님에 대한 모든 지식을 포기한다. 그리고 그는 하느님을 기다리는 마음과 하느님을 영접하기 위한 열린 손을 지녔다. 그 손은 비어 있어야 한다. 하느님을 기다리는 것은 인간에게 어려운 일이다. 그래서 사람들은 하느님이 어떤 분인지를 알기 위해 그분을 기다리기보다 자기 스스로 하느님의 모상(模像)을 만들어 버린다.

하느님을 기다린다는 것은 어려운 일이기에, 대부분의 사람들은 자기들이 만든 하느님의 모상으로 신앙생활을 한다. 신학자들은 자기들이 이론으로 구축한 신상(神像)으로 하느님을 가려 놓고, 하느님을 기다리지 않을 수 있다. 교회 안의 교직(教職)을 맡은 이들은 하느님이 그들이 몸담은 교계 제도(教階制度)의 정상(頂上)에 갇혀 계신다고 생각하며, 하느님을 기다리는 자세를 잃을 수 있다. 이런 까닭에 서품(敍品)으로 신분이 격상되었고, 실효성도 격상되었다고 착각하는 지진아(遲進兒)들의 못난 모습들도 우리는 많이 보고 있다. 인간의 실효성이 신분과 연계된다고 여기는 것은 유럽 중세 사회의 사고방식이다. 그들은 그런 중세 유럽의 유적(遺蹟) 속에서 살겠다는 사람들이다.

시대를 착각하면, 인간이 지닌 초월성을 외면하게 된다. 그 초월성을 외면하였을 때, 인간의 실효성은 저하될 수밖에 없다. 예수는 이렇게 말한다. "나는 섬기는 사람으로 너희 가운데에 있다."(루카 22,27) 이 말씀은 그리스도 신앙인에게 초월의 장(場) 하나를 열어 준다. 섬기는 사람은 시대를 착각하지 않는다. 그리고 섬기는 사람은 하느님을 소유하지 않고, 기다린다. 반면에 행세하며 지배하고 특권을 누리고 싶은 사람에게 기다림은 어리석은 일로 보인다.

오늘날 그리스도 신앙이 사람들로부터 외면당하는 이유 중 중요한 하나는 신앙인들이 마치 하느님을 소유하고 있는 듯이 행동하고, 기다림의 자세, 곧 초월 앞에 열린 인간의 모습을 잃었기 때문이다. 사람은 소유할 때보다 기다릴 때 더 강하다. 하느님은 인간이 '손으로 만든 장막 안에'(히브 9,11 참조) 계시지 않는다. 구약성경은 '하느님의 모상을 만들지 말라.'(신명 27,15 참조; 탈출 20,4 참조; 신명 4,9-28 참조)라고 말한다. 이 말씀은 인간은 위격이며 주체이므로 하느님으로 말미암아 열리는 초월의 지평에서 살아야 한다는 것이다.

제14장

신앙인

들어가면서

무엇을 알아듣고자 하는 사람은 들을 자세를 지녀야 한다. 그것은 쉬운 일이 아니다. 사람이 대화의 상대를 자기보다 열등하다고, 무식하다고, 자격이 부족하다고 생각하면, 그는 상대의 말을 제대로 듣지 않는다. 다른 문화권에서 발생한 저서를 읽을 때, 우리가 공감하기 어려운 부분들이 있다. 아우구스티노 성인은 아직 이교도(異敎徒)일 때 라틴어로 번역된 신약성경을 읽고, 그 문장이 키케로(Cicero)의 문장보다 훨씬 못한 사실을 발견하고 크게 실망하였다고 그의 《고백록》에 기록하고 있다. 그는 수사학(修辭學)적 편견으로 성경을 읽은 것이다.

사람의 관대함도 우월감의 소산(所產)일 수 있다. 그럴 때 우리는 상대의 말을 듣지 않는 것이다. 상대는 나와 다른 삶의 지평, 다른 참조

사항들을 가지고 있을 수 있다는 사실을 인정해야 한다. 내가 우월감을 가졌다면, 나는 새로운 말을 들을 수도 없고, 내가 발견할 수 있는 보물을 보지 못하며, 새로운 모험도 하지 못할 것이다. 주체(主體)의 마음 자세는 하나의 만남과 하나의 추구가 실효성을 지니기 위해 절대적인 것이다.

현대인은 과거에 대해서 어떤 우월감을 갖고 있다. 그것은 현대인이 지닌 유전 인자(遺傳因子) 중 하나다. 진보와 발전이라는 단어들이 현대인을 사로잡고 있다. 따라서 전통(傳統)과 고전(古典)이라는 단어들은 오늘날 퇴색되어 가고 있다. 진보(進步)와 발전(發展)이 중요해지면서 정보(情報)가 인간 삶에 중요한 자리를 차지하는 세상이 되었다. 사람들은 알고자 하는 욕망에 사로잡혀 있다. 그런데 현대인이 알고자 하는 것은 지배하고 소유하고 조작(操作)하기 위한 정보다. 현대인은 신앙이 열어 주는 세상을 잃어버렸다. 유럽의 지식인들은 갈릴레이(Galileo Galilei, 1564~1642년)와 데카르트(René Descartes, 1596~1650년) 이후, 인간이 관찰한 것만 중요하고 믿음의 차원을 잃어버린다.

과학적 지식은 배열하고 지배하는 것을 중요시하는 데 반해, 믿음은 인간의 투신(投身)을 요구한다. 신앙인이 진리를 산다고 말할 때, 그는 그 진리와 합일(合一)하는 것이다. 그리고 그 합일의 결과는 역사적 과정(過程) 혹은 놀이를 발생시킨다. 사람이 그 진리에 대해 말할 때,

그것은 객관적인 것이지만, 모든 사람이 공감할 수 있는 보편적인 것은 아니다. 다만 그것은 절대적인 것이다.

믿음은 인간 존재를 구성하는 구조적(構造的) 차원(次元)의 것이다. 성경이 말하는 믿음은 그런 차원의 것이다. 믿음은 과정(過程)을 발생시킨다. 그것은 발전, 변화, 성장, 진보, 분별 그리고 평가가 내포된 과정이다. 그 과정 혹은 그 놀이는 신앙인이 인식하고 믿은 것과 운명을 함께하게 한다. 여기에는 어떤 종속이라는 것이 반드시 존재한다. 과학적 지식은 동물이 자기 욕구를 충족시키듯이, 인간이 자기의 결핍을 충족시켜 안정을 찾으려는 자유의 산물이다. 지배하고 소유하여 인간 삶을 위협하고 제한하는 모든 것에서 자유로워지게 해 주는 것이 과학적 지식인 것이다.

신앙은 전혀 다른 자유를 준다. 그것은 인간이 종속된 실재(實在)의 전체를 바라보면서 인간이 그것을 정복하게 되는 자유다. 그것은 창세기 2장에서 아담이 받은 사명, 곧 이름 지어 주는 사명에서 확인된다. 이름 지어 주는 것은 그 사물의 고유한 목적을 위해 지배하고 질서 짓는 행위이다. 그러나 그것을 인간이 하는 조작으로 착각해서는 안 된다. 인간이 하는 조작적 정복은 자연환경을 죽여 놓았다. 이름 지어 주는 행위는 문화가 생성되도록 안배하는 것이며, 주변을 인간 실존(實存)에 적응시키는 역할을 한다. 동시에 동물 세계의 행동 원리인 자극-반응의 단순함에서 벗어나는 것을 의미한다. 그것은 또한 인간으로 말미암아 조직되고, 인간이 책임지는 세상을 만드는 행위를 의미하기도 한다. 그리고 이름 지어 주는 행위는 사물을 이웃의 시야(視野)에 갖다 놓는 일이기도 하다. 그것은 타인의 시선 안에 사물을 두고, 그것을 의사소통의 언어 안에 바치는 것을 의미한다.

이 세상에 변화를 일으키고, 그것을 소유하는 것은 인간이 지닌 실효성(實效性)의 전부가 아니다. 그 실효성이 인간의 척도(尺度)가 될 수 없는 것은 인간이 이 세상의 척도이기 때문이다. 창세기 2장에서 인간이 자기 일을 하고 나서 불만과 공허를 느끼는 이유가 여기에 있다. "이렇게 사람은 모든 집짐승과 하늘의 새와 모든 들짐승에게 이름을 붙여 주었다. 그러나 그는 사람인 자기에게 알맞은 협력자를 찾지 못하였다."(창세 2,20) 창세기 1장이 안식일의 설정을 말하는 것도 같은 맥락에서 이해해야 한다. 인간은 정복을 이룬 다음에 자기 정복의 결과가 아닌 것에도 접근할 수 있기를 바란다.

1. 신앙

신앙은 참다운 의미에서 인간을 자유롭게 해 주는 일이다. 그것은 인간 자유의 마지막 차원이며, 인간의 자유를 참으로 자유롭게 하여 성취하는 행위다. 그 자유는 먼저 소유(所有)에서 해방되는 데에 있다. 또한 신앙은 인식이다. 그러나 그것은 현대의 과학적 사고방식이 말하는, 이 세상을 조작(操作)하기 위한 지식의 습득이 아니다. 신앙은 우리로 하여금 이 세상을 조작하거나, 이 세상에 대한 지배권을 행사하도록 해 주지 않는다. 그러나 지배도 하지 않고, 소유도 하지 않고, 이용도 하지 못하게 한다고 해서 그것이 인식이 아니라고 말할 수는 없다. 오히려 그 인식은 지배와 조작이 하는 것과는 전혀 다른 새로운 영역을 나타나게 한다. 신앙적 인식이 드러내는 영역은, 인간 각자와 하느님까지 고려하여, 다른 사람이 대신할 수 없는 말을 내가 하는 영역이다.

신앙은 하느님에게 혹은 예수 그리스도에게 자기 스스로를 정초(定礎)하는 일이다. 아무도 하느님에 대해 수학적 논증을 할 수는 없다. "나는 사람이 아니라 하느님이다."(호세 11,9) 하느님은 인간이 살고 있는 자명(自明)한 영역에 계시지 않는다. 거기에 사람의 불신앙과 의심의 가능성이 있다. 인간 존재는 신앙과 의심이라는 변증법(辨證法) 안에서 실현된다. 그것이 인간 존재가 지닌 근본 법칙이다. 그러나 신앙이든 의심이든, 둘 다 인간 상호 소통(相互疏通)의 매개(媒介)가 될 수 있다.

구약성경이 신앙을 말할 때 사용하는 히브리어 단어에는 두 개의 어원(語源)이 있다. 하나는 'aman'(amen)이라는 단어고, 다른 하나는 'bajah'라는 단어다. 'aman'은 연대(連帶)와 안정(安定)을 의미하고, 'bajah'는 안전과 신뢰를 의미한다. 이 말들에서 신앙은 주어진 실재의 충실성과 견실(堅實)성을 인간이 신뢰하고, 그것에 정초한 현존재(現存在)의 확실성을 획득하는 것임을 알 수 있다. 신앙은 인간이 하느님 편에 서서 확고한 지반(地盤)을 가지는 것이다. 그것은 인간이 자기의 실존을 전적으로 하느님 안에 둔다는 의미다. "너희가 믿지 않으면 정녕 서 있지 못하리라."(이사 7,9) 그러나 후기 이스라엘에서는 이 믿음이 율법 준수로 대체되고 만다.

공관 복음서에서 신앙은 인간이 자신의 무력함을 깨닫고, 예수 안에 작용한 하느님의 권능을 신뢰함을 의미한다.

> "이제 하실 수 있으면 저희를 가엾이 여겨 도와주십시오." 예수님께서 그에게 "'하실 수 있으면'이 무슨 말이냐? 믿는 이에게는 모든 것이 가능하다." 하고 말씀하시자, 아이 아버지가 곧바로, "저는 믿습니다. 믿음이 없는 저를 도와주십시오." 하고 외쳤다.(마르 9,22-24)

하느님의 개입이 가능한 내 삶의 장(場)을 만드는 데 신앙이 있다. 신앙은 하느님의 전능(全能)에 참여하는 것이다. 따라서 하느님이 개입하실 수 있는 삶의 장을 만들어야 한다. 신앙은 하느님을 위해 스스로를 비우는 동공 형식(洞空形式)이며, 그것을 통해서 하느님의 권능에 참여하는 길이다.[101] 신앙은 인간의 구원이며 확실성이다.

바오로 사도의 서간들은 그리스도를 믿는다고 말할 때, 그것은 하느님 아버지에 대한 예수의 마음 자세와 관련된 마음가짐을 우리가 갖는 것을 의미한다고 말한다. 바오로 사도는 로마서 4장에서 아브라함의 믿음을 설명하면서 아브라함이 "희망이 없어도 희망"(로마 4,18)한 사실을 언급하면서 그것을 예수의 마음 자세와 연결시킨다.

> 하느님께서 인정해 주셨다는 기록은 아브라함만이 아니라, 우리를 위한 것이기도 합니다. 우리 주 예수님을 죽은 이들 가운데에서 일으키신 분을 믿는 우리도 그렇게 인정받을 것입니다. 이 예수님께서는 우리의 잘못 때문에 죽음에 넘겨지셨지만, 우리를 의롭게 하시려고 되살아나셨습니다.(로마 4,23-25)

신앙은 인간의 근본적 결단이다. 인간은 하느님을 발견하면서 자기 자신과 타인을 발견하게 된다. 타인을 자기와의 이해관계, 곧 가상적(假想的) 인간관계로 판단하는 것이 아니라 하나의 존재, 하나의 주체

101 "행복하여라, 온유한 사람들! 그들은 땅을 차지할 것이다.
행복하여라, 의로움에 주리고 목마른 사람들! 그들은 흡족해질 것이다.
행복하여라, 자비로운 사람들! 그들은 자비를 입을 것이다.
행복하여라, 마음이 깨끗한 사람들! 그들은 하느님을 볼 것이다.
행복하여라, 평화를 이루는 사람들! 그들은 하느님의 자녀라 불릴 것이다.
행복하여라, 의로움 때문에 박해를 받는 사람들! 하늘 나라가 그들의 것이다."(마태 5,5-10)

로 보게 된다. 신앙은 인간이 자기 스스로를 하느님에게 양도하는 행위다. 그것은 하느님에게 자기의 실존을 정초(定礎)하는 행위다. 신앙은 인간 사고(思考)나 인간이 의지적으로 하는 행동뿐 아니라, 인간 행위의 모든 영역을 대상으로 한다. 신앙은 인간의 사사로운 인격적 영역만이 아니라, 사회적 모든 영역에까지 영향을 준다. 따라서 신앙은 그리스도적 실존(實存)의 총체며 희망과 사랑이라는 두 양식으로 구현(具現)된다.

신앙은 오관(五官)의 대상만이 우리 삶의 전부가 아니라는 사실을 아는 것이고, 과학적 지식의 대상만이 우리 삶의 현장이 아니라는 것을 아는 것이다. 그런 의미에서 신앙은 하나의 도약(跳躍)이다. 하나의 균열(龜裂)이고, 하나의 모험이다.

어떤 신학자의 말을 들어보자.[102] "하느님이 자신의 초월(超越) 안에만 머문다면, 우리는 그런 하느님을 믿을 수 없다. 하느님은 우리 삶의 한가운데에 피안(彼岸)을 상기시키고, 우리 현존재(現存在)의 의미로 계시며, 역사 안에 살아가는 우리의 실천을 함께 이룩하는, 우리 존재의 근거다. 하느님은 인간이 책임져야 하는 역사적 성취에 그 역사의 근거로 살아 계시며, 현존하는 분이다. 그분은 우리 존재의 근원이고 목적이다. 하느님은 천박하고 죄에 익숙한 우리의 생활로부터 무한한

102 John A. T. Robinson, 《Honest to God》, 1963, 59p.

거리와 깊이로 떨어져 계시면서, 동시에 우리 자신보다 우리에게 더 가깝다는 표현 외에 달리 설명할 길이 없는 분이다. 바로 그것이 '초월(超越)과 내재(內在)'라는 전통적 범주(範疇)가 의미하는 바다. 따라서 하느님은 책임감이 충만하고, 도덕적인 인간 실천의 심층(深層)이다. 인간은 그 하느님을 이 삶의 제약된 관계 안에서만 만날 수 있다. 하느님은 그런 관계의 심층이고, 최종적 의미다. 하느님은 이웃과의 관계, 곧 인간의 놀이 안에서 확인된다."

2. 신앙과 기도

사람들은 흔히 기도를 현세 도피적 미봉책(彌縫策)으로 오해한다. 기도를 위한 특정 공간이 있고, 기도를 위한 별도의 시간을 생각하지 말아야 한다. 기도하는 사람은 세계 속에서, 동료 인간들 속에서, 그 심층을 이루고 있는 하느님을 만난다. 이웃을 위해 기도하는 것은 자기 자신과 이웃을 우리 존재의 공통된 기반 앞에 노출시키는 것을 의미한다. 하느님을 두 사람의 관계 안에 들어오시게 해서 이웃의 궁극적 관심사를 함께 보는 것이다. 이웃을 위한 그런 기도는 침묵 가운데 또 이웃을 위한 열정 안에서 혹은 어떤 실천 안에서 이루어진다. 기도는 내가 가진 모든 것을 가지고 이웃을 만나는 길이다. 그리고 그것은 이웃과의 만남 속에서 하느님을 만나기 위해 준비된 것이며, 그 만남을 포기하지 않겠다는 자세기도 하다. 여기서 하느님은 이웃이 나와 맺는 관계를 매개(媒介)하는 매체(媒體)면서 이웃과 나의 절대적 심층(深層)이기도 하다. 나는 기도를 통해서 하느님 안에서 이웃을 인식하고, 나의 일상생활도 그 심층 안에서 체험한다.

그렇다고 그리스도인의 기도를 불교의 선수행(禪修行)과 혼동해서는 안 된다. 인간의 유한성은 신앙과 함께 인간의 기본 상황이다. 인도 시인 타고르는 다음과 같이 말하기도 했다. "인간의 상처를 바라보며 하느님을 생각한다." 이 한계성 앞에 인간이 자포자기(自暴自棄)하지 않으려면, 우리의 자유는 해방되어야 한다. 그 해방은 인간의 자유가 성취되는 순간이기도 하다. 미움의 힘 앞에, 사랑하는 사람 앞에 우리의 자유가 참으로 자유롭지 않다는 사실을 우리는 알고 있다. 우리의 자유는 해방되어야 하고 성취되어야 하는 것이다. 하느님의 자유는 인간 자유의 조건이다. 그리고 기도는 하느님의 자유를 부르는 인간의 행위다. 기도는 우리가 받고 있는 제약(制約)과 우리가 만든 우상(偶像)에 대한 애착에서 우리가 해방되는, 우리 자유의 확인 장소다. 기도는 새로운 생존 양식을 자기 안에 받아들이기 위해 자기 스스로를 비우고 내어 주는 행위, 곧 봉헌의 시간이다.

기도는 하느님을 향한 인간의 자세이지만, 이 세상을 외면하면서 만들어지는 것은 아니다. 인간은 세상 속에서 사는 존재이기에 세상을 외면하면 인간이 되지 못한다. 하느님을 향한 인간의 자세는 인간 존재의 최종적 의미가 이 세상 안에 있지 않다는 사실을 아는 데서 발생한다. 인간은 인간의 삶과 세상이 지닌 진리를 향해서 살아야 한다. 이것이 창세기가 말하는 안식일의 의미다.

> 하느님께서 이렛날에 복을 내리시고 그날을 거룩하게 하셨다. 하느님께서 창조하여 만드시던 일을 모두 마치시고 그날에 쉬셨기 때문이다.(창세 2,3)

하느님을 인간과 이 세상의 최종적 근거, 혹은 최종적 의미로 표현하는 내재(內在)주의적 언어는 하느님을 인간 삶의 미봉책으로 오해하는 신앙에 대한 경종을 울리는 효과는 있지만, 잘못하면 하느님과 인간을 동시에 잃게 하는 길이기도 하다. 기도는 나의 삶에서 하느님을 하느님으로 계시게 하는 시간이다. 그러면서 인간은 인간이 된다. 라틴어 격언에 "인간은 인간에게 늑대."라는 말이 있다. 인간은 지식, 소유, 지배에 얽매이지 않은 자유의 공간 안에서만 참으로 인간이 된다. 하느님의 자유를 인간이 인정하고 수용할 때, 인간을 위한 참다운 자유의 공간이 열린다.

기도는 인간을 여러 형태의 숙명론(宿命論)으로부터 해방시킨다. "사람에게는 불가능하지만 하느님께는 그렇지 않다. 하느님께는 모든 것이 가능하다."(마르 10,27) 신앙은 인간이 극복하지 못하는 숙명론에서 우리를 벗어나게 한다. 바오로 사도는 말한다. "여러분은 현세에 동화되지 말고 정신을 새롭게 하여 여러분 자신이 변화되게 하십시오."(로마 12,2) 하느님 앞에 하는 투신(投身)은 불안이 아니라, 희열(喜悅)과 여유다. 그것은 하느님이 무엇인가 하신다는 데에 대한 신뢰다. "믿는 이에게는 모든 것이 가능하다."(마르 9,23)

기도하는 대상은 위격(位格)이신 하느님인가? 지나친 의인화(擬人化)로 인한 위험(《돈 까밀로》[103] 참조)이 존재하지만, 하느님에 대한 성경의 언어가 그렇고, 하느님을 하나의 사물(事物)[104]로 상상하지 않기 위해서도 위격이라는 단어로 표현할 수밖에 없다. 성경은 하느님의 계시(啓示)를 말씀이라 하며, 하느님과 인간의 만남을 의미하는 말로 사용한다. 또한 예수는 하느님을 '아빠'라고 불렀고, "마라나 타(주님 오소서)!"(1코린 16,22)라는 말도 했다. 이런 언어들은 하느님에 대한 우리의 내재주의적 언어를 우리가 극복해야 함을 알려 준다.

3. 회개와 보속

회개(悔改)는 하느님에게로 전향하는 것이고 보속(補贖)은 그 전향으로 말미암아 생기는 과거 속박에서의 해방을 의미한다. 다른 이상(理

103 한국어판: 조반니노 과레스키, 이승수 역, 《신부님 우리들의 신부님》, 서교출판사, 2014년.
104 장자(莊子)의 물과 물고기 참조.

想)과 계획, 곧 삶의 안전과 충만으로 이해되는 재물, 권력, 쾌락에서의 이탈을 의미한다. 신앙은 하느님이 하느님으로 계시게 하는 것이고, 보속은 우리의 우상, 이념 그리고 우리 앞에 절대성을 지닌 모든 것에서 비판적 이탈을 하는 것이다. 회개와 보속은 상호 보완한다. 그러므로 보속은 회개의 이면(裏面)이라 하겠다. 신앙은 맹종(盲從)이 아니고 비판적인 것이다.

제15장

진화 사상과 그리스도 신앙 — 테야르 드 샤르댕의 언어

들어가면서

테야르 드 샤르댕(1881~1955년)은 예수회 신부면서 프랑스 파리 가톨릭대학교 지질학(地質學)과 고생물학(古生物學) 교수였다. 그는 아시아와 아프리카의 고고학(考古學) 발굴(發掘) 조사 활동에 참여하였으며, 특히 1927년 베이징 원인(猿人) 발굴에 지대한 역할을 하였다. 그는 여러 가지 발굴 조사 활동에서 얻은 인류학과 고생물학 지식을 기반으로 무생물(無生物)에서 인류에 이르는 진화(進化) 과정을 신(神)을 향한 광활한 움직임으로 파악하고, 과학과 그리스도 신앙의 조화를 지향하는 이론을 제시하였다.

그는 우주의 진화 과정에 먼저 주목하였다. 물질권(物質圈)에서 생물권(生物圈) 그리고 정신권(情神圈)에 이르기까지 일어나는 진화를 그는 과학자로서 관찰하였다. 그리고 그는 그리스도 신앙인으로서 하느님과의 소통 속에 있는 인류 역사를 생각했다. 그는 그리스도 신앙 언어에서 예수 그리스도의 출현에 특히 주목하였다. 그는 예수 그리스도의 출현으로 이 우주에 사랑의 생명력이 주어졌다는 사실과 그 사랑의 출현으로 정신권 진화에 하나의 축(軸)이 주어졌다는 사실을 깨달았다. 그는 그리스도에 대해 말을 하지만, 그의 그리스도론은 교의 신학적(敎義神學的)인 것이 전혀 아니다. 그는 진화 과정에 대한 관찰이라는 과학에서 출발하여, 관찰된 현상과 그리스도 신앙 언어가 전하는 그리스도를 연결하여 새로운 직관(直觀)을 터득하였다. 그 직관은 그리스도를 통한 인류의 사랑화(amorisation)[105]가 정신권의 진화를 주도(主導)한다는 사실과 예수 그리스도를 통해 알려진 하느님이 인류 진화의 미래라는 사실을 깨달은 것이다.

그의 방법론(方法論)은 신학적이 아니라, 고생물학자로서 현상학(現象學)적이다. 그는 그리스도 신앙 언어가 인간적 가치들을 과소평가하지 않는다는 사실을 보여 주려 했다. 그는 고생물학자로서 그리스도 신앙이 인류의 진화 현상을 외면하지 않을 뿐 아니라, 신앙 언어 안에서 진화의 방향을 더 잘 읽을 수 있다는 사실을 사람들에게 알리려 했다. 그리고 그는 신앙인이란 과학이나 우주의 진화 현상에 아무런 흥미를

105 테야르 드 샤르댕이 만들어서 사용한 단어다. 인간 위격 간의 사랑이 심화되고 보편화되는 것을 의미한다.

보이지 않고, 그런 것을 외면하는 사람이 아니라, 그리스도 신앙 언어로부터 빛을 받아 진화 현상을 더 잘, 더 깊이 있게 이해하려는 사람이라는 사실도 알리려 했다.

> 내가 속해 있고 나와 언어가 통하는 지성인 세계와 내가 그 언어들을 알아들을 수 있는 신학 세계와의 사이에는 심연(深淵)이 가로놓여 있다. 교회도 과학 세계와 같이 이 세상에 존재하는 하나의 실재(實在)라는 사실을 내가 깨달았을 때, 나는 과학 세계가 진실을 알아보지 못한다고 비난하는 교회로 하여금, 과학 세계의 언어를 사용하여 정당하게 스스로를 표현하게 할 수 있다고 생각하였다.(Lettres de voyages 92)

현대인들 중에는 과학이나 진화론에 심취한 나머지, 인간의 가치를 외면하고, 인류는 진화 과정에 우연히 나타난 현상일 뿐이라고 생각하는 사람들이 있다. 그런 이들은 그리스도 신앙 언어를 외면하고, 역사가 조금 더 흐르면, 신앙 언어 같은 것은 지구상에서 영원히 사라질 것이라고 생각하는 사람들이다. 한편, 현대인들 중에는 이 세상의 아름다움에 심취한 나머지, 이 세상 혹은 이 우주를 흠숭(欽崇)의 대상으로 생각하는 사람들도 있다.

테야르 드 샤르댕은 현대인의 그런 고민과 애착에 관심을 전혀 보이지 않는 그리스도인들에게는 자기가 하는 노력이 의미 없는 것으로 보일 것이라고 생각했다. 그래서 그가 대상으로 하는 사람들은 현대 우주 과학이 제공하는 지식에 흥미를 보이면서, 그것을 그리스도 신앙 언어 안에서 이해하려는 사람들이다.

> 그리스도인들 중에는 현대인의 그런 고민과 그런 현혹을 외면하는 사람들이 많다. 나의 글은 그런 이들에게는 아무런 도움이 되지 않을 것이다. 그러나 우리가 발견한 우주로 말미암아 불안해하거나, 그것에 매혹된 사람들에게 이 글은 흥미가 있을 것이다.
>
> 내가 하는 것은 형이상학도 아니고 호교론(護敎論)도 아니다. 아레오파고스에 모인 사람들에게 바오로 사도가 한 말을 돌어보자. "이는 사람들이 하느님을 찾게 하려는 것입니다. 더듬거리다가 그분을 찾아낼 수도 있습니다."(사도 17,27) 세상은 우리를 감싸고 있고 우리가 세상을 어디서나 만날 수 있듯이, 하느님은 우리가 세상 안에 살며, 그분을 어디서나 만날 수 있도록 우리를 감싸고 계신다. 여러분이 하느님을 만나기 위해 한 가지 필요한 것은 그분을 보는 것이다.
>
> 현대인에게 흠숭의 대상이 된 우주는 그리스도 신앙이 말하는 하느님과 대립되지 않는다. 이 우주는 하느님을 숨기지 않고, 하느님으로 말미암아 발전하고, 빛나기를 바라고 있다. 내가 이 글로써 여러

분에게 요구하는 것은 토론하자는 것이 아니라, 나와 같은 자리에 서서 바라보자는 것이다. 이 특권적 자리는 몇몇 선택된 사람들에게 유보(留保)된 정상(頂上)의 어려운 자리가 아니다. 그것은 2,000년의 그리스도 신앙 체험이 만들어 준 굳건한 장소다. 여기서 당신은 지금까지 별개라고 생각하였던 두 개의 천체가 하나로 합쳐지는 것을 볼 것이다. 하느님이, 그리스도 신앙의 하느님이 이 세상에 녹아들지도 않고, 이 세상과 혼동됨도 없이, 이 우주 안으로 들어오는 것을 볼 것이다. 그 광활함으로 우리를 놀라게 하던 우주, 혹은 그 아름다움으로 우리를 현혹시키던 우주 안으로 하느님이 들어오시는 것을 여러분은 볼 것이다. 마치 하나의 수정체를 통과하는 빛과 같이, 거대하게 펼쳐진 보자기와 같은 피조물을 위해 하느님이 나타날 것이다. 모든 사람이 보고 만질 수 있도록, 또 가깝고도 멀리 하느님은 나타날 것이다.(Milieu divin 25–26)

그리스도 신앙인은 무엇을 조금 더 보는 사람이다. 그들은 신앙 언어에서 우주의 중심인 그리스도를 보는 사람이다. 신앙인은 그리스도 신앙의 이름으로 사랑이라는 건설적인 힘과 다른 것을 포기함으로써 발생하는 무서운 활동력을 통해 미래를 향해 나아가는 사람이다. 그들은 초자연적 시선으로 말미암은 과감한 신뢰로써 이 세상 가치를 영화(靈化)시키면서 미래를 향하는 사람인 것이다. 그리스도 신앙인의 사명은 말과 표양으로써 그리스도가 우주 진화의 중심이고 구원이라는 사실을 나타내는 데에 있다.

우리의 과학이 어렴풋이 읽어 낸 이 건설의 과정에 인간의 출현이 돋보인다는 사실과 그 인간이 그리스도적 신앙과 희망을 바탕으로 하였을 때, 세상의 가치 있는 모든 것이 그리스도 안에 있다는 사실을 나는 사람들에게 보여 주려는 것이다.(Phénomène humain 315,324)

1. 논리

테야르 드 샤르댕의 논리는 하느님을 믿는 것과 세상을 믿는 것, 그 둘의 의미를, 어느 하나도 왜곡하지 않고, 그 둘이 어떻게 수렴(收斂, convergence)되는지를 보여 주려는 데에 있다. 여기서 말하는 세상이란 인간까지 포함하는 하느님의 피조물인 우주를 뜻한다.

겉으로 보기에 현대 세상은 반종교(反宗敎)적 사상을 배경으로 하고 있다. 인간은 이제 인간만으로 족한 것이다. 현대는 인간 이성(人間理性)이 믿음을 대신하는 세상이다. 우리 세대와 우리 앞의 두 세대는 신앙과 과학은 상반된다는 말만 계속 들어 왔으며, 과학이 신앙이 하던 일을 결정적으로 대신한다는 말을 들어 왔다.

그러나 그런 긴장이 지속됨에 따라 전혀 다른 형태의 해결책이 나타난다. 과학과 신앙은 하나가 다른 하나를 배제함으로써 둘 사이에 있는 갈등이 해소되는 것이 아니라, 두 개가 통합되면서 이원성(二元性)을 지니고 하나의 종합에 이른다는 사실을 우리가 알게 되었다. 과학과 신앙은 거의 2세기 동안 열정적으로 다투었지만, 하나가 다른 하나를 약화시키지 못하였다. 오히려 우리가 알게 된 것은 과학과 신앙은 하나가 없으면, 다른 하나가 정상적으로 발전하지 못한다는 사실이다. 하나인 인간 생명이 두 분야를 발생시켰고, 또한 현재 인간이 그 둘을 존속시키기 때문이다. 과학은 그 시작에서나 그 체계적 발전에서 신앙으로부터 오는 빛을 받지 못하면, 과학 자체가 지닌 한계에까지 가지 못한다.

먼저 과학의 시작을 생각해 보자. 인간은 정열적 의욕이 있어서 일하고 연구한다. 그 의욕은 과학이 설명하거나 입증하지 못한다. 그 의욕은 우주가 의미를 지니고 있고, 우리가 그것의 발전에 충실하면, 어떤 완전함에 도달한다는 믿음, 곧 우주 발전에 대한 믿음이 있기에 가능한 것이다.

이제 과학의 체계적 발전에 대해 생각해 보자. 인간이 만든 기구(機構)와 인간이 조직한 사회는 우리가 과학적으로만 생각하면, 무한히 개선될 수 있다고 생각할 수 있다. 그러나 우리가 실제로 그 꿈을 실현하려 하면, 문제는 한없이 많고, 해결되지 않는 문제도 많다

> 는 것을 알게 될 것이다. 그래서 우리에게 필요한 것은 우리가 속하는 세계가 수렴되는 특성을 지녔다는 사실을, 비록 그것이 합리성을 조금 넘어서더라도, 인정해야 한다. 그것이 통합에 대한 신앙이다.(P.H. 316)

이 세상은 하느님이 당신의 아들을 내주기까지 하시며 사랑하신 곳이다.[106] 테야르 드 샤르댕은 인간을 포함해서 하느님의 피조물인 우주에 감탄하고, 그것을 사랑한다. 그를 지배하고 있는 것은 우주의 왕이신 그리스도에 대한 신앙이다. 우주와 그리스도를 서로 연접(連接, conjonction)시켰을 때, 하나로 통합된 깊이 있는 우주관(宇宙觀)이 발생한다. 이 사상은 서로 기원(起源)이 다른 두 개의 신비, 고생물학자(古生物學者)로서 그가 본 인간 출현까지의 신비와 예수 그리스도로 말미암아 발생한 신념의 신비, 이 둘을 통합 수렴시킴으로써 발생한다. 여기서 수렴은 논리적인 것이지, 물리적인 것도 아니고, 심리적인 것도 아니며, 영적인 것도 아니다.

테야르 드 샤르댕은 하느님과 소통하는 역사라는 사실을 이해하기 위해 사랑의 생명력이 수태(受胎)하여 강생(降生)한 이 우주를 바라본다. 하느님이 사랑이라는 사실과 예수 그리스도가 세상에 강생한

---

106 "하느님께서는 세상을 너무나 사랑하신 나머지 외아들을 내주시어, 그를 믿는 사람은 누구나 멸망하지 않고 영원한 생명을 얻게 하셨다."(요한 3,16)

사실을 수용하고, 세상을 바라보는 것은 물리적 관점을 넘어 신비적(mystique) 관점에 들어가는 것이다. 테야르 드 샤르댕은 그것을 관상(觀想)이라고도 부르고 영적 생활이라고도 말한다.

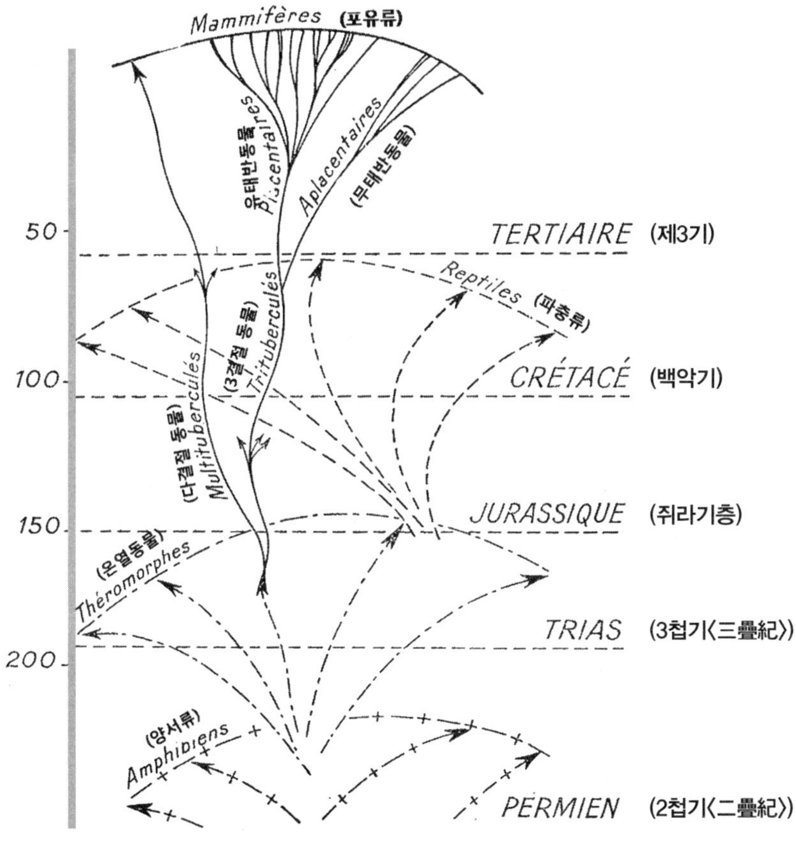

Fig. 1. 포유류의 출현까지를 도표로 표시해 본 것이다. 왼편에 있는 수치는 백만년을 단위로 한 것이다.

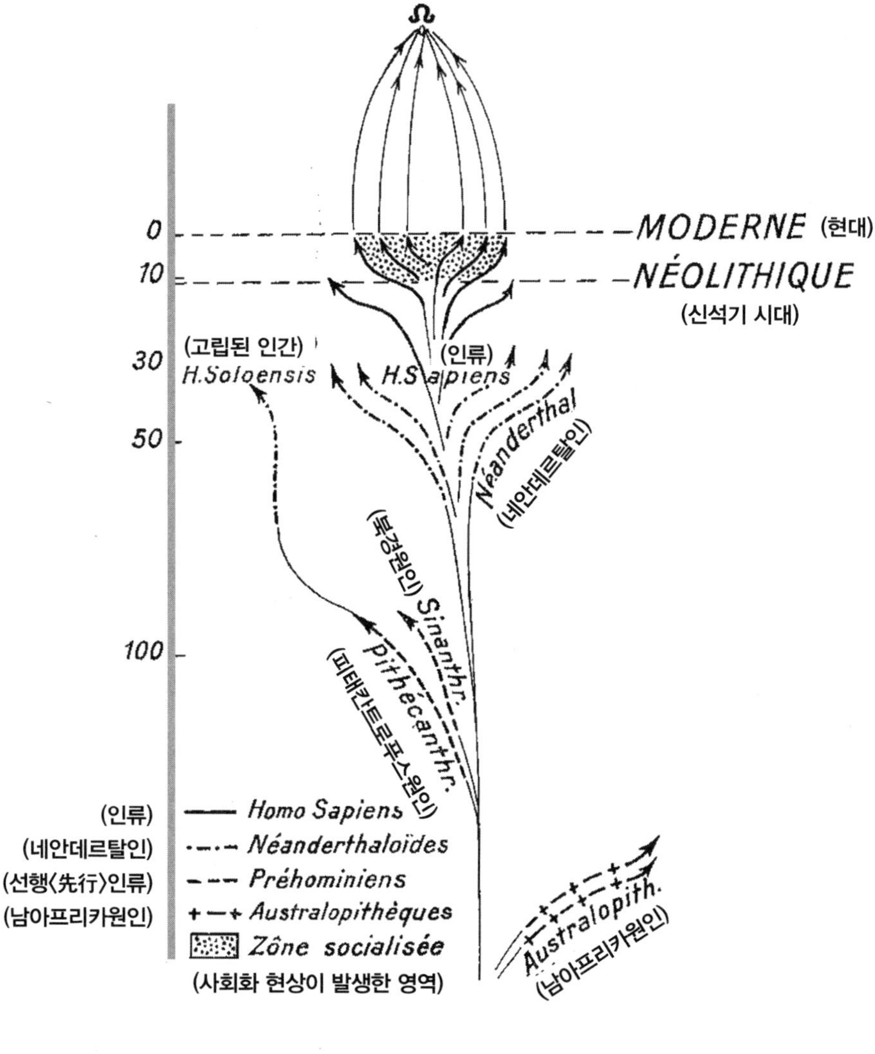

Fig. 4. 인류의 출현과 발전을 그린 도표이다. 왼편에 있는 수치는 백만 년을 단위로 한 것이다. 그 수치는 최소한을 의미하기에 어떤 경우에는 그것의 두 배로 보아야 한다. 오메가로 향한 선은 물론 가상하는 것이다. 다른 출현들의 도표와 비교하여 볼 때 오메가까지의 거리는 수백만년이 걸릴 것으로 보아야 한다.

2. 인간의 출현

테야르 드 샤르댕의 논리는 이렇게 전개된다. 미생물(微生物)에서 인간까지를 포함한 우주의 역사는 현대 인류 안에서 확인되는 정신권(精神圈, Noosphère)을 발생시키기까지 우주가 발전하여 왔다는 사실을 보여 준다.

> 인류는 지상에 출현한 후, 지리적으로 고립된 여러 개의 그룹을 이루면서도 생물학적 동일종(同一種)으로 남아 있다. 그것은 고생물학의 관점에서는 두드러진 예외다. 하나의 종(種)이 어느 정도 진화하면 분지(ramification, 分枝) 현상을 일으켜, 독자적(獨自的)으로 진화하여 새로운 유(類)로 발전하여 정착한다. 그러나 인류는 인종(人種)의 차이는 있어도, 새로운 인간군(人間群)으로 발전하지 않고, 같은 유(類)로 남아 있다. 그렇다면 인간의 진화는 끝난 것인가? 아니다. 지구상에 인간이 출현하면서 인류와 같이 활발한 생명력을 지닌 생물은 일찍이 없었다. 생명을 지니고 물질권(物質圈)에 속하는 존재가 그렇게 활발한 생명력을 보여 준 일은 일찍이 없었다.
>
> 인간과 인류 사회의 출현은 이 우주의 진화가 성공하였다는 사실과 그 진화가 최종적 수렴에 가까이 왔다는 사실을 보여 준다. 진화 과정에서 그 사실을 읽어 내는 데는 단어 몇 개가 빠진 문장을

해독하는 것과 같다.

오늘까지 우주의 생물체가 진화(進化)해 온 현상을 보면서 그 진화의 방향을 연장하여 우주의 완전한 성취를 상상하면, 거기 나타나는 것이 내재적(內在的)이고 초월적(超越的)인 오메가(Omega)[107]라는 우주의 중심이다. 그것은 어디까지나 우리가 상상하는 가설(假說)이지만, 우주의 성취를 생각하면 가능한 가설이다.

우주 진화에서 얻은 이 가설과 그리스도 신앙 특히 바오로 사도가 전개한 그리스도론을 연계하여, 테야르 드 샤르댕은 그 둘을 조화시킨다. 그렇게 하면 그리스도의 존재는 그 가설을 긍정하고 성취시켜 준다는 사실을 볼 수 있다. 부활하신 그리스도에 대한 바오로 사도의 신앙 고백에서 오메가의 초월성과 내재성을 확인할 수 있다.

> 그것은 때가 차면 하늘과 땅에 있는 만물을 그리스도 안에서 그분을 머리로 하여 한데 모으는 계획입니다. 만물을 당신의 결정과 뜻대로 이루시는 분의 의향에 따라 미리 정해진 우리도 그리스도 안

107 테야르 드 샤르댕은 세상 진화의 종말에 있을 그리스도의 내림을 의미하기 위해 '오메가'라는 표현을 쓴다. 그리스어 알파벳은 α로 시작하여 Ω로 끝난다. 세상 종말을 오메가라 표현하는 발상의 출처는 신약성경의 요한 묵시록이다. "지금도 계시고 전에도 계셨으며 또 앞으로 오실 전능하신 주 하느님께서, '나는 알파요 오메가다.' 하고 말씀하십니다."(묵시 1,8), "또 나에게 말씀하셨습니다. '다 이루어졌다. 나는 알파이며 오메가이고 시작이며 마침이다. 나는 목마른 사람에게 생명의 샘에서 솟는 물을 거저 주겠다.'"(묵시 21,6), "'나는 알파이며 오메가이고 처음이며 마지막이고 시작이며 마침이다.'"(묵시 22,13)

에서 한몫을 얻게 되었습니다.(에페 1,10-11)

3. 바오로 사도의 서간들 안에 나타나는 원시 교회의 신앙 언어

하늘에 오르신 예수는 우리의 주님이고 그리스도이시다. 하느님이 그분을 부활시켰다.

여러분이 어떻게 하느님께서 죽은 이들 가운데에서 일으키신 그분의 아드님, 곧 닥쳐오는 진노에서 우리를 구해 주실 예수님께서 하늘로부터 오실 것을 기다리게 되었는지 말하고 있습니다.(1테살 1,10)

그대가 예수님은 주님이시라고 입으로 고백하고 하느님께서 예수님을 죽은 이들 가운데에서 일으키셨다고 마음으로 믿으면 구원을 받을 것입니다.(로마 10,9)

사람들에게서도 또 어떤 사람을 통해서도 파견된 것이 아니라, 예수 그리스도와 그분을 죽은 이들 가운데에서 일으키신 하느님 아버지를 통해서 파견된 사도인 나 바오로가(갈라 1,1)

그래서 내가 여러분에게 일러둡니다. 하느님의 영에 힘입어 말하는 사람은 아무도 "예수는 저주를 받아라." 할 수 없고, 성령에 힘입지

않고서는 아무도 "예수님은 주님이시다." 할 수 없습니다.(1코린 12,3)

예수 그리스도는 주님이시라고 모두 고백하며 하느님 아버지께 영광을 드리게 하셨습니다.(필리 2,11)

예수의 죽음은 구원적인 것이었고 모든 피조물의 첫 열매였다.

나도 전해 받았고 여러분에게 무엇보다 먼저 전해 준 복음은 이렇습니다. 곧 그리스도께서는 성경 말씀대로 우리의 죄 때문에 돌아가시고 묻히셨으며, 성경 말씀대로 사흗날에 되살아나시어, 케파에게, 또 이어서 열두 사도에게 나타나셨습니다.(1코린 15,3-5)

그분께서는 하느님의 모습을 지니셨지만 하느님과 같음을 당연한 것으로 여기지 않으시고 오히려 당신 자신을 비우시어 종의 모습을 취하시고 사람들과 같이 되셨습니다. 이렇게 여느 사람처럼 나타나 당신 자신을 낮추시어 죽음에 이르기까지, 십자가 죽음에 이르기까지 순종하셨습니다. 그러므로 하느님께서도 그분을 드높이 올리시고 모든 이름 위에 뛰어난 이름을 그분께 주셨습니다. 그리하여 예수님의 이름 앞에 하늘과 땅 위와 땅 아래에 있는 자들이 다 무릎을 꿇고 예수 그리스도는 주님이시라고 모두 고백하며 하느님 아버지께 영광을 드리게 하셨습니다.(필리 2,6-11)

우리에게는 하느님 아버지 한 분이 계실 뿐입니다. 모든 것이 그분에게서 나왔고 우리는 그분을 향하여 나아갑니다. 또 주님은 예수 그리스도 한 분이 계실 뿐입니다. 모든 것이 그분으로 말미암아 있고, 우리도 그분으로 말미암아 존재합니다.(1코린 8,6)

그분은 보이지 않는 하느님의 모상이시며 모든 피조물의 맏이이십니다. …… 온전히 충만한 신성이 육신의 형태로 그리스도 안에 머무르고 있습니다.(콜로 1,15; 2,9)

모든 것이 그분을 통하여 생겨났고 그분 없이 생겨난 것은 하나도 없다. 그분 안에 생명이 있었으니 그 생명은 사람들의 빛이었다. 모든 사람을 비추는 참빛이 세상에 왔다. 그분께서 세상에 계셨고 세상이 그분을 통하여 생겨났지만 세상은 그분을 알아보지 못하였다. 그분께서 당신 땅에 오셨지만 그분의 백성은 그분을 맞아들이지 않았다. 그분께서는 당신을 받아들이는 이들, 당신의 이름을 믿는 모든 이에게 하느님의 자녀가 되는 권한을 주셨다. 이들은 혈통이나 육욕이나 남자의 욕망에서 난 것이 아니라 하느님에게서 난 사람들이다. 말씀이 사람이 되시어 우리 가운데 사셨다. 우리는 그분의 영광을 보았다. 은총과 진리가 충만하신 아버지의 외아드님으로서 지니신 영광을 보았다.(요한 1,3-4.9-14)

그것은 때가 차면 하늘과 땅에 있는 만물을 그리스도 안에서 그분을 머리로 하여 한데 모으는 계획입니다.(에페 1,10)

피조물이 수렴(收斂)되는 중심은 하느님이고, 그 하느님은 앞으로 나아간다. 그분은 인간의 노동을 통하여 역사(役事)하신다. 따라서 우리는 물리적 변화 안에 신비적 성취를 읽어야 한다. 인류의 구원이라는 신비는 하느님이 하시는 무상(無償)의 선물이지만, 그 신비는 창조를 무의미하게 만들지도 않았고, 예수의 수난을 부조리한 것으로 만들지도 않았다. 여기서 무상이라는 말은 우리의 노력이 아무 소용없는 것이라는 사실을 의미하지 않는다.

4. 오메가와 재림하시는 그리스도

하느님을 만난다는 것과 이 세상을 건설한다는 것은 서로 무관하게 분리된 두 개의 분야가 아니다. 하느님에 대한 믿음이 세상에 대한 인간의 믿음을 흡수하여 승화(昇華)시키는 데에 참다운 그리스도 신앙이 있다. 구원은 앞으로 나아감과 위로 올라감이 동시에 있는 곳에 있다. 신앙은 앞으로 나아감이라는 자연주의도 아니고, 위로 올라감이라는 초자연주의도 아니다. 그리스도 신앙은 하느님이 오메가며 동시에 알파, 곧 우리 존재의 미래며 동시에 근원(根源)이라는 사실을 아는 데에 있다.

그리스도는 이 세상에 첨가된 옷과 같은 존재도 아니고, 다스리는 왕도 아니며, 소유주(所有主)도 아니다. 그리스도는 만물이 그분으로 말미암아 존속하는 분이다. "그분께서는 만물에 앞서 계시고 만물은 그분 안에서 존속합니다."(콜로 1,17) 그리스도는 세상의 심장이지만, 세상을 그리스도라고 말할 수는 없다. 세상 만물을 통합하는 힘인 그리스도의 사랑은 우리의 미소(微小)한 행위 안에까지 자리를 차지해야 한다. 우리의 모든 행위들이 하느님 영역의 것이 되어야 한다는 말이다.

> 신앙이 적은 사람들아! 왜 세상의 발전을 두려워하거나 싫어하는가? 왜 '가지 마라. …… 하지 마라. …… 모든 것은 다 알려졌다. 대지(大地)는 비어 있고 늙었다. 이제 새로운 것이라곤 하나도 없다.'고 예언하며 현명하지 못하게 방어적 자세를 취하는가?

> 그리스도를 위해 모든 것을 시도해야 한다! 그리스도를 위해 모든 것을 기대해야 한다. 그러나 실제로 아무것도 하지 않았다! 참다운 그리스도인의 자세는 그런 것이 아니다. 하느님의 것이 되게 하는 것은 파괴하는 것이 아니라 초(超)창조를 하는 것이다. 예수의 강생(降生)이 아직도 이 세상의 힘으로부터 기대하고 있는 것이 무엇인지 우리는 충분히 알 수 없다. 점차 증대(增大)되어 가는 인류의 단일성에 대해 우리는 항상 희망해야 한다.

예루살렘아 머리를 들어라. 그리고 건설하고 연구하는 많은 사람들을 쳐다보라. 실험실에서, 작업실에서, 사막에서, 공장에서, 사회라는 거대한 용광로에서 수고하는 사람들을 너는 보는가? 자! 예술, 과학, 사상 등 모든 분야에서 그들이 발효(醱酵)시키고 있는 것은 모두 너를 위한 것이다. 자 너의 팔을 펼치고, 가슴을 열고 뛰어가서 마치 주님이신 예수를 영접하듯이, 인류의 정기(精氣)가 만들고 있는 물결과 홍수(洪水)를 맞아들이자.(Milieu divin 201)

테야르 드 샤르댕은 두 개의 상이(相異)한 바탕에서 출발하여 아무도 기대하지 못하였던 통합된 조화에 도달하였다. 그것이 그의 공로라고 하겠다. 우주와 인간에 대한 현대인의 연구와 2,000년 전 전혀 다른 문화권에서 나타난 바오로 사도의 사상을 통합하여 그는 조화를 찾은 것이다. 그 통합으로 우리가 도달한 결과는 하느님이 주신 것은 우주에 사는 인류가 대망(待望)하고 추구해 온 것이라는 대답이었다.

수백만 년 동안 생명이 계속 진화해 온 과정, 곧 생명이 계속 상승(上昇) 진화한 과정을 관찰하면 할수록, 정신권을 출현시키기 위해 관여한 반성 의식(反省意識)의 요소들이 많아졌다는 사실을 생각하게 되고, 그와 동시에 진화의 거대한 물결이 그 방향을 더듬어 찾을 때, 그것이 위로 향하도록 인도한, 무류성(無謬性)을 지닌 어떤 힘이 작용하였다는 사실을 깨닫게 된다.(L'avenir de l'homme 304)

진화 과정에서 우리가 볼 수 있는 것은 진화가 더듬어 찾듯이 진행되었다는 것과 그것을 인도한 어떤 힘이 있었다는 사실이다. 예를 들어 자유가 출현하였어도, 그것은 대중 안에서 아무 소용없는 것이 될 수도 있었다. 그러나 그것은 내적으로 다극화(多極化)되는 방향으로 진화할 수 있었다. 그런 현상은 우연히 발생한 것이 아니라, 어떤 합리적 계획에 따라 일어난 현상이다. 테야르 드 샤르댕은 그 합리적 계획을 인간화(hominisation)의 성취라고 말한다.

그리스도 신앙인은 지상의 인류가 집단적으로 성취할 수 있는 그리스도의 재림(再臨) 혹은 하느님의 나라가 있다는 사실을 믿는다. 그런 신앙인에게 지상에서 이루어지는 인류의 생물학적 성취가 있다는 사실은 당연한 것으로 느껴진다. 신앙인에게 그리스도는 이미 부활하였다. 따라서 그리스도 신앙인은 인간 조건으로 발생하는 모든 수고와 번민을 진화 과정이라 생각하고 겪어 낸다.

5. 우주(宇宙)의 진화와 인간의 운명

테야르 드 샤르댕은 하나의 요소 혹은 개체를 전체에서 분리하여 분석하는 것을 사명으로 하는 과학에서 출발하였다. 그러나 그는 전체의 의미를 파악하는 종합에 도달하였다. 진화론을 처음 창시한 다윈(Charles Darwin, 1809~1882년)은 생물의 진화 과정에만 주목하였지, 진화가 지닌 의미와 그것의 미래 운명에 대해 전혀 고찰하지 않았다. 또한 정신권의 출현이나 인간의 의미에 대해서도 그는 전혀 주목하지 않았다.

테야르 드 샤르댕은 전 우주(宇宙)의 진화 과정에 비하여 아주 작은 현상인 정신권의 출현에 진화 방향의 중심을 보았다. 그가 주목한 것은 우주 전체의 진화에 이 정신권이 일으키는 혁명적 현상이었다. 테야르 드 샤르댕에게는 의식(意識) 혹은 정신이 물질보다 우위에 있다는 철학적 신념이 있었다. 대자연이 인간을 출현시키기까지 놀라운 진화 과정을 거쳤기에 그 진화의 방향이나 목적을 무시할 수 없다는 확신도 그에게 작용하였다. 하등(下等) 동물로 갈수록 사회성이 없다는 사실에도 그는 큰 의미를 부여하였다.

6. 인간 반성(反省)의식의 출현과 사회화(社會化) 현상

하등(下等) 동식물의 진화 과정에서는 다음과 같은 것이 관찰된다. 개체의 차원에서는 개체 내부가 점차 조직화되고 해부학적 복잡해지는 복잡화 현상이 발견된다. 그리고 집단의 차원에서는 그 집단 내부에서 관찰되는 개체들이 상호 관계와 의존을 필요로 하게 되는 복잡화 현상이 발견된다. 그러나 인간이 출현하면서부터는 인류 안에 관찰되는 복잡화 양상은 그 유(類)를 전혀 달리한다. 그것은 의식(意識)의 출현으로 발생하는 정신권(精神圈, Noosphère)의 현상이다. 인간은 정신권에 살면서 식물(植物)을 재배하고 동물(動物)을 사육(飼育)한다. 그리고 인간은 집단생활을 한다.

인류가 출현하기 전 생물, 곧 생물권(生物圈, Biosphère)의 개체들은 세대(世代) 간의 연결이 오로지 생물학적(生物學的)이다. 그러나 인류가 출현하면서부터 세대 간의 연결은 유전(遺傳)과 교육에 의해서 이루어진다. 각 인간 개체의 특수성은 유전으로 다음 세대에 전달되고, 정신적으로 체험한 것은 교육으로 전달된다. 정신권에서는 정신적 요소가 생물학적 요소보다 더 높이 평가된다. 생물권에서 정신권으로 진화하는 과정에서도 관찰되는 것은 진화의 법칙이다. 곧 복잡화가 일어나고 그 현상 안에서 기능이 하나로 수렴되면서 수렴된 것이 분지(分枝)된다.

진화 과정을 거치며 인간은 먼저 수(數)적으로 지리적으로 팽창하였다. 20,000년 전에 출현한 인간(homo sapiens)은 어느 시기부터 기술(技術)을 중심으로 또 사회적 여건에 따라, 수렴(收斂) 현상을 일으켰다. 그리고 인간 개체들은 교육과 언어와 접촉 가능성에 따라 그 집단이 가진 것을 공유(共有)했다. 이것이 사회화(社會化) 현상이다. 인간 개체들은 하나의 문화권 안에 살면서 성숙하고, 독립된 의식의 주체로 발전한다. 그 발전은 20세기에 와서 절정(絶頂)에 이르렀다. 인류는 지리적으로도 수(數)적으로도 최대의 팽창에 도달했으며 정치(政治) 단위체들이 최고도로 조직되었다. 이념(ideologie)을 중심으로 수렴된 집단들이 출현한 것이다. 그것은 인류 역사상 새로운 수렴 현상이다.

> 역사상 처음으로 인류는 오늘의 통신 수단을 갖게 되었고 수백 명 혹은 수천 명의 인원을 동원하여 과학적 연구와 작업을 할 수 있게 되었다. 그 결과는 곧 나타났다. 고립된 인간들이 백 년이 걸려서 할 수 있는 기술 개발을 3년 만에 해치운 것이다. 인간이 한 발명 중에 가장 위대한 것은 하나의 연구라는 목적을 위해 복잡한 기구(機構)를 만들고 많은 지성(知性)들이 그 안에서 효율성 있는 일을 하게 한 것이다. 그것이 우연히 나타난 현상이겠나? 그것도 다른 영역에서와 마찬가지로 우주 안에 내재하는 수렴시키는 힘이 작용하여 나타난 결과가 아니겠는가?(Energie Humaine 183)

인류는 복잡화 현상을 일으키면서 의식(意識)을 중심으로 수렴되고 조직되며 분화(分化)된다. 행정부, 사법부, 입법부, 사회단체들, 그리고 교육 기관들이 모두 분화되고 수렴된 의식을 중심으로 조직된 것이다. 분화되고 수렴되어 조직된 핵(核) 조직 간의 교류로 금융 단체, 경제 단체, 연구소, 각종 학회(學會) 등이 발생하였고, 그것들이 서로 교류하면서 국제기구(國際機構) 혹은 국제단체들이 발생했다. 여기서 볼 수 있는 수렴의 통합(統合) 현상은 그 조직을 구성하는 핵들을 파괴하지 않고, 그 핵들이 지닌 의미를 오히려 성취시켜 준다. UN, UNESCO를 비롯한 여러 국제적 모임들[108]이 그렇고, 최근에 발생한 G20도 각국의 의미와 성취를 이루기 위하여 수렴되어 나타난 조직이다. 여기서는 수렴의 동기(動機)가 지닌 가치관이 높으면 높을수록, 거기에는 자유와 사랑이 돋보이고, 그 조직이 미치는 영향의 장(場)도 넓어진다.

현대 인류는 다원성(多元性)을 인정하고, 그 다원성을 존중하면서 대화로써 수렴한다. 인류는 이제 지리적으로는 더 팽창할 수 없고, 집단 안에서 상호 소통으로 내면화가 이루어지며, 수렴되어 발생한 조직들의 상호 영향력은 확대되고 있다. 교통과 통신 수단의 발달로 수렴되어 핵(核) 조직(組織)들이 발생하고, 그 조직들 사이에 상호 침투(相互浸透) 현상이 보편화된다. 이제 하나의 개체나 하나의 조직이 고립하여 혼자서 무엇을 할 수 없는 세상이 되었다.

인류는 전체화되어 가고 있다. 그러면서 분야별로는 초의식화(超意識化) 현상이 발생하고 있으며, 그것은 세계 전체를 무대로 한 세계화(世界化, globalisation) 현상까지 나아가고 있다. 이제 인류는 세상의 진화를 의식하고, 그 진화의 방향을 스스로 결정할 수 있는 힘이 있다는 것을 의식한다. 인류는 진화하는 세계의 일부이면서 그 진화의 방향을 스스로 결정할 수 있는 운명을 지니고 있다는 사실을 알게 되었다. 예

108 몇 개만 예를 들면, WTO(세계무역기구), WHO(세계보건기구), OECD(경제협력개발기구), ASEM(아시아유럽정상회의), IMF(국제통화기금), UNICEF(유엔아동기금) 등.

를 들어 UN을 비롯한 전문 분야별 국제기구(國際機構)들이 출현한 것을 들 수 있다. 인류가 살아가는 데 필요한 문명의 이기(利器)들은 세상을 파멸시킬 수도 있는 위험을 안고 있다. 핵폭탄이나 무기로서의 미사일과 화학 무기들을 개발한 국가들에 대한 오늘의 국제적 여론을 예로 들 수 있다.

초의식(超意識)의 발생 과정을 보면, 복잡화와 수렴화 현상이 만들어 준 통일성의 출현이 돋보인다. 진화 과정에서 복잡화가 커지면, 의식(意識)의 농도가 높아진다. 초의식화 된 단위체들이 상호 복잡화 현상을 거치면, 수렴된 새로운 의식으로 나아간다. 그 새로운 의식 안에는 인간의 자유와 사랑이 돋보인다. 그 발전을 연장해서 상상해 보면, 그 발전의 연장선 끝에 있는 오메가를 읽을 수 있다.

7. 자유

인류는 그 방향이 정해진 진화의 흐름 속에서 필연(必然)과 자유(自由)를 다 지니고 있다. 이 두 가지 요소가 화합하여 인간의 의식과 인격을 만들어 준다. 인간이 성숙의 어느 단계에 들어서면, 진화에 어떤 권리를 행사해야 한다. 이때 진화는 사회적이며 정신적인 것이다. 그 진화가 이상적이기 위해서는 그것이 모든 사람들에게 공통되고, 자기의 지상(地上) 운명에 대한 윤리적 책임을 의식한 것이라야 한다. 인류의 미래에 대한 인간의 윤리적 책임 의식은 점점 더 시급해져 가고 있다. 정의와 평화, 자연 보호에 대한 구호(口號)들을 어디서나 쉽게 볼 수 있다.

정신권(精神圈)은 사회학적 고찰의 대상이다. 인류라고 우리가 말할 때, 그것은 과거에는 추상적 개념에 불과하였다. 그러나 오늘은 통신과 교통수단의 발달로 그것은 인간의 체험 대상인 실재(實在)가 되어 가고 있다. 인류 역사상 오늘날과 같이 인간이 이웃과 관계없이 살 수 없다고 절실히 느끼는 시대는 없었다. 인류의 통합은 실현되어 가고 있으면서 또한 우리가 실현해야 하는 과제로 등장하고 있다. 심리학의 발달과 사회적 발전은 그 과제를 점점 더 실감하게 해 주고 있다.

인류는 현재 그 통합이 필연적이라는 것과 그것을 실현하는 것이 불가능하다는 것을 동시에 절실히 느끼고 있다. 우리는 인류가 보편적 사랑, 곧 초인간적 사랑에 도달하지 않으면, 그 이상을 실현할 수 없다는 사실을 보고 있다. 보편적 사랑은 집단적 이기심까지 극복하는 데 있다. 그러나 그 보편적 사랑은 바로 그 보편성 때문에 초월적이고 초인간적 원천에서 나와야 한다.

8. 오메가

인류는 오늘과 내일에 대해 불안해하며, 고민을 한다.

근본적으로 새로운 영역에 접근하는 것은 자기 스스로 어떤 변화를 겪을 위험을 안고 하는 일이다. 어린아이는 태어나서 처음으로 눈을 뜰 때 울지 않는가? 엄청나게 긴 선(線)이나 넓은 지평에 우리가 적응하기 위해서는 우리가 편안하게 길들여진 좁은 여건에서 벗어날 줄 알아야 한다. 지금까지 자기 안에 질서 정연하다고 생각하던 것을 넘어서 새로운 균형 감각을 습득해야 한다. 지금까지 자기가 갇혀 있던 어두운 공간에서 나와 어떤 눈부심을 경험해야 한다. 탑(塔)의 정상(頂上)에 갑자기 세워진 사람이 느끼는 흥분 같은 것을 느껴야 한다. 그것은 어떤 어지러움과 막막함을 의미한다. 광활한 공간과 시간을 갑자기 발견한 현대인이 겪는 고뇌의 심경이 그런 것이리라.

원초적으로 생각하면 인간의 고뇌는 반성 의식의 출현과 더불어 생겼다. 따라서 그것이 인류만큼 오래되었다는 사실은 명백하다. 그러나 그 반성 의식이 점점 더 사회화되면서 오늘의 인류는 과거 역사의 어느 순간보다 더 많은 고뇌에 차 있다. 그 사실은 내가 생각하기에 의심의 여지가 없다. 인간이 의식하거나 혹은 말을 하지 않아도, 오늘의 인류는 그들이 미소 짓고 대화를 하면서도 존재에 대한 근본적 고뇌를 마음속에 가지고 있다.

그래서 좀 더 가까이 가서 그 불안의 기원이 어디에 있는지 찾아보

자. 그것의 부당한 원인들을 제치고 그 고통이 자리 잡은 곳을 찾아보자. 그리고 그것을 혹시 치유할 수 있는지도 알아보자.

공간과 시간으로 말미암은 고통은 먼저 광활한 우주 앞에서 인간이 느끼는 불안에 있다. 그 우주 앞에서 인간은 압도되고 자기가 무용지물임을 느낀다. 우리 중에 누가 100,000 광년(光年)씩 거리를 두고 존재하는 성운(星雲)들로 구성된 우주 안에 자기가 살고 있다는 사실을 생애 중 한 번이라도 실감하겠는가? 그것을 실감하기 위해 노력해 본 사람은 누구나 그때까지 자기가 믿고 있던 바들이 무너지는 사실을 경험하지 않았는가? 천문학자들이 발견해 내는 사실들에 대해 애써 눈을 감는다 하더라도 자기의 기쁨에 어떤 그늘이 생긴다는 사실을 누가 경험하지 않겠는가? 시간의 광대함도 있다. 그것을 볼 수 있는 소수의 사람에게는 심연(深淵)과 같이 느껴질 것이고, 그것을 제대로 보지 못하는 일반 사람들에게는 그 안정성과 단조로움에 대해 실망하게 할 것이다. 거기에는 계속해서 연속적으로 일어나는 일들이 있고, 서로 교차되는 일들이 있다. 끝으로 그 수(數)의 광활함도 있다. 그 시공(時空)을 채우기 위해 과거에 있었던 것들, 현재에 있는 것들 그리고 앞으로 있을 것들을 생각해 보면, 그 수가 충격적이다. 그것은 마치 대양(大洋)과 같다. 우리를 해체시켜 버릴 것도 같고, 우리를 더 명민(明敏)하게 살아 있게도 할 것 같은 대양과 같다. 십억이 넘는 인구 안에, 혹은 단순히 대중 안에 살아 있다는 사실을 실감하며 인간이 느끼는 것이다. 수(數)의 많음과 시간과 공간의 광활함으로 말미암아 발생하는 고뇌가 있다. 나는 현대인이 그 고뇌를 극복하려면, 한 가지 길만 있다고 생각한다. 자기가 직관하는 바를 끝까지 밀고 가는 것이다.

움직이지도 않고 맹목적인 이 시공(時空)은 사실 인간에게 두려운 대상이다. 우리는 그것들이 움직이지도 않고 맹목적이라고 오랫동안 믿어 왔다. 따라서 우리가 그 세상의 참다운 차원들을 찾아 나선다는 것은 위험한 일로 보였다. 세상이 필요로 하는 보충도 수정도 있을 수 없었다. 그러나 진화에 대한 이해와 더불어 인간이 해야 할 일들이 보이기 시작하였다.(P.H. 251-257)

나는 매일 묵상 기도를 하도록 되어 있는 사람이다. 나는 내 생애 처음으로 등불을 밝혀 들고, 내 직업과 매일의 인간 관행이라는 명백(明白)함이 지배하는 영역을 떠나서 내 자신의 가장 깊은 속, 나의 행동들이 나오는 깊은 심연으로 내려갔다. 나의 사회생활을 표면적으로 밝혀 주던, 습관화된 명백함의 영역을 떠나자, 내가 나를 벗어나고 있다는 사실을 알 수 있었다. 내가 한 걸음 한 걸음 더 내려감에 따라, 다른 인물이 내 안에 나타나기 시작하였다. 나는 그 사람의 이름도 모르고, 그는 내가 시키는 대로 하지도 않았다. 그리고 이제 더 내려갈 길이 없기에 나는 그 탐구를 끝내야만 했다. 내 발

앞에 끝이 보이지 않는 하나의 심연이 나타났다. 그리고 바닥이 보이지 않는 심연에서부터 출처를 알 수 없는 어떤 흐름이 나타났다. 나는 그것을 감히 나의 삶이라고 부르겠다.

어떤 과학이 인간에게 인간의 삶을 지배하는 기원(起源), 본성, 법칙, 원의(願意)와 사랑에 대해 알려 줄 수 있는가? 그것은 물론 우리가 하는 노력도 아니고, 그런 것에 대한 관심의 물결을 일으킨, 우리 주변의 사람들이 하는 일도 아니다. 그것은 우리가 추구하는 바도 아니며, 그런 것의 고저(高低)를 알리는 우리의 친구들이 해 줄 일도 아니다. 우리는 조금씩 가까이 가서 우리를 떠받치고 있는 과거 세대들의 흐름이 남긴 흔적들을 부분적으로 찾아볼 수 있다. 물리적이거나 윤리적이거나 어떤 학문이나 어떤 자극들이, 과거가 우리에게서 사라져 가는 것을 조절해 줄 수도 있고, 더 빨리 사라지게 할 수도 있다. 그러나 그 과거가 남긴 지도(地圖)도, 과거가 남긴 건축물들도, 우리로 하여금 사상적으로 혹은 실천적으로 생명의 원천을 포착할 수 있게 해 주지는 않는다. 나는 내 자신이 나를 만들기보다 내가 받아서 내가 된 것이 더 많다. 성경은 인간은 자기의 키에 한 치도 보태지 못한다고 말한다. 인간은 사랑하는 자기의 능력을 향상시킬 수 없을 뿐 아니라, 자기의 정신과 마음을 성숙시키는 속도를 조절하지도 못한다. 마지막으로 생명의 깊이, 생명의 원천, 생명의 출생에 대해 우리는 아무 것도 모른다.

나는 내가 발견한 것에 놀란 상태에서 나는 밝은 데로 나오려 했다. 나를 불안하게 하는 수수께끼 같은 일을 잊어버리고, 내가 친숙한 일들로 둘러싸인 일상(日常)으로 돌아오려 하였다. 현명하지 못하게 심연을 생각하지 않고, 지평(地平)에서 다시 살려고 하였다. 그러나 인간이 요동치는 광경 아래에서 나는 내가 애써 피하려 했던, 어떤 미지(未知)의 존재가 다시 나타나는 것을 보았다. 이번에는 그분이 심연 안으로 숨지 않았다. 그분은 우리가 우연히 마주치는 군중들, 나라는 작은 개체(個體)가 포함되어 우주라는 천을 함께 짜고 있는 우리들 뒤로 숨어 버렸다. 나는 그것이 같은 신비라는 사실을 알았다. 우리가 우리 아래에 있는 세계의 깊이를 측량(測量)하려 하면, 우리는 혼란을 겪는다. 그러나 이 세상의 미세한 생명들을 살아남게 하기 위해 유리한 기회들이 조합(組合) 되는 확률을 생각하면, 우리는 또 한 번 혼란을 겪을 것이다. 내가 다른 분, 나보다 더 위대한 다른 분의 존재를 의식한 후, 두 번째로 나를 놀라게 한 것은 성공한 세계 안에 나라는 사람이 살아 존재할 수 있는 확률이다.

누구라도 그런 경험을 하면 그렇겠지만, 그 때, 나는 우주 안에 하나의 원자(原子)가 길을 잃고 헤매면서 느끼는 슬픔 같은 것이 나를 덮치는 것 같았다. 그 슬픔은 이 세상의 많은 생명체들과 또한 훌륭한 분들로 말미암아 인간 의지가 날마다 겪는 일이기도 하다. 그때 나를 구해 준 것이 있었다면, 한밤중에 들려온 소리, 하느님이 성공

을 약속하신 복음이었다. "나다, 두려워하지 마라."(M.D. 75-77)

인간은 거대하고 맹목적이고 잔인하기까지 한, 무서운 세계 안에서 방황하고 있다. 인간은 인간의 위격성을 무시하는 외적 영향으로 인해 내적 손실을 겪고 있다. 테야르 드 샤르댕은 철학(哲學)이 논하는 인간의 고통, 부조리(不條理), 죽음 등을 정관(靜觀)하고, 그 앞에서 즉흥적 낙관주의를 주장하지 않는다. 그는 정당한 그리스도 신앙이 열어 주는 희망을 가르친다.

오늘날까지 세상과 인류가 진화해 온 방향에서 우주의 완전한 성취를 생각할 때, 거기 나타나는 것이 내재(內在)적이고 초월(超越)적인 오메가라는 중심이다. 그것은 가능한 우주 성취의 가설(假說)이라고도 하겠다. 이 오메가는 인간의 실존과 진화를 관찰하고, 그 과정을 알아들은 사람이 하는 하나의 선택일 수도 있고, 하나의 신앙일 수도 있다. 바오로 사도가 말한 그리스도의 재림 신앙이 바로 그것이다. 그리고 테야르 드 샤르댕의 신앙 언어는 과학적 관찰을 기초로 한 사고에다 그리스도의 재림이라는 바오로 사도의 진술을 받아들여 설명한다. 여기서 오메가는 의식 현상이 진화하여 그 진화의 끝까지 갔을 때, 만나는 대상이며 의식(意識)이다. 그 의식은 결합함으로써 우주적 요소들을 자기 것으로 만든다. 과학적 관찰로써 인간은 문명의 이기(利器)들을 생산한다. 그 생산은 정신권(情神圈)이 물질권(物質圈)과 생물권(生物圈)

을 온전히 지배한 결과다.

사랑으로 이루어지는 결합과 일치는 그 의식의 주체들을 파괴하지 않는다. 사랑과 일치를 통하여 그 주체들은 더 자유로워지고, 더 풍요로워진다. 오메가는 모든 인류가 사랑으로 결합되어 초의식(超意識)이 출현하는 시점에 그 결합의 성취와 정점(頂点)으로 있다.

진화의 어느 시점에 나타난 것이 사랑화(amorisation) 현상이다. 연대의식, 계급의 타파, 대립(對立)에서 조화(調和)로의 이전, 결혼관의 발전, 자선 단체들의 대규모화, 기업 근로자들에 대한 기업 이익(利益)의 분배, 인류애(人類愛)를 위한 과학 기술(科學技術)의 이용, 국가 차원에서 실현되는 자선 사업과 국제적 차원에서 이루어지는 구호 사업 및 사회 보장 제도 등이 모두 진화 단계에서 나타나는 초의식(超意識) 출현의 현상들이다.

9. 오메가의 위격성

오메가는 이미 존재하고 있는 위격(位格)이라야 한다. 인간의 사랑이 그것을 대상으로 할 수도 있고, 그것이 지니고 발산하는 사랑 안에서 사람을 사랑할 수도 있어야 한다. 오메가는 사랑이라는 인력(引力)을 발생시키는 극(極)으로 있어야 한다. 사랑은 위격이 하는 일이고, 위격을 대상으로 하는 일이다. 오메가는 인간이라는 위격들을 사랑의 일치로 이끌어 줄 수 있는 위격이다.

오메가의 역할은 모든 인류를 자기 안에 하나로 통합 일치시키는 데 있다. 오메가는 사랑의 중심체들 각자가 자기와 관계를 갖게 한다. 그 관계는 의식(意識)과 의식의 관계다. 따라서 오메가는 미래의 이상(理想)이 아니라, 정신권의 중심으로 이미 현존해야 하는 것이다. 개인의 의식과 집단적 초의식(超意識)이 시간과 공간으로 말미암아 사라지지 않고, 약속과 확신으로 남아 있을 수 있는 것은 시간과 공간을 초월하는 오메가가 역사에 있기 때문이다. 이 오메가는 자기 자신은 변하지 않으면서 변하는 세상의 주축(主軸)으로 존재하고 있다.

정신권에서는 초위격적(超位格的) 질서가 탄생한다. 그 질서는 위격들을 통합시켜 일어나는 것이 아니다. 위격의 통합이란 무의미하다. 그 질서는 제한된 공동체들에서 볼 수 있는 보편적이면서 그 지체들을 통합하는 의식이 나타나는 것을 말하며, 그것이 발전하는 것을 뜻한다. 그것은 개별 의식들의 다양함이 하나의 의식 안으로 통합되고 강화되어, 더 풍요로워지는 것을 의미한다.

여기서 의식의 보편성은 절대적이거나 일률적(一律的)인 것이 아니다. 하나의 의식이 오메가를 받아들일 수도 있고, 거절할 수도 있다.

과거 생물체의 진화에서 하나의 수렴 현상이 성취되기 위해 많은 시도들이 있었던 것과 마찬가지로, 악(惡)도 동시에 자라날 수 있다. 정신권의 특수성으로 말미암아 악도 하나의 통합 현상을 일으키면서 두 개의 반대되는 지대가 생겨날 수도 있는 것이다. 산의 정상(頂上)이 높으면 높을수록, 골짜기도 깊다. 여기서 갈등과 투쟁이 발생하고 인류가 흠숭하는, 상반(相反)된 두 개의 극(極)이 있을 수 있다.

보편적 사랑은 정신권의 일부에만 생명력을 주고, 그것을 분리시켜, 결정적 한 걸음을 나아가게 함으로써 그것이 자기 자신을 벗어나 전혀 다른 분(l'Autre) 안으로 들어가게 한다. 그것이 우주 진화의 마지막 분지(分枝) 현상일 것이다.

유일한 초위격은 인간적이며 신(神)적이라야 한다. 그것은 그리스도와 그 신비체(神秘體)다. 그것이 가설(假說) 단계에 있을 때, 우리는 그 이름을 알 수 없다. 다만 그 오메가는 자연 진화가 성취하는 마지막 산물(産物)이 아니다. 오메가는 그 가설 단계에서도 우주 수렴의 최종 성취점이다. 따라서 오메가는 존재하는 실재고, 진화가 시작하기 전에 이미 있으면서 진화를 선도한다. 그 오메가는 자주(自主)적이고, 위격적인 존재다. 그것이 시간과 공간을 초월한다는 의미에서 우리는 그것을 초월적(超越的)이며, 내재적(內在的)이라고 말한다.

이렇게 가설로서의 오메가는 그리스도 신앙의 계시(啓示)에서 확인이 되고, 우주 역사 전체에 새로운 빛을 준다. 하느님이 오메가라면, 하느님은 또한 알파일 수밖에 없다. 결국 하느님은 우주 전체의 존재와 그 발전을 설명하는 존재다.

테야르 드 샤르댕은 이렇게 인류의 마지막 운명을 위격(位格)인 신(神)과 사랑이 일치함에서 보았다. 인간의 위격성과 의식(意識)은 진화의 마지막 산물(産物)이다. 만일 그 마지막 산물이 파멸로 끝나는 것이라면, 혹은 인류의 완전한 일치를 향한 상승(上昇)이 하나의 허무로 끝나는 것이라면, 진화는 무의미하고 불가능한 일이다.

10. 오메가와 예수 그리스도

인류는 복잡화와 다원화 현상을 일으켰고, 동시에 내면화를 수반하였다. 위격의 내면화는 사랑의 일치라는 것으로 나아간다. 진화 과정을 관찰하면, 인류가 이상으로 생각하는 가치들이 보인다. 그 가치들은 이미 예수 그리스도 안에 계시된 것들이다. 예수 그리스도로부터 우리는 위격이신 하느님, 곧 아버지이신 하느님에 대해 배웠다. 그 위격의 하느님은 인류의 기원(起源)이라는 멀고 먼 옛날에만 계시지 않았고, 현재 인류의 가장 엄밀한 부분, 곧 인간의 위격성 안에 현존하면서, 정신권의 현상인 마음과 마음의 관계에 작용하고 있다.

"한처음에 말씀이 계셨다. 말씀은 하느님과 함께 계셨는데 말씀은 하느님이셨다. …… 말씀이 사람이 되시어 우리 가운데 사셨다."(요한 1,1.14) 강생(降生)은 물질권(物質圈)과 생물권(生物圈) 안에 하느님이 하나의 주축(主軸)을 만든 것이다. 스스로를 내어 주고 쏟은 몸과 피, 곧 예수 그리스도의 인간관계와 그분 생명에의 참여를 의미하는 성체성사(聖體聖事)는 그 축을 인류 역사 안에 지속시키고 있다. 인간은 성체성사의 힘으로 자기의 몸을 인류와 일치시킨다. 그리스도 신앙은 인류의 고민 앞에 하느님이 대답하신 것이다. 오메가를 향한 인류의 상승(上昇)은 인류 공동체가 세상과 자기 자신에 대해 인식하고, 그것들을 지배하여, 충만한 의식을 자기 안에 실현하려는 노력이다.

테야르 드 샤르댕이 사랑화(amorisation)라고 말하는 것은 그리스도에게서 주어진 하느님과의 결합이다. "나를 보는 사람은 나를 보내신 분을 보는 것이다."(요한 12,45) 인류가 오메가를 향해 나가면 나갈수록 사랑과 흠숭 현상이 더 커지고, 그리스도 신비체가 확장될 것이다. 기술(技術)이 물질을 철저히 지배하는 것은 물질을 응축(凝縮)시켜서 인간에 참여시키는 것이다. 이러한 현상을 우리는 물질의 인간화라고 말하겠다. 오메가는 그리스도의 신비체가 성취되고 성숙되는 시점이다. 그것은 성령이 신비체에 모든 사람을 하느님의 사랑과 인간 상호의 사랑으로 일치시키는 시점이다.

오메가의 형태와 내용은 오로지 예수 그리스도의 빛으로만 알 수 있다. 진화에 대한 과학적 고찰은 그 오메가의 존재에 대해 추측하고 가상(假想)하게는 해 주지만, 그것을 합당하게 묘사하지는 못한다. 과학은 과거에 일어난 현상을 관찰하여 그 과정을 인식하게 하기에, 미래에 일어날 현상을 추측하고, 가정(假定)해 볼 수 있게 해 줄 따름이다.

생명이 발생하기 위해 단백질 분자(分子)가 출현하였다. 인간의 의식(意識)이 출현하기 위해 동물의 의식이 먼저 출현하였다. 그런 현상은 마치 물이 비등(沸騰)하면, 수증기가 발생하는 것과 같다. 오늘 정신권의 온도는 높아 가고 있다. 사회화와 집단적 반성이 비등(沸騰)하고 있다. 그러나 아직 국가(國家)와 사회 계급 혹은 사회 조직이라는 사회화와 집단적 반성이 한계로 작용하고 있다. 자기를 있는 그대로 받아들이는 무아(無我)의 자아의식(自我意識)이 아직은 부족하다.

진화 과정에서 인간의 출현은 위격(位格)이 발생하는 시점에 이루어졌다. 위격의 특성은 자유와 사랑에 있다. 그러나 아직 인류는 그만큼 성숙하지 못하였다. 위격의 의식이 성숙하면, 인간의 초의식(超意識) 현상이 나타날 것이다. 인류에게서 이미 볼 수 있는 현재의 복잡화는 초의식을 낳고 있다. 개체를 넘어선 인류의 공동체적 의식 현상을 지금 볼 수 있는 것이다. 정치적(UN), 경제적(IMF), 사회적(UNICEF, 홀트아동복지회), 문화적(UNESCO) 기구들의 규모와 농도(濃度), 그리고 그것들이 인간 개체에 미치는 영향이 시간이 지날수록 점점 더 커지고 있다.

과거에 인간이 산다는 것은 가정(家庭)과 촌락(村落) 그리고 국가 안에서 해결되는 일이었다. 현대 세상에는 다양한 통신과 교통, 매체(媒體)의 출현으로 현대인에게는 음식뿐 아니라 산업제품, 전자제품, 언론보도 등 인류 전체가 나 한 사람의 삶을 위해 공급해주고 있다. 경제적, 문화적, 기술적, 과학적 교환(交換)으로 인류 안에 공통된 인식, 확신, 판단 등이 생겨나고, 그 현상은 인류로 하여금 공통된 인식, 확신, 판단 등을 갖게 하고, 인간이 국가나 문화권의 한계를 벗어나 인류가 공동으로 소유하는 것에 참여하게 해 준다. 인류는 다양한 기관(器官)을 가진 새로운 신경조직을 갖게 된다. 결국 인류는 하나의 초의식(超意識)을 지닌 공동체로 진화하는 것이다.

11. 오메가에 대한 추측

집단적 초의식의 출현은 개인적 위격 의식을 말살하지 않는다. 모든 형태의 전체주의(全體主義)는 여기에서 배제된다. 따라서 자타 일체관(自他一體觀) 혹은 범아일여(梵我一如) 사상[109]은 재해석되어야 한다. 진화는 의식(意識)의 주체(主體)인 위격(位格)을 낳았다. 그리고 그 위격이

109 인도 우파니샤드(Upanisad)의 중심 사상이다. 우주의 중심 생명인 범(梵)과 개인의 중심 생명인 아(我)의 본체가 궁극적으로는 동일하다는 사상.

생기면서 그것이 진화의 주축(主軸)을 이루게 되었다. 이제 진화는 해부학적이거나 생리학적인 것이 아니라, 문화적 · 과학적 · 기술적, 곧 사회적인 것이 되었고, 사랑 안에서 일어나는 변화로 나타난다. 따라서 위격은 오메가에도 있어야 한다.

여기에 나타나는 결합은 자유로운 위격들의 결합이다. 동조(同調)와 동정(同情), 헌신(獻身) 등의 현상이 사랑의 결합을 보여 준다. 그것은 영(靈)이나 영신(靈神)의 결합이며 마음의 결합이다. 사랑은 각 위격의 독립성과 특수성을 살리면서 위격들을 결합시킨다. 사랑은 위격을 더 자유롭게, 더 풍요롭게, 더 완전하게 만들어 준다.

12. 그리스도의 빛

테야르 드 샤르댕의 독창성은 요한 사도와 바오로 사도가 말하는 우주에 대한 그리스도의 역할을 가장 강한 뜻으로 이해한 데 있다. 그는 우주에 대한 그리스도의 지배권을 법적이고 상징적 의미뿐만 아니라, 존재론적(存在論的), 물리적(物理的) 면에서까지 보았다.

> 세상을 창조하고 완성시키고 정화한다는 바울로나 요한의 말은 하느님이 세상을 당신에게 유기적(有機的)으로 결합시킴으로써 통합(unification)하신다는 뜻이다.(P.H. 327)

영원한 말씀이 세상 만물을 창조하였고, 그 말씀이 강생하시어 세상을 거룩하게 하시며, 그 말씀으로 말미암아 세상이 성취되고, 그것이 그리스도의 재림(再臨)까지 지속된다는 것은 요한 사도와 바오로 사도가 가진 사상의 기본이다.

> 우리는 여러분을 위하여 기도할 때면 늘 우리 주 예수 그리스도의 아버지 하느님께 감사를 드립니다. 그리스도 예수님에 대한 여러분의 믿음과 모든 성도를 향한 여러분의 사랑을 우리가 전해 들었기 때문입니다.(콜로 1,3-4)

> 하늘과 땅 위에 있는 만물이 그분 안에서 창조되었도다. 보이는 것과 보이지 않는 것, 권좌나 주권이나 권력이나 권세나 만물이 그분으로 말미암아, 그분을 위해 창조되었도다. 그분은 만물에 앞서 계시고 만물은 그분 안에 존속하도다. 그분은 몸의 머리, 교회의 머리시로다. 그분은 으뜸이시며 죽은 이 가운데서 맏이시니 만물 가운데 첫째가 되시기 위함이로다. 과연 하느님이 기꺼이 그분 안에 온갖 충만함을 깃들게 하시고, 그분으로 말미암아, 그분을 위하여 만물을 화해시키셨도다. 그분으로 말미암아, 십자가의 피로 말미암아 평화롭게 하셨도다. 땅 위에 있는 것들이나 하늘에 있는 것들이나!(콜로 1,16-20)

만물은 그분으로 말미암아 생겨났고 생겨난 것치고 그분 없이 생겨난 것은 하나도 없다. 그분 안에 생명이 있었으니 그 생명은 사람들의 빛이었다.(요한 1,3-4)

말씀이 참된 빛이셨으니 그 빛이 세상에 오시어 모든 사람을 비추고 있다. 그분이 세상에 계셨고 세상이 그분을 통해 생겨났건만 세상은 그분을 알아보지 못했다. 그분이 당신 땅에 오셨건만 그분 겨레는 맞아들이지 않았다. 그러나 당신을 맞아들이는 이들, 당신 이름을 믿는 모든 이에게는 하느님 자녀 되는 권능을 주셨다. 이들은 혈통에서나 육욕에서나 남자의 욕망에서 난 것이 아니라 하느님에게서 난 것이다. 정녕 말씀이 육신이 되시어 우리 가운데 거처하셨도다. 우리는 그분 영광을 보았다. 아버지로부터 오시어 은총과 진리로 충만하신 외아드님의 영광을 보았다.(요한 1,9-14)

그분은 세계를 창건하시기 전에 그리스도 안에서 우리를 뽑으시어 사랑으로 당신 앞에서 거룩하고 나무랄 데 없도록 하셨습니다. 그분은 또한 당신 뜻의 그 호의로 예수 그리스도를 통하여 우리로 하여금 당신의 아들 되는 자격을 얻도록 예정하셨습니다.(에페 1,4-5)

당신 뜻의 신비를 우리에게 알려 주셨습니다. 이는 당신 속으로 마음먹으신 당신 호의로 하신 것이니 역사를 완성으로 이끄시어, 하

늘에 있는 것이든 땅 위에 있는 것이든 만물을 그리스도 아래에 모으시려는 것입니다.(에페 1,9-10)

이 오메가는 그리스도의 신비체가 성숙되고 성취된 것이다. 그 신비체에서 성령이 모든 사람을 하느님의 사랑과 인간 상호의 사랑으로 일치시킨다. 이 오메가의 형태와 내용은 그리스도 신비의 빛으로만 알 수 있다.

신앙이 없는 사람들아, 세상의 발전을 왜 두려워하는가? 왜 소용없이 예언이나 하고 방언을 하려 하는가? 그들은 말한다. '하지 마라, 하지 마라, 모든 것은 다 알려졌다. 세상은 소용없는 것, 그 안에 발견할 것이라곤 가치 있는 것이 하나도 없다.'

그리스도를 위해 모든 것을 시도해야 한다. 그리스도를 위해 모든 것을 기대해야 한다. 그것이 참다운 그리스도인의 자세이다. 성화(聖化)한다는 것은 파괴하는 것이 아니라 초창조(超創造)하는 것이다. 그것은 인간화, 사랑화 그리고 그리스도화를 이루는 것이다.

강생(降生)이 세상의 힘에서 기대하고 있는 것이 얼마나 큰지 우리는 결코 알 수 없다. 성장해 가는 인류의 하나 됨도 우리가 무한히 기대하는 바이다.

예루살렘아 머리를 들어라! 건설하고 연구하는, 무수히 많은 이 사람들에게 시선을 돌려라. 실험실에서, 연구실에서, 사막에서 공장에서, 거대한 사회의 용광로 안에서 그들은 땀을 흘리며 노동하고 있지 않은가! 그들이 발효시키는 것, 끓이는 것, 예술, 과학, 사상 등 이 모든 것이 너를 위한 것이 아닌가! 자! 팔을 벌리고 마음을 열어 인간 생명력의 이 물결, 이 파도를 너의 주님이신 예수같이 영접하라!

이 생명력을 받아들여라. 그 생명력의 세례를 받지 않으면, 너는 물 없는 꽃과 같이 시들고 말 것이다. 그 생명력을 구원하라. 너의 햇빛이 없으면, 그 생명력은 싹을 내지 못하는 가지에로 분산되고 말 것이다.

세상은 그 거대한 팔 안에 나를 껴안아 나에게 생명을 불어넣어 줄 수도 있고, 나를 먼지가 되어 사라지게 할 수도 있다. 세상은 나의 눈에 아름답게 보일 수도 있고, 무서운 것으로 보일 수도 있으며, 신비스런 것으로 보일 수도 있다. 세상은 감동과 통일된 조화의 향기로 나를 취하게 할 수도 있다. 세상은 나로 하여금 무릎 꿇고 그 안에서 익어 가는 것을 기다리게 할 수도 있다. 나에게 이 세상이 그것 자체를 넘어 계시고, 또한 오시는 그분의 몸이 된 후부터 이 세상에 내가 매혹되어도 그것은 나를 절대로 해칠 수 없다. 그것은 하느님의 영역이기 때문이다.(M.D. 201)

나오면서

신학자가 지닌 과업의 하나는 과거 교의(敎義) 언어를 해석하여 현대인도 이해할 수 있도록 하는 것이다. 현대 세계는 발전하고 있고, 신학자는 그 사실을 바로 볼 줄 알아야 한다. 테야르 드 샤르댕은 고생물학자이면서 동시에 신학자다. 그는 고생물학에서 생물권과 정신권의 출현에 나타난 진화의 법칙을 터득하고, 신학의 언어가 담고 있는 직관(直觀)과 연결시켜서, 그것을 바탕으로 삼아 과학과 신앙 언어의 대화를 가능하게 하였다. 그는 한 걸음 더 나가서, 과학이 가정(假定)하며 어렴풋이 보여 주는 문제에 대한 결정적 해답을 신앙 언어가 지니고 있다는 사실을 보여 주었다.

테야르 드 샤르댕은 종교인들이 불안을 느낄 정도로 비대해진 우주를 전재(全在)하신 하느님과 연결시킴으로써 현대인으로 하여금 우주의 가장 엄밀한 곳에서까지 하느님을 찾아볼 수 있는 눈을 가지게 하려 한다. 2,000년의 그리스도 신앙 체험을 바탕으로 그는 사람들의 시선을 우주로 돌림으로써 하느님을 발견하게 한다. 현대인에게 흠숭의 대상인 우주는 그리스도 신앙의 하느님과 대립(對立)되는 것이 아니다. 이 우주는 하느님을 숨기지 않고, 하느님으로 말미암아 변화되고 빛을 발할 것을 고대하고 있다.

그리스도 신앙인의 사명은 말과 실천으로 그리스도가 우주의 중심이고 구원이라는 사실을 보이는 데 있다. 그리스도 신앙인은 그 신앙의 이름으로 사랑이라는 건설적 힘과 과감한 신뢰로써 지상(地上)적 가치들을 영화(靈化)시키면서 미래를 향해 전진해야 한다. 테야르 드 샤르댕은 세상의 진화, 그리스도 신앙과 희망 등 가치 있는 이 세상의 모든 것이 그리스도 안에 있음을 보이려 한다.

고생물학자로서 테야르 드 샤르댕의 세계관(世界觀)은 그리스도 신앙 언어 안에서 비로소 조화와 통일성을 얻는다. 그리스도가 진화하는 세계의 성공을 보장하기 때문이다. 그것은 세상의 원리도, 물리적 법칙도 아니다. 테야르 드 샤르댕의 주된 노력은 세상을 그리스도 신앙 언어로 접근시키는 데 있었다. 이는 믿기 위해서는 올바로 알아야 한다고 주장하는 그리스도적 인문주의라고 하겠다. 그는 우주의 진화과정(進化過程)을 꿰뚫어 본 현대 과학자로서 하는 사색에서 출발하여, 성경과 그리스도 신앙의 교의(敎義) 언어에 도달하고 있다. 그것은 가장 넓은 의미에서 호교론적(護教論的) 입장이라 하겠다.[110] 자연 과학에 대해 깊이 있는 지식을 지니고, 위격과 사랑과 보편적 친교 및 인간의 번민에 대해 풍부한 인간 경험에서 출발하여 그는 그리스도라는 신앙 언어가 제시하는 해답에 이른다.

110 테야르 드 샤르댕 자신은 형이상학이나 호교론을 펼칠 의도가 전혀 없다고 그의 저서 《신의 영역》(Milieu Divin 24~25)에서 밝히고 있다.

그들이 모두 하나가 되게 해 주십시오. 아버지, 아버지께서 제 안에 계시고 제가 아버지 안에 있듯이, 그들도 우리 안에 있게 해 주십시오. 그리하여 아버지께서 저를 보내셨다는 것을 세상이 믿게 하십시오.(요한 17,21)

테야르 드 샤르댕의 오메가 사상은 가설(假說)이지만, 과학적 기반이 든든한 가설이라 할 것이다. 오메가와 계시 언어를 접근시키는 그의 방법은 대단히 논리적이며 넓은 의미의 호교론적 가치를 지닌다. 우주에서 식별(識別)할 수 있는 과정이 보여 주는 표지(標識)들과 인간의 체험이 제기하는 문제들에 대해 계시(啓示), 특히 강생(降生)에서 그리스도 재림까지에 대한 신앙 언어로써 답한다는 것은 참으로 논리적이다. 그러나 테야르 드 샤르댕에게 체계적 신학을 기대해서는 안 된다. 우리는 그의 직관적 언어들을 신학에 받아들여야 한다. 그는 체계적 신학을 논한 신학자가 아니다. 악(惡)과 죄(罪)에 대한 테야르 드 샤르댕의 사상은 아주 부족하다. 그는 이렇게 말했다. "내가 보는 영상(映像)의 부정적인 면을 말하려 하지 않았다. 내가 보여 주지 않는 것을 다른 사람들이 이미 보고 있다고 생각하였기 때문이다."(P.H. 345)

혼란과 실패의 악이 있다. 그것은 진화 과정에서 볼 수 있는 현상이다. 하나의 성공 뒤에는 많은 실패들이 숨어 있다. 하나의 행복을 낳기 위해 얼마나 많은 불행들이 있었나? 올바르게 생각하고 사는 한 사람의 주변에 얼마나 많은 사람들이 잘못 생각하고 있나? 물질적 장애와 무질서, 육신의 고통들, 자유로운 정신이 선택하여 일으키는 악행들과 그것으로 말미암아 발생하는 고통들, 그런 것은 진화과정에서 우리가 볼 수 있는 악이다. 스캔들이 없을 수 없다. 고독과 번민의 악은 성장을 위한 것이라고 하겠다.

맺는 말

동물은 먹이를 얻어서 자기 개체(個體)를 유지하고 또한 종족을 유지한다. 동물은 그것을 위해 무자비하고 포악해도 비난받지 않는다. 그들은 약육강식(弱肉强食)의 질서 안에 산다. 인간도 동물의 한 종(種)이기에 같은 질서 안에 살 수 있다. 어느 동물학자[111]는 인간의 동물적 생태를 기술하면서 인간을 "털없는 원숭이"라고 불렀다. 인간에게 동물 본연의 질서만 있다면, 그것은 당연한 말이다. 인간 사회는 법을 만들어 동물적 약육강식과 포악한 본능에서 인간을 보호한다. 그러나 법에 저촉되지 않으면서 약육강식하고 포악할 수 있는 길은 얼마든지 있다. 강자가 약자를 지배하고 각종 횡포를 하는 것, 서로 권력을 잡겠다고 경쟁 상대를 중상하고 모략하는 것 등은 '털없는 원숭이'들의

111 데즈먼드 모리스(Desmond Morris), 김석희 옮김, 《털없는 원숭이》, 영언문화사, 2001년.

포악한 행태(行態)들이라 하겠다.

그러나 그런 포악함으로 인간은 인간다워지지도 않고 인간다운 사회가 되지도 않는다. 인간은 비록 자기 한 사람이 희생하더라도 더 큰 진실을 위해 헌신할 때, 인간으로서 보람을 느낀다. 신앙을 위해 목숨을 바치는 순교자들이 있고, 민족과 국가를 위해 목숨을 기꺼이 내어놓은 순국선열들이 있다. 얼마 전, 세월호 참사에서도 제자들을 위해 목숨을 버린 선생님들이 있었고, 선객을 구출하기 위해 자기 스스로를 던진 선박 근무자들이 있었다. 우리가 고개 숙이고 엄숙할 수밖에 없는 살신성인(殺身成仁)의 생존들이다. 자녀들을 위한 부모의 사랑도 살신성인의 현장이다. 부모 된 모든 사람들이 하는 일이라 대수롭지 않게 보지 말아야 할 일이다. 부모의 개체 유지 본능을 초월하는 도약과 희생이 있어 인류 역사 안에는 아름다운 인간 사랑이 지속된다.

인간은 자기 자신이 아닌 다른 것 안에서 삶의 보람을 찾는 존재다. 그것이 재물일 수도 있고, 권력과 명예일 수도 있다. 자녀를 훌륭히 키워놓은 부모의 흐뭇한 보람이 있고, 제자를 아끼고 사랑해서 유능한 인재로 키워 놓은 스승의 보람도 있다. 자기가 하는 일에 충실해서 많은 이들에게 도움을 준 사람들의 보람도 있다. 자기가 아닌 다른 것 안에 삶의 보람을 심는 노력을 우리는 헌신(獻身)이라 부른다. 인간 위격(位格)의 초월성(超越性)으로 말미암은 헌신 현상이다. 하느님에게 헌신할 수도 있고, 인간 생명을 위해 헌신할 수도 있다.

그 헌신은 인간에게 주어진 위격성의 성취다. 그 위격성은 스스로 하는 초월성 혹은 도약의 실현이다. 각종 신앙 언어들 안에 흔히 나타나는 계명 혹은 계율의 준수가 아니다. 계명 혹은 계율은 인간의 자유가 참조할 구체적 언어지 자유를 통제하여 일률적 실천을 발생시키기 위한 것이 아니다.

그리스도 신앙 언어 안에 목자(牧者)라는 단어는 널리 통용되는 은유(隱喩)다. 사목(司牧) 혹은 목회(牧會)라는 단어도 구약성경에서 유래된 목자라는 단어에서 유래한다. 그것이 은유인 이유는 그 단어가 지닌 여러 가지 인간 모습에서 한 가지만 택해서 알아들어야 한다는 의미다. "나는 착한 목자다. 착한 목자는 양들을 위하여 자기 목숨을 내놓는다."(요한 10,11)라는 말씀을 비롯하여 "너희 가운데에서 높은 사람이 되려는 이는 너희를 섬기는 사람이 되어야 한다. 또한 너희 가운데에서 첫째가 되려는 이는 너희의 종이 되어야 한다. 사람의 아들도 섬김을 받으러 온 것이 아니라 섬기러 왔고, 또 많은 이들의 몸값으로 자기 목숨을 바치러 왔다."(마태 20,26-28)라는 말씀들이 있다. 이 말씀들은 우리의 자유가 어떻게 움직여야 하는지를 말해 준다. 이는 섬기는 사람이 참으로 자유로운 사람이라는 말씀이다.

참고 도서

- C. Geffré, 《Le Christianisme au risque de l'interprétation》, Paris, 1983.
- François Varillon, 《L'humilité de Dieu》, Paris, 1974.
- Ch. Duquoc, 《Dieu différent》, Paris, 1978.
- K. Rahner, 《Grundkurs des Glaubens: Einführung in den Begriff des Christentums》, Freiburg : Herder, 1976.
- K. Rahner, "Gotteserfahrung heute", in 《Schriften zur Theologie》 Bd. 9. Einsiedeln : Benziger, 1970.
- P. Gisel, "Création et Eschatologie", in 〈Initiation à la pratique de la théologie〉, t.2, P.613~654, Cerf, Paris, 1986.
- Shelley E. Taylor, 《The Tending Instinct; How Nurturing is Essential

for Who We are and How We Live》, 2002.
한국어판; 임지원 옮김, 《보살핌: 너와 나를 묶어주는 힘》, 사이언스북스, 2008년.

- 니이체, 《즐거운 지식》, 동서문화사, 2009년.
- 최준성, "니이체에 있어서의 허무주의 문제" in, 《니이체 철학의 현대적 조명》, 정동호 편, 청람문화사, 1985년.
- 칼 야스퍼스(K. Jaspers), 《철학적 사유의 작은 학교》, 서광사, 1987년.
- 조지훈 옮김, 《채근담》, 현암사, 1959년.
- 움베르트 에코, 이윤기 옮김, 《장미의 이름》, 열린책들, 2006년.
- 오이겐 비저, 정영도 옮김, 《니체는 누구인가?》, 분도출판사, 1993년.
- 아우구스티노, 최민순 옮김, 《고백록》, 을유문화사, 1965년.
- Graham Greene, 《The heart of the matter》, Penguin books, 1948.
- Anthony Giddens, 한상진 · 박찬욱 옮김, 《제3의 길》, 생각의 나무, 1998년.
- Teilhard de Chardin, 《Lettres de voyages》, Bernard Grasset.
- Teilhard de Chardin, 《Le Phénomène Humain》, Editions du Seuil, 1955.
- Teilhard de Chardin, 《L'apparition de l'homme》, Editions du Seuil, 1956.
- Teilhard de Chardin, 《Le Milieu divin》, Editions du Seuil, 1957.
- Teilhard de Chardin, 《L'avenir de l'homme》, Editions du Seuil, 1959.

- Teilhard de Chardin, 《L'énergie humaine》, Editions du Seuil, 1960.
- Claude Cuénot, 《Père Pierre Teilhard de Chardin les grandes étapes de son évolution 》, 1958.
- Georges Crespy, 《La pensée théologique du Teilhard de Chardin》, 1961.
- Henri de Lubac, 《La pensée religieuse du Père Pierre Teilhard de Chardin》, Editions du Cerf, 2002.
  한국어판: 이문희 역, 《떼이야르 드 샤르댕의 종교 사상》, 대구가톨릭대학교 출판부, 2012년.